Jede einzelne Idee könnte ein Diamant sein.

Martin Gaedt

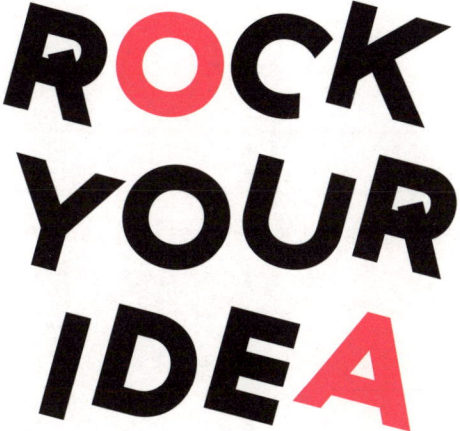

Mit Ideen die
Welt verändern

MURMANN PUBLISHERS

INHALT

START!

Mit Ideen fängt alles an. Unsere ganze Geschichte besteht aus Ideen, für die sich Menschen eingesetzt, für die sie gekämpft haben und die schließlich umgesetzt wurden. Ideen bereichern unser Leben. Sie sind ein Schatz, und sie sind nicht die Ausnahme, sondern die Regel. Alltäglich. Ständig haben Menschen Ideen. Kleine und große. *Was ziehe ich heute an? Was kochen wir morgen? Welcher Wein passt zum Gericht? Was hältst du von dieser Farbe? Wäre der Text so verständlicher? Könnte dieses Medikament mehr Menschen von Krebs heilen?* Ideen können die Welt verbessern oder verheerende Folgen haben. Es liegt an jedem Menschen, ob Ideen Gutes oder Böses bewirken.

Ideen begeistern mich! Mein Feuer für Neues möchte ich teilen. Genauso wie mein Wissen über Ideen. Ich möchte Ihnen den Rhythmus zeigen, mit dem Sie Ideen rocken. Und ich möchte von der Ideenpraxis berichten. Ich erzähle von meinen Aha-Erlebnissen und auch von meinen Misserfolgen. Ich provoziere, denn harmonische Systeme sind dumme Systeme. Kritik, Widerspruch und Neugier sind die Basis für Ideen, gepaart mit Humor, Überraschung und Risiko. Und Innovation ist Regelbruch. Das Neue braucht Menschen, die lachend Grenzen überschreiten, fest an ihre Vision glauben und Ideen gegen alle Widerstände durchboxen. Im Weg steht dabei häufig das menschliche Bedürfnis nach Sicherheit und Harmonie, das beharrlich am Bewährten klebt. Setzen wir auf Ideen-Rocker!

LACHEN WIR LAUTHALS ÜBER »GEHT NICHT« — DIE UNSINNIGSTE AUSSAGE. Dieselben Leute, die »geht nicht« sagen, nutzen selbstverständlich die Errungenschaften, für die andere Menschen gekämpft haben. Alles, was wir im Alltag verwenden, waren mal verrückte Ideen.

Meine Faszination für gezielte Ideenentwicklung begann 1997, als ich hörte, wie ein Professor der Technischen Universität Berlin pauschal kritisierte: »Die Studierenden von heute haben gar keine Visionen mehr.« Ich fragte ihn, was er denn tue, damit junge Menschen Ideen entwickeln. Er schaute mich entgeistert an: »Wieso ich? Nichts.« Seine tatenlose Kritik löste bei mir und einigen Freunden eine Welle aus. Wir starteten die Seminarreihe *Von der Idee zum Projekt*. Das las eine Wiener Künstlergruppe, die mit Frauke Hehl und mir die *workstation ideenwerkstatt berlin* gründete. 1999 professionalisierten Matthias Klopp und ich die Ideenproduktion. Mit der Ideenagentur *Knack die Nuss* lösten wir Probleme immer anders als von Kunden erwartet. Einer unserer Kunden, Björn Benz, wurde mein neuer Kreativpartner. Wir kreierten Methoden für den Ideenprozess wie *Ideen6*, die Innovationsschaukel *A&O*, *SUBVERSIV VERKNÜPFT* und *MADNET*, die ich in diesem Buch vorstelle. Wir trainierten Backmittelhersteller, Biochemiker und Stipendiaten der Civil Academy. Mit einer eigenen Idee gründeten wir mit Kathinka Alexandrow *Sweet Souvenir* und verkauften mehrere Tonnen Fruchtgummis in Form des Brandenburger Tors.

Mehrfach bin ich ins Risiko der Unternehmensgründung gegangen und habe viel Zeit und Geld investiert. Die Frage-Antwort-Plattform *askabit* wurde vom Wettbewerber gutefrage.net überholt und abgehängt. Die Schüler-Azubi-Community Younect wurde hoch gelobt, gewann Preise, blieb aber wirtschaftlich erfolglos. Wir waren zu früh im Markt, heute sind andere Firmen auf diesem Feld erfolgreich. Meine eigenen Innovationen waren für mich die härtesten Nüsse und ein extremes Ideenfitness-Programm, das ich Ihnen weitergeben möchte. Denn: »Ideen hat man, oder man hat sie nicht« – das ist ein dummer Spruch, er ist hohl und falsch. **JEDER MENSCH KANN SEINE IDEENFITNESS TRAINIEREN.** Ideenerzeugung ist ein Prozess, der über mehrere Stufen führt – wie ein Parcours. Wer den Parcours beherrscht und sich regelmäßig darauf übt, der steigert seine Ideenfitness.

Viele Ideen scheitern daran, dass sie nie umgesetzt werden. Häufig fehlen Mut und Ausdauer, bis zum Ideengipfel zu gehen. Innovationen entstehen nie in einem genialen Moment, sondern jede Neuerung besteht aus vielen Schritten. Günter Faltin spricht davon, dass bis zu 50 000 Informationen verarbeitet werden müssen, ehe eine gute Geschäftsidee verwirklicht ist. Und eines Tages ist man dann am Ziel. Beim Blick zurück staunt man über das Erreichte. Es war doch nur ein Schritt, nur ein Puzzleteil pro Tag! Das kann jeder schaffen, und jeder kann sich darin üben. Wir können alle Ideenfitness trainieren und ein großes Innovationsfeuerwerk entfachen. Deshalb führe ich Sie über den Parcours, aber ich sage nicht, nur dies ist der Weg zur Idee, es geht nur so und so. Mein Buch ist auch kein Katalog von Kreativitätsmethoden, obwohl ich ein paar nenne. So etwas finden Sie in großer Ausführlichkeit anderswo. Mir geht es um etwas anderes: Mein Buch dient Ihrem Ideentraining und Ihrer Inspiration, loszugehen. Die Welt zu rocken!

Erwecken wir gute Ideen zum Leben. Jede Idee ist eine Reise ins Unbekannte, Neue, Unentdeckte. Jede Frage, jede Innovation führt zu neuen Orten, wo vorher niemand war. Es gibt so viel zu entdecken.

TO ROCK —
DER
RHYTHMUS

Großartige Ideen entstehen nicht nach Rezept. Es gibt keine Zauberformel. Keinen einfachen Trick. Aber es gibt Erfahrungen, wie man Ideen rockt. Ich habe mich lange damit beschäftigt, wie man den Ideenprozess gestalten kann, damit nützliche und schöne Ideen entstehen. Zur Kreativität und Innovation sind bereits viele Methoden im Umlauf. Warum also noch ein Buch?

Ganz einfach: Mir geht es im Kern nicht um Methoden. Denn: **IDEEN ZU ROCKEN IST MEHR ALS EINE METHODE.** Es braucht dafür vor allem himmelhoch jauchzende Begeisterung und hektoliterweise ungestillten Fragen-Durst. Und es braucht Wissen darüber, wie man richtig fragt. Fragen unterscheiden sich nämlich gewaltig. Es gibt offene Fragen »O« genauso wie analytische Fragen »A«. Mit A-Fragen und O-Fragen beginnt der Rhythmus, um Ideen zu rocken. Offenheit, O, gepaart mit Klarheit, A. Für Ideen brauchen Sie das weite Spinnen O ebenso wie die glasklare Kritik A. Das ist kein Entweder-oder. Es ist ein Miteinander und Zusammenspiel. Innovation lebt von der Unterschiedlichkeit von A & O. Daraus entsteht Spannung. Keine Entwicklung ohne A, kein Schritt ohne O. Es ist ein permanenter Prozess, ein schwingendes Pendel vom A zum O zum A zum O. Das Schaukeln bringt die Idee in Schwung. Diese Energie kann die Welt verändern!

Der A & O-Rhythmus bildet den roten Faden durch das Buch. Die A-Schritte analysieren, fokussieren und setzen um. O-Schritte sprengen Freiräume auf und eröffnen brillante Potenziale, Chancen und Gelegenheiten.

Das Ideen-Rocken im Wechsel zwischen A & O ist der Kern des Ideen6-Parcours – das ist ein Modell von Kathinka Alexandrow, Björn Benz und mir. Sie sehen es in der Abbildung. Jede der sechs Phasen Rahmen, Zutaten, Mixen, Diamanten, Schliff und Mehrwert hat A & O-Anteile. Sie befruchten sich gegenseitig. Ideen pendeln hin und her, sie oszillieren: Analyse, Aufgabe und Auswahl, das sind konkrete und zielgerichtete

Analytisch		Offen
Angebot, das sieht der Kunde	**6** **MEHRWERT**	Alles kommt anders
Alleinstellung, Drehbuch, Bauplan, Erlösmodell	**5** **SCHLIFF**	Wachsen, Feedback, Reifen
Auswahl, Kritik, Kriterien	**4** **DIAMANTEN**	Test, Prototyp, Kairos
Aufgabenstellung, ohne Lösung, Wurzel	**3** **MIXEN**	Lösungen, Optionen, das Neue
Markt, Kunde, Probleme, Trends, Gesetze	**2** **ZUTATEN**	Außergewöhnlich, Fremd, Unpassend
Messbar, Ziel, Ressourcen	**1** **RAHMEN**	Vision, Mut, Motivation

Anteile des Ideenprozesses. Offenheit und Optionen, das sind weite und visionäre Anteile des Ideenprozesses. Beide Pole sind absolut notwendig, sie ergänzen einander.

Die sechs Phasen sind kein Programm zum Abhaken, sondern ein Übungsparcours. Innovation ist kein gradliniger Weg vom Rahmen zum Mehrwert, sondern kurvenreich. Mit Brüchen und Abgründen genauso wie unerwarteten Brücken und Abkürzungen. Ideen sind immer anders. Deshalb gibt es keine Formel. Wenn Sie geübt sind, wissen Sie intuitiv, wo Sie sich im Prozess befinden und was als Nächstes ansteht: zum Beispiel, ob Sie gerade Zutaten für Ideen sammeln oder eine offene Vision äußern sollten oder ob Sie ein klares, messbares Ziel brauchen. Bevor Sie Ihr Ideeninstrument richtig virtuos spielen können, müssen Sie üben. Üben. Üben. Bis Sie ein ideenfitter Profi sind. Dann rocken Sie mit Ihren Ideen die Welt im Rhythmus von A & O.

Wer Innovation will, bringt sich mit Haut und Haaren ein. Gehen Sie »all in« mit Herz und Verstand! Lesen Sie gerne von vorne bis hinten oder steigen Sie mittendrin ins Buch ein. Jeder Schritt im Parcours steht für sich. Aber bevor wir uns im Kapitel »Rahmen« auf den Parcours begeben, geht es jetzt um Ihre Gier nach bisher nicht gestellten Fragen. Denn ohne Fragen kein Ideen-Rocken.

DIE UNBEQUEME GIER

Wie viele Fragen stellen Sie pro Tag? Morgens? Mittags? Abends? Ständig? Oder gar nicht? Welche Art von Fragen? Wie wird das Wetter? Was essen wir heute? Kannst du mir bitte helfen? Wie kann ich dich unterstützen? Was bewegt dich? Ist die Welt heute gefährlicher oder friedlicher als früher?

Die Antwort auf die letzte Frage wird Sie überraschen, denn die Menschen werden immer friedlicher. Das ist ein weltweiter Trend. Der Harvard-Professor und Evolutionspsychologe Steven Pinker zeigt, dass die Zahl der Toten durch Kriege, Morde, Folter, Hinrichtungen seit dem Jahr 1300 drastisch gesunken ist. Wir leben heute in der friedlichsten Epoche seit 700 Jahren, vielleicht sogar seit Menschen existieren. *Hätten Sie das gedacht? Deckt sich das mit Ihrer Wahrnehmung? Wie erleben Sie die friedlichste aller Zeiten?* Pinker wurde um eine Erklärung gebeten, warum viele Menschen vom Ausmaß des Friedens überrascht sind: »Die Welt in den Nachrichten erscheint so, als würde alles nur noch schlimmer. Aber das ist eine Illusion! In den Nachrichten erfahren Sie immer nur von Dingen, die passiert sind. Nie von Dingen, die nicht passiert sind. Die Welt durch die Brille der Medien zu sehen führt systematisch in die Irre.«[1] Ähnliche Widersprüche zwischen der Wahrnehmung und den Statistiken finden Sie in deutschen Städten. Während die Zahl der Morde sinkt, fühlen sich viele Menschen bedrohter. *Ist Professor Pinker der einzige Verrückte, der eine positive Entwicklung sieht?* Charles Kenny, Senior Fellow am Center for Global Development, kommt zu ähnlichen Ergebnissen. »2015 war das beste Jahr in der Geschichte, und 2016 wird noch besser sein. Die Weltbevölkerung ist gebildeter, besser mit Essen versorgt, gesünder, freier und toleranter – und, so sieht es aus, auf dem Weg zu größerem Reichtum.« Nach seiner Zählung gab es 3000 kriminelle Verbrechen weniger als im Jahr zuvor und sogar 600 000 weniger als 1995, also eine Verringerung um 35 Prozent in 20 Jahren.[2]

Ich liebe Fragen, die zu völlig unerwarteten Ergebnissen führen. Hätte sich Herr Pinker nie gefragt, ob die Zahl der Gewaltverbrechen steigt oder sinkt, dann hätte er nie angefangen, die Sache zu erforschen. Seine Frage-stellung war die Grundlage der neuen Erkenntnis. Mit Fragen schauen wir hinter die Kulissen des Offensichtlichen. Neue Antworten sind nicht immer beliebt, denn oft sind sie unbequem. *Wer ändert gerne seine Meinung? Wer gibt gerne zu, sich geirrt zu haben?* Eine Frage ist der erste Schritt auf der Suche nach neuen Ideen und unbequemen Antworten. Fragen öffnen uns für neues Wissen und für Unbekanntes. Sie bauen auf dem Interesse auf, etwas wissen zu wollen. Bildung und Wissen haben grundsätzlich einen hohen Stellenwert in unserer Gesellschaft. *Fragen auch?* Etwas wissen zu wollen und immer weiter zu hinterfragen ist häufig nicht willkommen. Viele Menschen fühlen sich durch Fragen persönlich angegriffen, sie füh-len sich hinterfragt und kritisiert. Fragen können daher sogar Streit aus-lösen. In jedem Fall stören Fragen die Ruhe und Routine. Der Drang, tiefer zu bohren, um mehr zu sehen und Neues zu erkennen, steckt zum Glück tief im Menschen. Fragen bringen Ideen und Veränderung.

Wir laufen Gefahr, dass neue Antworten unsere Vorurteile und Illusio-nen zerstören. Kommt eine unerwartete Antwort wie zum Beispiel »Es herrscht Frieden auf Erden wie nie zuvor«, wird die eigene Meinung er-gänzt und der alte Standpunkt geändert. *Warum sollte man an veralteten Meinungen festhalten, wenn man es jetzt besser weiß? Wäre das nicht Zeit- und Energieverschwendung?* Tatsächlich werden kreative Menschen so beschrie-ben, dass sie häufiger als andere ihre Meinung ändern. *Sind kreative Men-schen unbeständig? Flatterhaft? Wechselwillig? Gar opportunistisch?* Pauschale Antworten sind hier sicherlich falsch, da jeder Mensch auf seine Art krea-tiv sein kann. Doch eins ist klar: **WER VIELE OFFENE FRAGEN STELLT, WIRD HÄUFIGER VOM ERGEBNIS ÜBERRASCHT.** Fragende Menschen bekommen viel häufiger einen Anlass, die Meinung zu ändern. Offene Menschen hören zu. Neue Kenntnisse bereichern das eigene Sortiment der Meinungen. Da kreative Menschen nicht aufhören, Fragen zu stellen, wächst ihre Erkenntnis immer weiter.

Wer nicht fragt, bleibt dumm, das lernte ich schon in der Kindersendung *Sesamstraße*. Kreative können gar nicht anders. Sie müssen Fragen stellen. Das ist ein wunderschöner innerer »Zwang«. Auch Neugier genannt. Die Gier nach Neuem. Kreative sind gierige Menschen. Gierig nach Wissen, Ideen, anderen Sichtweisen, spannenden Geschichten und neuen Puzzleteilen zum Weltbild. Mehr Fragen, mehr Überraschungen, häufiger neue Meinungen. Zum Beispiel, dass wir in der friedlichsten Zeit der Menschheitsgeschichte leben. Zack. Meinung geändert. Das ist kein Opportunismus, sondern die Bereitschaft zur Veränderung. Mit jeder Frage droht die Gefahr der Überraschung, die Gefahr einer neuen Erkenntnis, die alles auf den Kopf stellt. Und das ist gut so.

Fragende Menschen gelten als unbequem. Unbequeme Menschen stören. Sie haken nach, bis die Neugier gestillt ist. Fragen schaffen Unfrieden. Sie widersprechen. Fragen fordern heraus. Zum Denken. Zum Umdenken. Ohne Fragen steht vieles einfach fest. Klar. Unwidersprochen. Eindeutig. Das ist halt so und so. **EIN NEUGIERIGES »WARUM« WIRKT AUF SO-UND-SO-MENSCHEN WIE BLITZ UND DONNER.** »Warum«-Ruhestörer sind unbeliebt. Stellen Sie sich bloß vor, alles wäre ganz anders. Ein Albtraum! Unklarheit? Nein danke, bloß nicht. Viele Menschen wollen Stabilität. Sicherheit, dass alles Bestand hat. In einer Zeit, in der unser Datenberg auf 40 Zettabytes wächst – das ist die 57-fache Menge aller Sandkörner auf Erden – und sich das Weltwissen alle zwei Jahre verdoppelt, ist diese Bestandssicherheit zwangsläufig eine große Illusion. Genau diese Illusion wird durch Fragen zerstört, und das will niemand. Dabei sind Fragen, die auf echtem Interesse basieren, ein großes Geschenk. Interesse ist überhaupt nicht selbstverständlich. Gleichgültigkeit gilt bei vielen Engagierten als das größte Übel unserer Zeit. Interesse hingegen bringt uns weiter. Manche Antworten können sogar Leben retten. Und dank Steven Pinkers Forschung können viele Menschen ruhiger schlafen. Sie wissen nun, dass die Welt sehr friedlich ist.

Seine Antworten könnten ein kollektives Wohlbefinden auslösen, Stress mindern und Krankenkassen finanziell entlasten. Dazu müssten wir nur seine revolutionäre Sicht ernst nehmen, um nicht auf die allgegenwärtige Gewalt in den Medien hereinzufallen. Bereit?

Alles geht anders

Der deutsche Film *Victoria* wurde in einem einzigen Take gedreht. Undenkbar bis dahin. One Take. Gefilmt wurde am 27. April 2014 zwischen 4.30 Uhr und sieben Uhr in der Friedrichstraße in Berlin-Kreuzberg und Mitte. Ohne Pause. Und das Ergebnis wurde unverändert im Kino gezeigt. Kein Schnitt. *Was wäre, wenn wir 133 Minuten in one take aufnehmen?* »Total hirnrissig«, sagt der Regisseur Sebastian Schipper im Interview. Belohnt wurde das hirnrissige Risiko mit sechs deutschen Filmpreisen und dem Gewinn des Silbernen Bären der Berlinale 2015 für den Kameramann. *Victoria* ist weltweit der erfolgreichste deutsche Kinofilm seit *Lola rennt*. Der Erfolg von *Victoria* ist den beeindruckenden Schauspielern zu verdanken. Die Basis legte der Regisseur mit seiner Rebellion gegen den Stakkatoschnitt, gegen die Gleichmacherei der Filmindustrie durch immer schnellere Schnitte. Und dann kommt einer und macht 133 Minuten keinen einzigen Schnitt. Neu in der Filmgeschichte. Das Brechen von Regeln ist der erste Schritt zur Innovation.[3]

GEWOHNHEITEN ZU HINTERFRAGEN BRINGT NEUES IN DIE WELT. *Welche Gewohnheiten hinterfragen Sie? Muss das so sein? Geht es anders? Geht es in einem Take? Ist ein Film ohne Schnitt kinotauglich? Wie soll das gehen? Geht es einfacher? Geht es besser?* Meistens ist es pure Gewohnheit, warum wir Dinge so tun, wie wir sie tun. Es hat sich bewährt und ist uns vertraut. Die Gewohnheit gilt es zu brechen. Jede Millisekunde wird irgendwo auf der Welt etwas neu und anders vollbracht. Wir bekommen es nur nicht mit. Unser Gehirn ist so sehr mit dem Alltag und den eigenen

Gewohnheiten beschäftigt, dass wir gar keinen Platz für Neues lassen. Doch es passiert. Jetzt. Und überall.

Roboter in Australien bauen in 48 Stunden Einfamilienhäuser. In China wird der erste Wolkenkratzer von Robotern hochgezogen. *Warum in Australien und China und nicht in Europa? Haben wir kein Interesse daran? Sind wir nicht schnell genug? Oder glauben Sie, dass das nur eine vorübergehende Modeerscheinung bleibt?* Drohnen überwachen bereits Baustellen, Stadtplanung und Landwirtschaft. *Wann ist Ihre Branche dran? Wie verändert sich Ihr Job durch Drohnen und Roboter?* Abläufe in Großprojekten wie Baustellen werden mit fliegenden Kameras deutlich effizienter koordiniert. Das ist keine Zukunftsmusik, diese Drohnen sind bereits im Einsatz. Beim Neubau des Stadions des US-Basketballteams *Sacramento Kings* dokumentieren autonom fliegende Drohnen den Neubau und zeigen im Minutentakt, ob der Zeitplan eingehalten wird. Die Filmaufnahmen werden in Echtzeit zu 3-D-Bildern, die mit den digitalen Bauplänen des Stadions verglichen werden. Das Programm markiert dann alle Bereiche, die hinter dem Zeitplan liegen. Das ist ein riesiger Fortschritt, denn Fehler und Verzögerungen auf großen, komplexen Baustellen führen zu enormen Mehrkosten.

Und selbst diese große Neuerung, die noch in ihren Kinderschuhen steckt, wirkt klein gegenüber dem »Röntgenblick für jedermann«, wie n-tv.de titelte. Das MIT in Boston forscht an einem Sensor, mit dem man Menschen durch Wände hindurch beobachten und Geräte kontrollieren kann, indem man auf sie zeigt. *Klingt das sinnvoll? Verrückt? Beängstigend? Gut oder schlecht? Wer entscheidet, für welche Zwecke Drohnen und Sensoren eingesetzt oder missbraucht werden?* Mit Umwelt-Drohnen will die Non-Profit-Organisation BioCarbon pro Jahr eine Milliarde neue Bäume pflanzen. »Das Pflanzen von Bäumen wird so auch in unerreichbaren Gegenden radikal vereinfacht«, schreibt Bart R. auf trendsderzukunft.de. Drohnen könnten zudem die Weltmeere filmen, Wale überwachen und schützen und der Laufpartner der Zukunft werden, damit man nicht mehr alleine durch den Wald joggen muss. Drohnen könnten aber auch auf engstem Raum Spionage betreiben und die eigenen Kinder rund um die Uhr überwachen. Der negativ besetzte Begriff der »Helikoptereltern« würde sich bewahrheiten. Klar ist: Alles geht anders. Wie wir das Neue einsetzen, liegt an uns.

Wie sieht die Versorgung mit gesunden und frischen Lebensmitteln in der Zukunft aus? Lässt sich der Logistikwahnsinn verringern, indem Menschen und Landwirtschaft wieder näher zueinanderfinden? Wie können neun Milliarden Menschen mit frischen und gesunden Lebensmitteln versorgt werden, wenn 2050 etwa vier Fünftel der Menschen in Städten leben?

In Bujama, einer Stadt in Peru nahe Lima, war das Wasser durch Minenabfälle so schlecht, dass eine Landwirtschaft nicht möglich war. Geschaffen wurde ein Gewächshaus mit einer Luftbefeuchtungsanlage, die Wasser aus der Luft zieht. Das saubere Wasser beträufelt die Salatpflanzen. So wird frische Ernährung ohne frisches Grundwasser möglich[4]. In Japan wurde die erste autonome Gemüsefarm eröffnet. Weltweit wird experimentiert, wie in neuen Wohnanlagen und Wolkenkratzern Obst und Gemüse angebaut werden kann. Vertikale Farmen, Gewächshäuser und Ställe für kleine Nutztiere werden mit Wohnungen in einem Gebäude integriert. Ohne Frost, Hagel oder Dürre sind je nach Gemüsesorte bis zu vier Ernten pro Jahr möglich. Auch Solar- und Windanlagen sowie Wasserfilteranlagen sind Teil des urbanen Ökosystems. Weltweit verschmelzen vertikaler Salat- und Gemüseanbau mit Architektur – wie auch plakativ in dem Namen agritecture.com. Zur Expo 2015 in Mailand entstand ein ganzer vertikaler Wald, ein Hochhaus mit Bäumen bepflanzt. Entwickelt als nachhaltiges Modell für eine Stadt der Zukunft zum Erhalt der Artenvielfalt.[5] Die Entwicklung geht weiter. *Wie wäre es, urbane vertikale Landwirtschaft mit Altenpflege zu kreuzen?* Beim World Architecture Festival 2015 zeigte die Firma Spark ein vertikales Gewächshaus in einem Gemeinschaftshaus für Senioren. Der Obst- und Gemüseanbau dient neben der

Selbstversorgung auch dem Verkauf in der Nachbarschaft. Die Gewinne finanzieren die ärztliche Versorgung der Bewohner.[6]

Wie geht es Ihnen mit all den Neuerungen? Sind Sie skeptisch? Wo soll das bloß hinführen? Oder sind Sie so begeistert wie ich? Ideen bäumen sich gegen die Macht der Gewohnheit auf und widerstehen dem Status quo. *Geht tatsächlich alles anders? Wirklich alles? Bleibt nicht das meiste so, wie es ist? Ist es Ihr gutes Recht, dass alles so bleibt, wie es ist? Was bevorzugen Sie? Erwarten Sie Veränderung? Fordern Sie Ihre Gewohnheiten heraus? Oder haben Sie es sich bequem eingerichtet? Wie gehen Sie mit Wandel um? Erwartungsvoll freudig? Oder ängstlich ablehnend? Sind Sie skeptisch oder neugierig? Was stellen Sie noch in Frage?*

FRAGEN KÖNNEN ALLES VERÄNDERN. Fragen öffnen. Fragen bohren tiefer und vertiefen Wissen. Fragen gehen auf den Grund und über den Tellerrand des Bekannten hinaus. Sie öffnen den beschränkten Horizont der So-und-so-Vorurteile. Fragen können Meinungen aushebeln. Einfach durch die Kraft der neuen Antwort. Ob das als Gefahr oder Gewinn betrachtet wird, liegt an jedem Menschen selbst. Für mich steht fest: Alles ist anders, wenn man sich vertieft. Fragen führen zu neuen Blickwinkeln und veränderten Einsichten.

44 Fragen

1. Ist Wandel oder Stillstand normal?

2. Werden wir durch Veränderung stärker
    oder durch Kontinuität?

3. Gibt es immer eine Lösung?

4. Könnte das eigene Zuhause das Kranken–
    haus der Zukunft sein?

5. Was wäre, wenn jeder europäische Schüler
    ein Jahr in einem anderen Land Europas
    leben würde?

6. Was bedeuten Roboter, die in 48 Stunden
    ein Haus bauen?

7. Werden Manager in der Zukunft Roboter
    sein?

8. Warum bleibt nichts, wie es ist?

9. Sind Ideen wie Pizza und Puzzles?

10. Kommt der nächste Mark Zuckerberg
    aus Afrika?

11. Was wäre, wenn sich Studenten kein Fach,
    sondern eine Mission auswählen würden?

12. Wissen Unternehmen, wer sich nicht bei ihnen bewirbt?

13. WaBriMiDa?

14. Können Künstler mehr Resonanz erzeugen, wenn das Publikum aktiv mitmacht?

15. Warum werden Häuser nicht in Fabriken hergestellt und mit dem Cargolifter ausgeliefert?

16. Warum sind Supermärkte thematisch sortiert, aber Berufe nach A bis Z?

17. Wie verändert man eine Stadt?

18. Wie entwickelt man Strukturen, Organisationen, Städte, Kulturen weiter?

19. Was machen Kfz-Versicherer, wenn es keine Menschen mehr gibt, die Autos aktiv steuern und dafür eine Versicherung brauchen?

20. Wieso haben E-Books eine AGB und analoge Bücher nicht?

21. Gibt es sichere Jobs?

22. Wie entsteht Mut?

37. Ist das Neue die Ausnahme oder Neues normal?

38. Betrügt uns unser Gehirn?

39. Gibt es gute und schlechte Ideen?

40. Kann die Wirkung getestet werden?

41. Wird die Welt immer friedlicher?

42. Glauben Sie, dass jeder Mensch die Welt verändern kann?

43. Wenn Sie schlechte Erinnerungen löschen könnten, würden Sie dies tun?

44. Wie entwickeln wir eine europäische Willkommenskultur?

Welche Frage hat Sie angesprochen oder geärgert? Welche Frage haben Sie sich noch nie gestellt? Welche Frage hat bei Ihnen spontanes Kopfkino ausgelöst? Welche Frage ist Ihnen in Erinnerung geblieben? Es gibt keine guten oder schlechten Fragen. Jede Frage kann etwas in Ihnen anstoßen, Sie anregen oder aufregen. Fragen können sinnlos erscheinen, abstoßen oder zum Nachdenken anregen. Entweder Sie bleiben gleichgültig, oder Sie werden inspiriert. **OHNE FRAGEN KEINE VERÄNDERUNG. SIND SIE FÜR STILLSTAND, STELLEN SIE EINFACH KEINE FRAGEN.** Ohne Fragen erstarren Sie in Ihrer kleinen Welt, Ihrer Weltanschauung und Meinung. Alles passt zusammen. Nichts stört. *Erscheint Ihnen das zu langweilig?* Dann werden Sie ab sofort Fragen-Aktivistin und Fragen-Aktivist!

Stellen Sie sich vor, Sie würden an jeder roten Ampel, im Stau, beim Warten auf Bus, Bahn und an der Kassenschlange 44 Fragen stellen. Ihre Fragenfitness würde rasant wachsen. Ganz einfach, fast nebenbei. Statt sich an roten Ampeln, in Schlangen und Wartezimmern zu ärgern, stellen Sie lustvoll-freudig 44 Fragen. Das macht nicht nur Spaß, mit etwas Übung kommen Sie auf 440 Fragen pro Tag. Je ideenfitter Sie werden, desto gewöhnlicher werden Fragen für Sie. Selbst wenn 95 Prozent Ihrer Fragen nicht weiterführen und Sackgassen sind, kämen täglich 22 Kracher-Fragen in Ihre Pipeline. Pro Tag! So stoßen Sie Ihre Ideenmaschine an. **AUS ABGEFAHRENEN FRAGEN WERDEN UNGEWÖHNLICHE IDEEN.** Ideen führen wieder zu neuen Fragen und neuen Antworten.

Jede einzelne Idee könnte ein Diamant sein. Und jede Frage stört den Trott. Jack Foster beschreibt in seinem Buch *Einfälle für alle Fälle* eindrücklich, wie er sich in ein für ihn völlig neues Thema vertieft. Er hat den Auftrag bekommen, Werbung für Schweinefleisch zu gestalten. Da ihm das Thema völlig fremd ist, besucht er den Schweinebauern und quetscht ihn aus: *»Womit werden Ihre Schweine gefüttert? Welche Sorte Schwein halten Sie? Welche Schweinerasse hält ihr Konkurrent? Womit werden die Schweine des Konkurrenten gefüttert? Was ist Speck? Gibt es irgendetwas an Ihrem Speck, was Sie ändern würden, wenn Sie könnten? Warum ist Braten besser als Grillen?«* Sechs Seiten voller Fragen. Als der Bauer einwirft, er müsse noch arbeiten, verabschiedet sich Jack Foster mit den Worten: »Bis morgen. Ich komme wieder. Ich habe noch ein paar Fragen.« Er will es wirklich wissen.

Fragen bringen Überraschungen mit sich. »Was wäre, wenn Studierende statt ihres Studienfachs zuerst eine Mission wählen würden?« Mit dieser einen Frage nimmt Fred Swaniker, Gründer der African Leadership Academy, unser Bildungssystem auseinander und setzt es neu zusammen. Zuerst wird die Lebensaufgabe geklärt. Das passende Studienfach folgt der Berufung. Nicht umgekehrt. Wer beispielsweise Lehrer werden möchte, lernt nicht Mathe, Geschichte oder Sport, sondern klärt zuerst die persönliche Mission. Ist es das Ziel, Schüler auf ein selbständiges, erfülltes Leben vorzubereiten? Oder ist Wissensvermittlung der Zweck? Mit welcher Mission *wird man ein guter Lehrer?* Unser etabliertes System geht stillschweigend davon aus, dass die Mission eines Lehrers schon irgendwie klar wäre. *Aber ist das so? Bringen Studierende die Bildungsmission einfach mit? Wann findet die Charakterprüfung eines Lehrers statt? Am Anfang? Am Ende? Oder nie? Verkürzt die Gewissheit einer Mission sogar die Studienzeit? Wie muss sich Bildung ändern, wenn die Menge des Wissens immer schneller wächst? Wie wird die rasante technologische Entwicklung die Hochschulen verändern? Lernen Menschen in der Zukunft über das ganze Leben verteilt? Zu Hause? Am Arbeitsplatz? In Universitäten? Oder werden YouTube-Kanäle die größten Bildungsanbieter?*

Statt solche sinnvollen Fragen zu diskutieren und neue Lösungen zu finden, wird in vielen deutschen Medien pauschal die Akademisierung der Gesellschaft beklagt. Die ZEIT fragte im November 2014: *»Müssen jetzt alle studieren?«* Es entsteht der Eindruck, die große Mehrheit würde bereits studieren. Schauen wir uns die Fakten an. Laut dem letzten offiziellen Zensus von 2011 haben nur 15 Prozent (!) aller 81 Millionen Deutschen einen akademischen Abschluss. Unter den 43 Millionen erwerbstätigen Deutschen ist jeder vierte ein Akademiker. Und 36 Prozent eines Jahrgangs schließen ihr Studium ab. Unter allen Berufstätigen sind also 25 Prozent Akademiker. Die Zahl steigt langsam auf 36 Prozent. Auf Basis der Fakten könnten wir nun eine kontroverse Debatte führen. *Ist Akademisierung eine reale Gefahr? Wer gewinnt, wer verliert? Sind Bildung und Weiterbildung das Öl des 21. Jahrhunderts? Sollten wir alle ein Buch pro Tag lesen? Können wir nicht froh sein über jeden Menschen, der studiert und mehr lernen möchte?* Die Zahl der Studienanfänger war 2015 zum ersten Mal gleichauf mit der Zahl der Lehrlinge. Da nur zwei Drittel der Studierenden ihr Studium abschließen, könnten schlaue Betriebe auf Hunderttausende Studienabbrecher zugehen und sie als Azubis gewinnen. Die sind dann bereits erfahren und wissen, was sie wollen. Also ran! *Wer sagt, dass Azubis direkt aus der Schule* kommen müssen? Keiner! Es gibt kein Gesetz dafür. Die ING-DiBa geht bereits einen Schritt weiter und bildet seit Jahren erfolgreich Azubis über 50 Jahre aus. *Wer sagt, dass Azubis jung sein müssen?* Nur unsere Gewohnheit. Alle Betriebe könnten das mehrfach prämierte Rezept der ING-DiBa kopieren. Keiner macht's. Wer neue Wege geht, kann sich Bewerber weiterhin aussuchen.

Wo lernen wir, die Welt mit Fragen zu rocken? Es gibt keinen Unterricht für professionelles Fragenstellen. Stillschweigend wird davon ausgegangen, jeder könne Fragen stellen. Einer der größten Irrtümer. **DIE QUALITÄT VON FRAGEN IST DER AUSGANGSPUNKT DES GANZEN KREATIVEN PROZESSES.** Gute Fragen zu stellen ist selbstverständlich trainierbar. An die Übung!

Die Welt verändern

»Wir denken immer, wir könnten die Welt mit Antworten verändern. Nein. Mit Fragen verändern wir die Welt«, sagte Götz Werner 2012 im Gespräch mit Fritz Lietsch, Herausgeber des Magazins *forum Nachhaltig Wirtschaften*. Götz Werner ruft auf zum Denken und Fragenstellen: *Was wäre, wenn jeder mit diesen Fragen morgens aufwacht: Was will ich in der Welt erreichen? Was habe ich mir vorgenommen?* Er fordert auf: Denken Sie mal umgekehrt. Zum Beispiel so: Nicht wir Erwachsenen bekommen unsere Kinder, sondern die Kinder bekommen uns. *Wie würde das unser Miteinander und die Erziehung verändern?*[7]

Mich beschäftigt seit der Europawoche 1998 diese Frage: *Was wäre, wenn jeder europäische Schüler ein Jahr bei einer Familie aus einem anderen Land Europas leben würde?* Schüleraustausch wäre dann nicht länger ein Privileg der jährlich 12 000 deutschen Schüler, die sich ein Auslandsjahr finanziell leisten können. Alle Schüler Europas hätten persönliche Beziehungen zu Familien und Freunden in Griechenland, Portugal, Polen, Finnland und so weiter. Würde jeder Schüler ins Ausland gehen und würde jede Familie einen fremden Schüler aufnehmen – das entspricht dem Zweck und Ur-gedanken vom Schüleraustausch –, dann entstünden keine Mehrkosten. Durch die Rotation hätte keine Familie mehr Aufwand. Die Herausfor-derung bestünde in der Logistik, Organisation und den Sprachen. Fast alle Schüler sprechen zwar Englisch, aber die wenigsten Ungarisch oder Finnisch. *Warum der Aufwand?* Ich glaube, dass nur die menschliche Be-gegnung aller Bürger die europäische Idee retten kann. Wir würden die Sorgen, Freuden und Lebensbedingungen mit Menschen in anderen Län-dern teilen. Europa verkommt immer mehr zu einem bürokratischen Monster und Selbstbedienungsladen. Ohne persönliche Begegnung auf breiter Basis ändert sich diese negative Entwicklung nicht. Der millio-nenfache Schüleraustausch würde den Zusammenhalt stärken. Europa wäre wieder eine Herzensangelegenheit. Europa könnte von innen her-aus eine Willkommenskultur leben und ausstrahlen.

Eine andere Frage, die mich bewegt: *Was wäre, wenn jeder Mensch für seine Träume und Ideen direkt um Unterstützung bitten könnte?* Auf einer Platt-form teilen Menschen ihre Träume mit, sie erzählen Geschichten von Wünschen und Zielen – privat, ehrenamtlich, beruflich, unternehmerisch. Andere Menschen antworten darauf mit Rat, Tat oder Geld. Ähnlich wie beim Crowdfunding. 34 Milliarden Dollar private Gelder hat die Crowd 2015 in Produkte, Projekte und Start-ups investiert. Kiva.org vermittelt Mi-krokredite, um Armut zu bekämpfen. Betterplace.org vermittelt Spenden an Projekte. Studienaktie.org bietet Finanzierung und Mentoring für Men-schen mit Bildungsprojekten. MakeSense.org bietet in 146 Ländern Un-terstützung für soziale Unternehmer. Die Civil Academy und Ashoka un-terstützen soziale Gründer mit Stipendien, damit soziale Ideen marktreif werden. Es gibt so viele Engagierte. Die Zahl der Vereine und Stiftungen wächst. Mir gefällt auch GoFundMe.com, dort spenden Menschen für andere Menschen in Not. Trotz dieser Vielfalt vermisse ich eine Plattform, auf der Menschen mit ihren Geschichten, Träumen, Ideen, Fragen, Wünschen und Lebenszielen im Mittelpunkt stehen – nicht Projekte. Eine Plattform für *Was wäre, wenn ...*, *ich wollte schon immer mal ...*, *mein Weltreise-, Ökodorf-, Mobilitätskonzept-, Medizin-Traum*. Forscher haben oft noch kein Produkt für ein Crowdfunding, aber eine Vision. Es geht um Inspiration und Unterstützung. **WAS WÄRE, WENN MENSCHEN MIT IHREN TRÄUMEN INSPIRIEREN UND MITSTREITER, RAT, TAT, STIPENDIEN UND SPENDEN GEWINNEN KÖNNTEN?**

Und in den letzten Jahren beschäftigte mich vor allem die Frage nach dem »Fachkräftemangel«. Über Fachkräftemangel wird lauthals geklagt. Jahrelang war auch ich ein Verfechter des Mangels. Meine Kollegen und ich führten Tausende Gespräche mit Personalverantwortlichen. Unsere Angebote zur Fachkräftegewinnung stießen auf Interesse. Doch kaum waren die Gesprächspartner wieder im Büro, machten alle so weiter wie zuvor. Ich wurde skeptisch. *Warum änderte niemand etwas? Warum wird Neues nicht ausprobiert? Ist der öffentlich wirksam inszenierte Aufschrei »Fachkräftemangel« eine faule Ausrede für Personalgewinnung, die im letzten Jahrtausend stehen geblieben ist?* Auf langweilige Werbung reagiert niemand. Das gilt für *Kunden und Fachkräfte. Gibt es überhaupt einen Unterschied zwischen Fachkräfte- und Kundenmangel?* Beides liegt am Auftreten des Unternehmens. *Erwarten Firmen ernsthaft hoch motivierte Kandidaten auf laaaaaaaaaangweilige, normierte Stellenanzeigen?*

Ich stellte fest, dass auf dem Bewerbermarkt einiges im Argen liegt. *Warum reagieren Unternehmen genervt, wenn Bewerber nachhaken, ob die Bewerbungsunterlagen angekommen sind? Reagieren diese Betriebe auch genervt auf Kunden? Warum hat der Verband der Deutschen Ingenieure (VDI), ein Verfechter des Fachkräftemangels, jahrelang in seinen Statistiken die Zahl der offenen Stellen mal sieben, die Zahl der arbeitslosen Ingenieure aber nur mal eins gerechnet? Ist das redlich, eine Lüge, Betrug oder Verarschung? Hätte der VDI jahrelang so tricksen müssen, wenn es einen echten Fachkräftemangel gäbe?*[8]

Ein Unternehmen mit weltweit 55 000 Mitarbeitern konnte 300 Ingenieursstellen nicht besetzen. Aber welche Anforderung wurde an die Bewerber gestellt? Zehn Jahre Berufserfahrung. Es fehlten also nicht 300 Ingenieure, sondern 300 Ingenieure, die zehn Jahre Berufserfahrungen hatten und den Arbeitgeber wechseln wollten. Als diese Firma zum ersten Mal 20 Traineestellen für Ingenieure angeboten hat, bekam sie 2000 Bewerbungen. *Fachkräftemangel?* Da es immer weniger ausgebildete Uhrmacher gibt, fragte sich eine Firma: *Wer hat dieselben Fähigkeiten, die Uhrmacher brauchen, nämlich Präzision und Liebe fürs Detail?* Zahntechniker! Die Firma stellte Zahntechniker ein und bildete sie zum Uhrmacher fort. Wo ist das Problem? *Herrscht Fachkräftemangel oder Ideenmangel? Warum werden naheliegende Potenziale nicht genutzt?*

Auf dem Arbeitsmarkt ist alles in Bewegung. *Was passiert zum Beispiel zukünftig mit Bauarbeitern, wenn Häuser in Australien und Wolkenkratzer in China viel schneller von Robotern gebaut werden? Was passiert mit Lkw-Fahrern, wenn Lkws autonom und unfallfrei fahren? Was passiert, wenn Batterien den Verbrennungsmotor ablösen?* Diese Fragen sind wichtig, denn in Deutschland hängen 750 000 Jobs vom Verbrennungsmotor ab. Jede nicht gestellte Frage verpasst Chancen. Offene Fragen bauen Aussichtsplattformen. Offene Fragen lassen uns die Welt von allen Seiten betrachten. **OFFENE FRAGEN SUCHEN NEUE LÖSUNGEN UND STIFTEN VERÄNDERUNG.** Offene Fragen sind das Salz in der Suppe, sie ärgern den Stillstand und fordern Ideen zum Angriff heraus. Doch das ist nur eine Seite der Medaille.

Hilfe!

Die andere Seite der Medaille sind direkte Fragen. Analytisch, gezielt, konkret. Zum Beispiel um Rat und Unterstützung. Wie in diesem Beispiel: Eine Schülerin wandte sich mit einem Brief an 50 Vorstandsvorsitzende von DAX-Unternehmen. Sie schrieb, dass sie später ein DAX-Unternehmen leiten und, um nach dem Abitur alles richtig zu machen, erfolgreiche Personen nach Ratschlägen zur Berufs- und Studienwahl fragen wolle. Das Ergebnis? Sie bekam nicht nur 45 Antworten, sondern auch Einladungen in die Firmen. Die meisten Menschen helfen gerne, wenn sie ein echtes Interesse an ihrer Person, ihrem Beruf oder ihrem Hobby spüren. In die Lage der Schülerin konnten sich 45 von 50 DAX-Vorständen sofort hineinversetzen, denn sie standen als Schüler vor derselben Frage. Als 2007 die erste MUN-Konferenz, eine studentische Simulation für globale Lösungen mit Teilnehmern aus aller Welt, in Münster stattfand, suchten die Organisatoren einen passenden Schirmherrn. Sie fragten Prof. Klaus Töpfer, damals tätig bei den Vereinten Nationen, im Rat für Nachhaltige Entwicklung und Vizepräsident der Welthungerhilfe. Ein viel beschäftigter Mensch. *War es vermessen, ihn zu fragen?* Er sagte zu: »Gerne nutze ich die Gelegenheit, an meine Universität zurückzukehren.« Er war Absolvent der wirtschaftswissenschaftlichen Fakultät in Münster. Bingo. Volltreffer. Jede Universität, jede Schule und jede Kindertagesstätte könnte unter den Ehemaligen prominente Personen finden. *Wer hat schon mal in den Namenslisten der letzten Jahrzehnte nachgeschaut?* **FRAGEN SIE DIREKT.** Ehemalige werden gerne Ja sagen. Ist doch klar.

Auch ich habe gute Erfahrungen damit gemacht, um Hilfe zu bitten. Zehn Jahre lang organisierte ich künstlerisch-kreative Wettbewerbe für Schüler und Studenten. Jedes Jahr stand ein anderes Motto im Mittelpunkt wie »Menschenbilder«, »Hoffnung« und »Ganz anders«. Auf konkrete Anfrage gaben die Berliner Jugendsenatorin, der Bischof und der Bundestagspräsident ihren guten Namen als Schirmherren und -frauen. Der Verein Young Life Berlin zahlte die laufenden Kosten und brachte Kontakte, freiwillige Helfer und Räume ein. In den Musik-, Literatur-, Fotografie-Jurys halfen jedes Jahr 40 bis 50 Künstler, Politiker, Pädagogen und Journalisten mit. *Warum so viele?* Je größer die Jurys waren, umso mehr Multiplikatoren lasen die Texte, sahen die Fotos und Gemälde, hörten die Musik und trugen ihre Eindrücke in die Gesellschaft. Wenn ich bekannte Künstler und Politiker in die Jury einlud, bekam ich nicht nur viele Zusagen, sondern auch begeisterte Ausrufe: »Endlich tut mal jemand was! Danke, dass ich dabei sein darf.« Verteilt über sieben Jahre bekam ich über 300 Zusagen. Ich stelle allen eine ganz konkrete Frage: »*Sind Sie am Tag X in der Jury und am Tag Y bei der Preisverleihung dabei?*«

Dass man sich nicht scheuen soll, um Hilfe zu bitten, und wie wichtig es ist, die Bitte um Hilfe als konkrete Frage zu formulieren, habe ich bei einer Wanderung im Grand Canyon erlebt. Als Jugendlicher war ich bereits drei Mal den South Kaibab Trail hinunter- und den Bright Angels Trail wieder hochgelaufen. Vom südlichen Rand des Canyons bis zum Fluss durchquert man 1350 Meter Höhenunterschied. Nun wollte ich den Weg mit meiner Frau gehen und ihr die überwältigende Schönheit zeigen. Die Farbenpracht, die Felsformationen, die Ruhe und die Weite sind einmalig. Die Vorfreude war riesig! Einziger Makel: Wir liefen im Hochsommer, da wird von der Wanderung zwischen 10 und 16 Uhr abgeraten. Ausreichend Verpflegung und viel zu trinken hatten wir dabei. In der größten Mittagshitze bei 45 Grad im Schatten kamen wir am Colorado River an. Auf dem Rückweg wurde ich ohne Vorwarnung unendlich müde, kraft- und willenlos, wie ich es noch nie erlebt hatte. Wir wussten, niemand würde nach uns suchen. Seit über zwei Stunden war uns kein Mensch begegnet. Wir mussten irgendwie aus eigener Kraft wieder nach oben kommen. Aber es ging nicht. Ich konnte nicht mehr. Ohne fremde Hilfe würde ich es nicht schaffen. Am Colorado River stand ein Notruf. Auf dem Weg dorthin traf meine Frau drei Männer. Sie erzählte ihnen, wie schlecht es mir ging. Als die Männer mich kurz darauf am Weg sitzen sahen, scherzte ich, dass es zu heiß sei, und bat sie, die Sonne abzuschalten. Sie lachten und liefen weiter. Dass ich der Mann war, der Hilfe brauchte, merkten sie nicht. Da kam meine Frau angerannt und rief ihnen hinterher: »Helft uns bitte! Mein Mann kann nicht mehr. Ich weiß nicht, was ich tun soll.« Jetzt begriffen sie die Lage und fragten mich, ob mir schwindlig sei. Sie stellten fest, dass mir nicht einfach Flüssigkeit, sondern Elektrolyte fehlten. Ich hatte nämlich aufgrund der Hitze viel mehr Wasser getrunken als bei den Wanderungen zuvor. Dadurch hatte ich zu viele Elektrolyte ausgeschwitzt und ausgespült. Meine Frau hatte weniger getrunken und mehr salzige Cracker gegessen. Glücklicherweise hatten die drei Männer Elektrolyte dabei, die sie ohne zu zögern großzügig mit uns teilten. Tatsächlich war ich nach 30 Minuten wieder fit und konnte den Rückweg bewältigen. Die drei Männer waren für mich Engel und Lebensretter. Meinen Witz mit der Sonne hatten sie nicht als Hilferuf verstanden. Wie auch? Auf die ganz konkrete Frage meiner Frau reagierten sie sofort.

Auch Innovation ist manchmal nur mit Hilfe zu schaffen – zumindest wird sie mit Hilfe leichter. Innovation braucht beides: 44 wilde, offene Fragen. Und gezielte, konkrete Fragen. Brian Chesky, Gründer von Airbnb, erzählt: »Wir haben Menschen wie Mark Zuckerberg und Jeff Bezos gefragt, ob sie uns helfen. Fragt schamlos. Lernt schnell. Die meisten Menschen helfen gerne.«[9]

A & O

44 weite Fragen öffnen Freiräume für neue Ideen. Punktgenaue, spitze Fragen liefern konkrete Antworten. Weit und spitz – beides gehört untrennbar zur Ideenfitness und Innovation: unendlich viele offene Fragen, die niemand vorher gestellt hat, plus messerscharfe konkrete Fragen, die zur gradlinigen Analyse und direkten Handlung führen. A & O.

Erfolgreiche Innovation besteht immer aus dem explosiven Mix zweier Pole:

- **unendlich weite, chaotische Vorstellungskraft, bunte Viel–falt, neugierig fragende Offenheit**

plus

- **gradlinige, kritische Disziplin, klare Entscheidungen und präzise Analyse**

Ohne O bleiben Ideen blutleere Langweiler. Ohne A bleiben Ideen wirkungsloses Geschwafel. Ideen brauchen A und O. Offene und analytische Fragen. Offenheit und Klarheit. Das Spinnen und die Kritik. Ideenfitte leben in einer scheinbar verkehrten Welt: Strategen spinnen grenzenlos offen, Kreative planen zielstrebig gradlinig:

- **A wie Analyse, Aufgabe und Auswahl auf der einen Seite,**
- **O wie Offenheit und Optionen auf der anderen Seite.**

A & O sind zwei Seiten derselben Medaille. Es ist kein Entweder-oder. Es ist ein Miteinander. Eine wechselseitige Abhängigkeit und ein Zusammenspiel. **DIE IDEE ROCKT HIN UND HER ZWISCHEN A & O.** In der griechischen Mythologie hat die Zeit zwei Dimensionen: den ordentlichen Gott Chronos für den stetigen Fluss der Zeit und den chaotischen Gott Kairos für alles, was die Ordnung unvorhergesehen unterbricht. Chronos & Kairos. A & O! Innovation lebt von der Unterschiedlichkeit von A & O. Die A-Schritte analysieren und fokussieren. Die O-Schritte öffnen Potenziale, Chancen und Gelegenheiten.

A wie Analyse steht auch für:

- aktivieren
- Aktivität
- anpacken
- messbar
- Nüchternheit
- Ordnung

40

- Anstrengung
- Antwort
- Aufgabe
- aufstehen
- Ausdauer
- Auswahl
- Bewertung
- Chronos
- Controlling
- definieren
- Disziplin
- Drehbuch
- Durchblick
- Durchhaltevermögen
- Experte
- fest
- festhalten
- festlegen
- Filter
- Fokus
- Form
- Gewohnheit
- Konsequenz
- Konzentration
- Kriterien
- Kritik
- Management

- Mehrwert
- Organisation
- Pilotprojekt
- Planung
- pragmatisch
- Projekt
- Prototyp
- realistisch
- Scheuklappen
- Schritt für Schritt
- Skepsis
- sortieren
- Spannung
- Standpunkte
- Steuerung
- Sturheit
- Teilziel
- terminiert
- Tradition
- Umsetzung
- Verantwortung
- Vertrauen
- wie
- Wirkung
- Ziel
- Zweck

O wie Offenheit steht auch für:

- alle Sinne
- alles ist möglich
- anders
- aus dem Rahmen fallen
- Begeisterung
- Beziehung
- Brainstorming
- Bodystorming
- Chancen
- Chaos
- Diversität
- Entspannung
- Fantasie
- Fragen
- Flow
- flüssig
- Freiräume
- Gelegenheiten
- Glaube
- Hingabe
- Hoffnung
- idealistisch
- Kairos
- Knall
- Kreativität
- Motivation
- Motor
- Naivität
- Optionen
- Originalität
- Rausch
- Rebellion
- Revolution
- sammeln
- spinnen
- Traum
- Überraschung
- Unbekanntes
- Unbequemes
- Ungewöhnliches
- Unpassendes
- Unsinn
- unterhaltsam
- Unterscheidung
- Verschwendung
- Vielfalt
- Vision
- Vorstellungskraft
- Wandel
- Warum

- kritikfrei
- Kunst
- Leidenschaft
- Liebe
- loslassen

- Weitblick
- Weite
- Werte
- Zufälle

»Erfolgreiches Kreativitätsmanagement ist ein Balanceakt zwischen den Polen Form und Chaos«, so John Kao, Gründer der Idea Factory. A ist Form, O ist Chaos. A steht für klare Formen und O für kreative Freiräume. »Kreativität und Kritik sind das Yin und Yang der Innovation«, sagt der Ökonom Jonathan Bendor zur Zweisamkeit der Pole. Nur zusammen können A & O eine Innovation erzeugen: »Innovation braucht beides, Wissenschaft und Kunst«, tweetet Bob E. Hayes. Kaum jemand steht so für die Verbindung von A & O wie der legendäre Innovator Steve Jobs. Michael Simmons schreibt über Jobs: »Oft wird das paradoxe Zusammenspiel zweier seiner scheinbar widersprüchlichen Eigenschaften übersehen: seiner manischen Fokussiertheit und seiner unstillbaren Neugier. Das sind nicht einfach irgendwelche beliebigen Stärken. Sie waren seine wichtigsten, denn aus ihnen ergab sich alles andere.« Dass ein Mensch beides in sich vereint, ist selten. Viele Menschen tendieren zu A oder zu O. Deshalb ist Innovation ein Zusammenspiel von A- und O-lastigen Menschen. **ES GIBT KEINE REINE A-INNAVATIAN ODER PURE O-INNOVOTION.** Ohne O ist ein Produkt langweilig, ohne A ist das Angebot chaotisch. Die permanente Bewegung zwischen A und O ist wie ein Oszillieren, etwas schwingt hin und her. Vom O zum A und wieder zum O wie im Wort InnOvAtiOn: O – A – O und so weiter. Das Rocken der Idee bringt Schwung und Energie, die Diamanten brauchen. Vom Anfang bis zum Ende reiben und ergänzen sich A & O und machen so Feuer unterm Ideenhintern.

Ein Klavier hat schwarze und weiße Tasten, werden alle gespielt, erklingt die Bandbreite für Trillionen Melodien. Innovation hat A & O. Nutzen Sie alle Töne, die ganze Klaviatur. Analytikern und Kritikern fehlt häufig die Fähigkeit zum radikalen Umdenken. Umgekehrt können Kreative zwar himmelhoch spinnen, aber ihnen fehlen Struktur, Planung und Klarheit in der Umsetzung. *Welcher Typ sind Sie? Haben Sie eine Tendenz zum A oder O? Sind Sie der Spinner? Oder der Skeptiker?* Ergänzen Sie Ihr Team bewusst um Menschen, die mehr A oder mehr O mitbringen und andere Meinungen vertreten als Sie. Suchen Sie ein Gegenüber, das anders tickt, analytischer oder offener als Sie. Es geht nur zusammen. Aus der produktiven Spannung zwischen A & O ergibt sich alles andere. Helmut Schmidt schrieb in *Weggefährten – Erinnerungen und Reflexionen:* »In den grundlegenden Fragen muss man naiv sein. Und ich bin der Meinung, dass die Probleme der Welt und der Menschheit ohne Idealismus nicht zu lösen sind. Gleichwohl glaube ich, dass man zugleich realistisch und pragmatisch sein sollte.«[10]

Nicht drauftreten

Realistisch-pragmatisch und naiv-idealistisch. A & O wirken nur zusammen. Gleichzeitig müssen A und O strikt getrennt werden. »Da die kritische Beurteilung jegliche Fantasie behindert, muss man den kreativen vom kritischen Prozess trennen«, schreiben Roger Fisher, William Ury und Bruce Patton in ihrem Buch *Das Harvard-Konzept*. Fundierte Kritik ist notwendig. Kritik auf der Basis von vereinbarten Kriterien ist entscheidend. Aber die Kritik muss warten, denn mitten im Ideenfluss tötet Kritik jede Kreativität. Kritik leistet einen elementaren Beitrag zur Innovation, doch mitten im kreativen Spinnen verhindert sie bahnbrechende Ideen. Im Anschluss an himmelhoch weites Spinnen sind Analyse und Kritik goldrichtig zur fundierten Auswahl und Entscheidung.

Ich erlebe es immer wieder, dass A & O unbewusst durchmischt werden. Dann zerfetzt harsche Kritik die ersten Ideen, bevor die zarten Ideentropfen zu einem reißenden Ideenstrom werden konnten. Wird Kritik zu früh geäußert, zerstört sie das meiste Potenzial. Doch Kritik kommt fast immer zu früh, pfeilschnell und tödlich. **SPERREN SIE BEI DER OFFENEN IDEENKREATION DIE HARTE A-KRITIK AUS.** Um Tore schießen zu können, muss der Ball erst mal laufen. Ein Pfiff nach jedem Schuss wäre tödlich. Genauso müssen Ideen erst mal laufen bis zum perfekten Pass und Tor. Nach 90 Minuten darf der Schiedsrichter das Spiel abpfeifen. Dann wird analysiert und kritisiert. Bitte geben Sie dem Ideenfluss 90 O-Minuten, bevor A-Kritik in den Ring steigt. Vermischt verlieren analytische und offene Phasen die Wirkung. Beim offenen Spinnen muss Kritik draußen vor der Tür auf ihren Einsatz warten. Friedrich Schiller beschrieb die schöpferische Trennung bereits vor über 200 Jahren in einem Brief an Gottfried Körner: »Bei einem schöpferischen Kopfe hingegen, däucht mir, hat der Verstand seine Wache von den Thoren zurückgezogen, die Ideen stürzen pêle-mêle herein, und alsdann erst [...] mustert er den großen Haufen. – Ihr Herren Kritiker, [...] daher Eure Klagen über Unfruchtbarkeit, weil Ihr zu früh verwerft und zu strenge sondert.« Menschen fällt es verdammt schwer, nicht sofort besserwisserisch alles aufzuzählen, was nicht geht. Deshalb muss die O-Phase des Spinnens von der A-Phase der Auswahl getrennt werden. Spinnen und Auswählen sind beides kreative Prozesse, aber komplett gegensätzlich.

Im Vermischen von A & O liegt der größte Fehler in kreativen Prozessen. Ohne die Freiheit, alles ungeschützt sagen zu können, brechen Killerphrasen wie »geht nicht« das Genick sofort nach der Geburt. Doch wer kann das volle Potenzial eines Kindes erkennen, wenn es gerade geboren wurde. Das ist absurd. **ZU FRÜHE KRITIK IST UNSERIÖS. AUCH BEI IDEEN.** Trainieren Sie das professionelle Wechselspiel von A & O. Üben Sie klare Ansagen, wann eine O-Phase oder A-Phase startet. Verbieten Sie Kritik in O und zeigen Sie A die Rote Karte. Starten Sie jede O-Phase mit 44 Fragen. Nutzen Sie für A- und O-Phasen unterschiedliche Räume und gehen Sie im Parcours konkret vom O-Raum zum A-Raum zum O-Raum. Nutzen Sie unterschiedliche Farben, zum Beispiel in allen A-Phasen gelbes Papier, in allen O-Phasen grünes Papier. Zeigen Sie wiederkehrende Symbole, stellen Sie zum Beispiel ein großes A und ein großes O abwechselnd in die Mitte des Raums. Legen Sie Zeiten fest: eine Stunde Mixen. Danach folgt die Bewertung. Schmeißen Sie unverbesserliche Nörgler raus. Wenn Sie geübter und ideenfitter sind, können Sie im Minutentakt zwischen A und O wechseln. Alles eine Frage des Trainings.

Am Anfang ist die Idee klein, nackt und wehrlos. Vielleicht sogar noch hässlich, dreckig, schleimig und verschrumpelt. **WIE WIRD AUS DER RAUPE EIN SCHMETTERLING? ERSTE AUFGABE: TRETEN SIE NICHT DRAUF.** Das klingt einfach, ist es aber nicht. Wenn eine Idee kommt, beißen Sie sich auf die Zunge. Im Kritisieren sind Menschen stark. Ein gezielter Schlag – und die Idee ist tot. Gehen Sie stattdessen immer davon aus, dass Sie eine neue Idee noch nicht verstanden haben. Sie ist gerade erst geboren. Sie schmeißen auch kein Baby weg. Sie kennen das volle Potenzial der Idee noch nicht! Ihre Aufgabe ist es, die Idee willkommen zu heißen. Eine Willkommenskultur für Ideen ist für alle eine große Herausforderung. Bevor man die Idee nicht gewürdigt, verstanden und von allen Seiten betrachtet hat, zerstört man die guten Ideen bereits im Keim. Nehmen Sie sich also Zeit. Waschen, wickeln, füttern! Lernen Sie die Idee kennen. Geben Sie ihr einen Namen. Schauen Sie ihr in die Augen und stellen Sie 44 Fragen zum Potenzial, dann erst sind Sie zu fundierter Kritik in der Lage. Keine Idee kommt perfekt zur Welt.

Entscheidend ist der Start ins Ideenleben. *Was machen Sie? Draufhauen, kleinreden und töten? Oder willkommen heißen, verwöhnen und Leben einhauchen?*

Das althebräische Wort »ruach« heißt Geist, Wind, Atem. *Greifen Sie den ersten Geistesblitz auf? Beatmen, stärken, ergänzen, verbessern und veredeln Sie die Idee?* Wenn eine Idee tiefer gebohrt, breiter verstanden und gereift ist, dann wird sie im Anschluss selbstverständlich gemessen, gewogen, kritisiert und häufig wieder verworfen.

Don't criticize, improve

Wenn niemand draufgetreten hat, kann die Idee wachsen. Menschen sind Meister im Meckern und wissen immer alles besser. Analphabeten sind wir leider darin, Äußerungen anderer Menschen konstruktiv aufzugreifen und sie positiv zu verbessern. Verbessern nicht im Sinne eines Rotstifts, sondern im Bemühen, den Gedanken weiterzudenken und die Lösung besser zu machen. Spielen Sie mit der Idee. **ÜBEN SIE DIE ERSTE HILFE DER IDEENRETTUNG: DON'T CRITICIZE, IMPROVE.** Gemeint ist: Kritisiere nicht. Mach die Idee besser! Reicher! Runder! Nützlicher! Wirksamer! Verfeinere die Idee! Schleife! Feile! Veredle sie mit Wertschätzung! Alle Energie fließt produktiv ins Fragen, Vertiefen und Improven. Assoziationen, verschiedene Blickwinkel und – Achtung – auch konstruktive, lebensbejahende Kritik. Das alles hilft gegen voreilige, destruktive Kritik. Die Stärken der Idee stehen im Fokus und werden angereichert. Die Idee wächst und wird schöner, stärker, selbstbewusster, wortgewandter und verständlicher. Wer erlebt hat, wie eine Idee besser, reifer, wacher, lebendiger, anschaulicher und spürbarer wird, der weiß, wie dieser magische Moment Euphorie auslöst. Menschen fangen Feuer für das neue Geschöpf. Draufzutreten verliert seinen Reiz. Die Idee bekommt Raum zum Atmen und zur Entfaltung des Potenzials. Paul Sloane schreibt auf Twitter: »Lehnen Sie radikale Ideen nicht ab mit ›Ja, aber …‹. Entdecken Sie die Ideen mit ›Ja, und …‹. Wenn wir ›Ja und …‹ sagen, fangen wir an, mit der Idee zu spielen und ihre Potenziale zu erkunden.«[11]

Ich habe sehr viele Ideen entwickelt und Innovationsprozesse begleitet. Ideen machen mich glücklich. Doch an diesem Tag im Juni 2015 tat mir das Ideenmeeting richtig weh. Es dauerte Stunden, bis ich mich erholt hatte. Die Enttäuschung ist schwer zu erklären. Ideen sind wie eigene Babys. Wird darauf eingedroschen, dann schmerzt das! Es ging um unser Produkt cleverheads, einen Bewerberpool mit von Unternehmen empfohlenen Kandidaten. Wir waren zu fünft im Teammeeting. Thema: Wie kommen mehr GUTE Kandidaten in unseren Online-Bewerberpool? Im Verlauf äußerte ich eine radikale Idee, die mich selbst überraschte, denn ich brach ein Tabu: *Was wäre, wenn sich alle Kandidaten selbst registrieren können?* Ohne Einladung. Ohne Qualitätsprüfung. Ohne Empfehlung. Es herrschte Totenstille. Bisher war unser Credo: 100 Prozent »trusted«. Nur Bewerber mit persönlicher Empfehlung im Pool! Und jetzt das. *Alle? Wirklich alle?* Ja, alle! Lassen wir die Kunden wählen, ob sie Kandidaten mit Empfehlung oder auch Kandidaten ohne Empfehlung sehen wollen. Die Idee war kaum ausgesprochen, da traf sie ein Schlag im Nacken: »Das geht nicht.« Tot! Der Kollege hätte fragen können: *Was bringt uns das? Was bringt es den Kunden? Was bringt es den Bewerbern?* Auch die Frage *»Warum brichst du unser Tabu?«* wäre konstruktiv gewesen.

Woher kam mein Tabubruch? Jahrelang hatten wir Unternehmen erklärt, dass die Qualität der Kandidaten entscheidend sei, nicht die Masse. Theoretisch stimmen alle Personaler zu. Ja, Herr Gaedt, die Qualität! Alles entscheidend! Ein Personalleiter sagte mir, er wünsche sich 40 passende Bewerber auf 40 offene Stellen. Perfekt. Ich hatte bei Younect eine Stelle im Marketing zu besetzen. Ein Kandidat wurde mir auf Twitter empfohlen. Kennengelernt. Eingestellt. Drei Jahre haben wir produktiv zusammengearbeitet. *Wer sagt, dass man 50 Bewerber braucht, um eine Stelle zu besetzen?* Niemand! Doch im Internet sind wir an Massen gewöhnt. 1,5 Milliarden Menschen auf Facebook. 400 Millionen Mitglieder im Businessnetzwerk LinkedIn. Wow, so viele potenzielle Mitarbeiter. *Aber wer von den*

400 Millionen *will nach Deggendorf, Greiz oder Wildeshausen?* Die empfohlenen Kandidaten auf cleverheads waren bereits persönlich bekannt, und wir wussten, in welcher Region und Branche sie arbeiten wollten. Unsere Kunden verstanden theoretisch, dass einzelne empfohlene Kandidaten viel wert sind, aber sie wollten praktisch doch mehr Masse sehen. So kam ich zu meinem Tabubruch. *Was wäre, wenn wir beides anbieten?* Alle Bewerber, die sich selbst registrieren, plus die gewohnt hohe Qualität auf Empfehlung. Unternehmen wählen mit einem Klick, ob sie alle oder die persönlich empfohlenen Kandidaten sehen. Zwei Fliegen mit einer Klappe. *Genial, oder?* Doch ein Teammitglied holte den Hammer raus: »Geht nicht.« Seine destruktive Kritik hatte sogar einen guten Grund. Der Hammerwerfer dachte: »Wenn sich alle registrieren, bekommen zu viele Kandidaten kein Angebot von Unternehmen und erleben cleverheads negativ.« Er hatte die Sorge, unser Angebot würde sich verschlechtern.

Für die Ablehnung von Ideen gibt es so viele Gründe, wie es Menschen gibt. Es kann Ignoranz sein, schlechte Laune, Verlustangst oder wie in diesem Fall die Sorge, dass eine wichtige Kundengruppe leidet. Das Anliegen ehrt den kritischen Hammerwerfer. Doch sein Anliegen hat er zerstörerisch destruktiv geäußert. Die hohe Kunst der Ideengewinnung heißt: *Don't criticize, improve.* Er hätte fragen können: *Wie schaffen wir es, dass weiterhin alle Bewerber zufrieden sind und nicht frustriert auf Antworten warten?* Das wäre die perfekte und konstruktive Ergänzung zu meiner Idee gewesen. So weit hatte ich gar nicht gedacht. Der Fokus meiner Idee lag auf dem ersten Eindruck, den Unternehmenskunden nach dem Log-in gewinnen. Sie sehen mehr Bewerber! Erster Eindruck gut. Positiv gestimmt gehen sie weiter an die Kandidatensicht. Daran hatte der Hammerwerfer nicht gedacht. Jede Kritik, die wie aus der Pistole geschossen kommt, muss danebengehen, weil der Schütze die Idee noch gar nicht verstanden hat. Deshalb stellen konstruktive Kritiker zuerst Fragen, um die Idee zu würdigen und zu verstehen.

Das Meeting ging eine Stunde, und jede Idee wurde sofort gekillt. Mit letzter Kraft äußerte ich eine Idee, die noch radikaler war, schrieb sie ans Flipchart und verließ enttäuscht das Büro. Es hatte mich kalt erwischt, weil das Team sonst sehr konstruktiv agierte. Eine Woche später, als ich von einer Dienstreise zurückkam, erklärte mir mein Team das erweiterte Konzept. Ich staunte nicht schlecht. Meine Ideen, die so vehement abgelehnt worden waren, waren ein Kernbestandteil des neuen Konzepts. In den folgenden Tagen brachen wir noch zwei weitere Tabus. Im Ergebnis waren wir dem Zweck von cleverheads näher als je zuvor! Das spontane »Geht nicht« hätte dazu führen können, dass meine Ideen komplett verloren gehen. Da ich die Ideen trotz destruktiver Kritik GROSS aufgeschrieben und festgehalten hatte, wirkten sie weiter. Ein paar Tage später wurden sie im Team aufgegriffen, konstruktiv behandelt, der Mehrwert wurde verstanden und weiter veredelt.

»GEHT NICHT« HEISST OFT, DASS DIE IDEE NICHT VERSTANDEN WURDE. Spielen Sie dann den Ball zurück und fragen Sie Kritiker: »Was geht nicht?« Jede noch so unsinnige Bemerkung, Frage und konstruktive Kritik kann die Idee verbessern, wenn sie wertschätzend geäußert wird. Entscheidend ist ein *Don't criticize, improve*-Klima, damit alles ausgesprochen und festgehalten wird. Eine Firma in den USA investierte viel Zeit und Geld in die Ausbildung neuer Mitarbeiter. Kaum waren die Lehrlinge fertig, warben andere Firmen die besten Mitarbeiter mit höheren Gehältern ab. Immer wieder passierte das. In einer Aufsichtsratssitzung lief das Fass über, und ein Teilhaber brüllte: »Den Auszubildenden müsste man die Beine abhacken!« Betretenes Schweigen. Das war außerhalb der Norm. *Darf man das denken? Denken vielleicht, aber sagen?* Ein Kollege griff das auf und dachte weiter – statt »Geht nicht« sagte er: »Genau das machen wir.« Die Firma wurde komplett umgebaut, alle Eingänge, Wege, Arbeitsplätze und Maschinen waren nun optimal für Menschen im Rollstuhl. Die Firma stellte bevorzugt Menschen ein, die im Rollstuhl arbeiten. Diese perfekten Arbeitsbedingungen boten andere Firmen nicht. Das Abwerben der Mitarbeiter durch Wettbewerber lief ins Leere. Das Problem war nachhaltig und sozial gelöst.

Überraschungen fordern uns heraus. »Beine abhacken« stärkt die Ideenfitness, wenn wir lernen, Unerwartetes positiv aufzugreifen. Provozieren Sie Tabubruch und Stürme im Kopf, bringen Sie alles durcheinander und sortieren Sie neu.

Sturm im Kopf

Was bewirken Fragen? Haben Fragen in unterschiedlichen Lebensphasen eine andere Wirkung? Haben Menschen weniger Fragen, wenn sie älter werden? Ist es gut, im Alter weniger zu fragen? Kinder fragen mehr als Erwachsene. Mädchen im Alter von vier Jahren stellen mit 300 bis 400 Fragen pro Tag mit Abstand am meisten Fragen. Neugierde auf dem Höhepunkt. *Was führt zu der Fragenexplosion?* Der Wortschatz und das Sprachvermögen sind groß genug, um viele Fragen stellen zu können. Gleichzeitig ist das Gehirn noch stark im Wachstum. **DAS GEHIRN IST BEREIT, VIELE NEUE VERBINDUNGEN ZU KNÜPFEN.** Darum geht es. Jede Erfahrung trägt zur Gehirnentwicklung bei. Positive wie negative Erfahrungen brennen sich im Gehirn ein. Dünne Trampelpfade werden dicke, bleibende Datenautobahnen, je häufiger eine Leistung erbracht und eine Erfahrung gemacht wird. »Je komplizierter und verzweigter diese Straßennetze im Gehirn herausgebildet werden, desto mehr kann ein Kind dann im späteren Leben miteinander verbinden und in Beziehung setzen, desto umsichtiger und achtsamer wird es in seiner Wahrnehmung, und desto vielfältiger und reichhaltiger wird das Spektrum der Reaktionen, die es zur Lösung von Problemen einsetzen kann«, schreibt Gerald Hüther auf seiner Webseite.[12]

In der Pubertät wird das Gehirn noch einmal komplett von Stürmen durchzogen. »Die Entwicklung des Gehirns erinnert während der Pubertät an eine Großbaustelle«, schreibt Markus C. Schulte von Drach[13]. Das Gehirn konfiguriert sich neu. Diese Veränderungen werden häufig unterschätzt. Bereits vorhandene Synapsen im Gehirn werden zu großen Teilen wieder aufgelöst. Völlig neue Synapsen können sich bilden. Deshalb ist die Jugendzeit so prägend für das weitere Leben. Im Guten wie im Schlechten. Alles steht auf Anfang. Schulte von Drach beschreibt das Ziel des Umbaus: »Die Geschwindigkeit der Hirn- und damit der Denkprozesse – die Rechenleistung des Gehirns – wächst dadurch um ein Vielfaches. [...] Gefühle wirken schneller und stärker auf Entscheidungen und Verhalten – auch riskantes Verhalten, als Vernunft und abgewogene Argumente. In der Folge reagieren Jugendliche während der Umbauarbeiten stärker als Erwachsene spontan mit Erregungszuständen wie Wut, Angst, Aggressivität.« Die Reaktion des sozialen Umfelds, also vor allem der Eltern und Freunde, spielt eine bedeutende Rolle. Nichts steht fest. Alles in Bewegung. Ein Hormon verstärkt das Interesse an sozialen Bindungen. Freunde rücken in den Mittelpunkt. Die Selbstwahrnehmung verändert sich. Das Gefühl, im Zentrum der Welt zu stehen, bricht sich Bahn und zeigt sich in Coolness, einer »Mir egal«-Haltung oder auch dem Wunsch, Einfluss auf die Welt zu nehmen und sich zu engagieren. »Die Metamorphose vom Kind zum Erwachsenen folgt also einer Art Programm, bei dem massive Umbauprozesse im Gehirn stattfinden«, so Schulte von Drach. Zu keiner Zeit sind Menschen so begeisterungsfähig und so offen, Neues auszuprobieren, wie in ihrer Jugendzeit. Diese Erkenntnisse sollten viel stärkeren Einfluss auf die Schulbildung haben. *Welche Synapsen werden im Sitzen geprägt? Welche in Aktion? Welche Datenautobahnen wollen wir stärken? Wissen Lehrer über die Erkenntnisse der Hirnforscher Bescheid? Wissen Eltern, welcher Sturm im Kopf der Kinder tobt? Wie bereiten wir den Nachwuchs auf ein selbständiges, erfülltes Leben vor? Oder ist das nicht der Zweck? Welchen Zweck verfolgt Schule?*

Kinder und Jugendliche sind Entdecker. Kinder räumen Schubladen aus. Sie gehen den Dingen auf den Grund. Jugendliche probieren enthemmt und fast grenzenlos alles aus. Fragen sind ein wichtiges Mittel, um die Welt zu verstehen. Deshalb sind die Antworten wichtig. Eine an der University of Michigan durchgeführte Studie zeigt, dass Vorschüler auf ihre Warum-Fragen Antworten bekommen wollen. Bekamen sie eine ernsthafte Antwort, waren sie zufrieden, schwiegen oder stellten eine neue Frage. Bekamen sie hingegen eine schlechte Antwort, im schlimmsten Fall ein »Das verstehst du nicht«, dann wiederholten sie ihre ursprüngliche Frage, bis sie nervten. Doch das Nerven war nicht das Ziel. Das Ziel war, mit der Frage ernst genommen zu werden.

Welche Fragen nehmen Sie ernst? Werden Ihre Fragen ernst genommen? Fragen stören. Und das ist gut so. Störungen und Überraschungen prägen neue Synapsen. *Wie lange bilden sich neue Bahnen im Gehirn? Halten Kreuzworträtsel den Geist frisch?* Manfred Spitzer überraschte mich in seinem Vortrag auf dem Kongress Elite Summit 2015: Enkel helfen am besten gegen Demenz. Alles, was sie tun, kommt überraschend. Kinder fordern auf völlig unvorhersehbare Weise heraus. Unvorhersehbares hält den Kopf frisch. Überraschungen bringen neue Synapsen, auch im hohen Alter. Kreuzworträtsel helfen hingegen nicht, da sie nur bekanntes Wissen abrufen und nicht überraschen. Je älter wir werden, desto mehr Gewohnheiten führen wir täglich aus. Fertige Abläufe. Eingefahrene Bahnen. Das bringt keine neuen Synapsen. Es fehlen neue Anregungen, die den Geist herausfordern. Für ältere Menschen steht zu viel fest, das nicht mehr hinterfragt wird. Das gilt übrigens nicht nur für Senioren. Es gibt total fitte 70-Jährige und eingerostete 20-Jährige. Das Alter hat mit der Menge der Fragen und der Gier auf Neues nichts zu tun. Einrosten heißt: Wir halten uns selbst für fertig. Das eigene Weltbild ist fertig. Das eigene Menschenbild steht fest. Keiner weiß es besser als wir. Wir verteidigen unsere Meinung 24 Stunden pro Tag, 70 oder 80 Jahre lang. Wer aufhört, Fragen zu stellen, der stellt sich auf den Standpunkt, bereits alles zu wissen. Ohne Überraschung rostet das Gehirn. Die festgefahrene Struktur gilt es durcheinanderzuwirbeln. So bleibt man flexibel und gedanklich fit. Spontane Fragen, die man noch nie gestellt hat, und in Frage gestellt zu werden, das schafft neue Denkbahnen und kreative Verknüpfungen. »Das Gehirn ist ein komplexes dynamisches System«, so Professor Peter Kruse in seinem genialen Vortrag über Kreativität. Er fordert auf, Netzwerke zu bilden, komplexe dynamische Systeme wie im Gehirn. Dort entsteht Kreativität. Spannungen bilden neue Muster im Gehirn und provozieren neue Ideen in kreativen Netzwerken.[14]

Jede Frage, die Sie stellen, und jede Idee, auf die Sie nicht treten, stärkt Ihre Ideenfitness. Die meisten Ideen setzen sich nicht durch, ihnen fehlt der Mehrwert, um die etablierten Ex-Ideen zu verdrängen. Mit der unbequemen Gier, offene und analytische Fragen zu stellen, trainieren Sie die wichtigste Fähigkeit. Fangen Sie schon während der Lektüre an, immer neue Fragen zu stellen. Das Ideenfitness-Training beginnt jetzt, während wir in den Ideen6-Parcours starten. Im ersten Schritt trainieren wir das A & O der Rahmenbedingungen. Ideen sind der Normalfall, aber sie kommen nicht von allein auf die Welt. Mit dem Rahmen definieren Sie die Fassung für die Idee und stecken das Spielfeld ab für die Ideenentwicklung. Ist der Rahmen klar, kann das Spiel beginnen.

RAHMEN

Die erste Phase ist eine Bestandsaufnahme. *Was wollen Sie rocken? Mit wem wollen Sie rocken? Welche Ressourcen stehen zum Rocken bereit?* Sie definieren den Rahmen für Ihre Ideen (A), um dann den Rahmen des Üblichen zu sprengen (O). Ihr Ideenparcours ist einmalig. Keiner weiß, was Ihnen begegnen wird. Niemand kann Sie darauf vorbereiten, denn Ihr Weg ist einmalig. Sie sehen Ihre Ideen, andere Menschen sehen andere Ideen. **ZUERST DEFINIEREN SIE DIE RAHMENBEDINGUNGEN FÜR IHRE IDEENENTWICKLUNG.** Das heißt: alle inneren und äußeren Faktoren, die Ihren Ideen6-Parcours beeinflussen. Wenn Sie im Team rocken, stimmen Sie alle Details und Zuständigkeiten ab. Der Rahmen ist die Basisstation für Ihre Expedition. Es geht dabei noch nicht um Ideen, sondern um die Ausrüstung, die Verpflegung, Teamabsprachen, Teamspirit, Wetterlage, Landkarten, Spielregeln und die Richtung. Sie stecken mit dem Rahmen Ihr individuelles Spielfeld ab.

Spielfeld

Die Rahmenbedingungen werden zwingend am Beginn der Ideenentwicklung geklärt. Dazu gehört Ihr Ziel, das Sie erreichen möchten, die Motivation, die Sie trägt, und alle Ressourcen, die Ihnen zur Verfügung stehen. Sie legen die Faktoren fest. Während des Ideen6-Parcours sollte die Basis stabil sein. Schreiben Sie alle Rahmenbedingungen auf. Visualisieren Sie alles, was den Prozess unterstützt. **MEISTENS STEHEN UNS MEHR RESSOURCEN ZUR VERFÜGUNG, ALS WIR DENKEN.** Wir haben sie einfach nie aufgezählt.

Zum Rahmen gehören das Ziel (A) und die Vision (O), der Markt mit Wünschen, Problemen und Bedürfnissen von Zielgruppen und vorhandenen Kunden, Wettbewerber, Entwicklungen, Trends, Gesetze. *Was steht fest? Was ändert sich gerade? Welcher Entwicklung greifen Sie visionär voraus? Welches Know-how steht Ihnen zur Verfügung? Wie viele Mitarbeiter, Kollegen, Partner* liefern Input und begleiten Sie? Haben Sie Kooperationspartner, Berater, externe Experten, die Ihre Potenziale vervielfältigen können? Wie ausgeprägt ist die Motivation aller Beteiligten, wie groß der Mut, wie lang die Ausdauer, wie hoch die Risikobereitschaft, und wie weit reicht die Vorstellungskraft? Wann muss die Idee geliefert werden? Gibt es eine interne oder externe Deadline? Gibt es Absprachen und Projektpläne, die Sie betreffen? Welche Ressourcen wie Materialien, Kontakte, Netzwerke, Umsätze, Spenden, Stipendien, Investments stehen der Expedition und der Umsetzung zur Verfügung? Welche gesellschaftlichen Rahmenbedingungen treffen Sie an? Aufbruchsstimmung? Rezession? Konflikt? Werden Innovationen gefördert, oder ist die Gesellschaft konservativ? Werden Ideen begrüßt? Gibt es in Ihrem Rahmen Entscheider, Vereins- und Vorstandsvorsitzende, die am Ende das letzte Wort haben? Wenn ja, welche Ziele verfolgt die graue Eminenz? Sie können die tollsten Ideen rocken und dann vom Entscheider ausgebremst werden. Also binden Sie die Entscheider von Anfang an ein und bringen Sie in Erfahrung, was die Idee leisten muss, damit sie am Ende auch ganz oben durchkommt.

Zusammen formen diese Faktoren Ihren Ideenparcours. Das Festlegen des Rahmens schafft die sichere Grundlage, von der Sie in den Parcours starten können, und steckt die Grenzen des Parcours ab. Der klare Rahmen schützt Sie vor unangenehmen Überraschungen und davor, in die Irre zu gehen. Er unterstützt Sie, Ihr Team und alle Beteiligten, damit die Expedition gelingt. Achten Sie darauf: **ALLE RAHMENBEDIN-GUNGEN MÜSSEN ZUEINANDERPASSEN.** Brauchen Sie mehr externes Know-how, dann brauchen Sie auch mehr Kontakte und Ressourcen. Ein großes Ziel braucht mehr Motivation und Ausdauer. Klären Sie am Anfang, ob Kraft, Zeit und Ressourcen reichen. Wenn nicht, erhöhen Sie diese Rahmenbedingungen oder schrauben Sie das Ziel herunter. Definieren Sie einfach fünf Teilziele und rocken Sie diese Schritt für Schritt. Mit wachsender Expeditionserfahrung können Sie die Ziele und Erwartungen höherschrauben. Die meisten Ideen werden nie gerockt, weil Zeit, Lust, Energie ausgehen. Seien Sie realistisch (A), damit GROSSES passieren kann (O).

Wie jetzt? Rahmenbedingungen? Bricht Innovation nicht gerade aus jedem Rahmen aus? Regeln sollen doch gebrochen werden. *Wozu die Begrenzung auf ein Spielfeld? Heißt es nicht immer, Kreative halten sich an keine Regeln und spielen ihr eigenes Spiel?* Regelbruch ist nur eine Seite der Medaille (O). Die andere Seite ist der Rahmen (A) mit Ihren Spielregeln. Das macht die Spannung und Reibung im gesamten Ideenparcours aus. **SIE BRAUCHEN IMMER A & O. OFFENHEIT FÜR NEUES (O) PLUS DIE ANALYSE, WO DIE DARTSCHEIBE (A) HÄNGT, DAMIT IHRE IDEENPFEILE TREFFEN.** Ideen scheitern häufig, weil niemand sie braucht. Sie wurden am Markt und an den Menschen (A) vorbeigeplant. *Wollen Sie, dass Ihr intelligenter Kühlschrank den Milch- und Bierstand meldet?* Der einkaufende Kühlschrank, das ist bisher ein Flop. *Hätten Sie Interesse am ferngesteuerten Thermostat, der Ihnen Geld spart und mit den Rauchmeldern kommuniziert?* Schon interessanter. Klare Rahmenbedingungen können viel Zeit und Geld sparen. Am Anfang haben Sie den größten Einfluss auf alle Faktoren und die geringsten Kosten. Je weiter Sie im Ideenparcours voranschreiten, desto höher werden die Investitionen und Verbindlichkeiten, während die Flexibilität und der Einfluss sinken. Am Anfang können Sie alles fragen, klären, ändern, anpassen. Stellen Sie aber erst in der Umsetzung fest, dass der Boden sumpfig ist, sind die eingerammten Pfeiler eine Fehlkonstruktion. So ergeht es vielen Ideen mit unklaren Rahmenbedingungen. Das Ziel und der Rahmen helfen Ihrer Kreativität. Je besser Sie am Anfang über die Bodenqualität (A) Bescheid wissen, desto eher rocken Ihre Ideen (O) die Welt. Nach Klärung des Rahmens saugen Sie sich mit wilden Zutaten voll und toben sich beim Mixen ungebremst aus.

Der Rahmen hilft, dass Ideen nicht ins Leere laufen, sondern Resonanz erzeugen. *Welchen Menschen bringen Ihre Ideen welchen Mehrwert?* Es ist ein Unterschied, ob Sie beispielsweise ein Spiel für Architekten oder für

Großfamilien entwickeln. Der Rahmen legt fest, aber er hält nicht fest. Sie schaffen sich mit dem Überblick optimale Startvoraussetzungen, um dann zu rocken. *Was wollen Sie rocken?* Ziele können persönliches Wachstum oder gesellschaftlichen Einfluss beinhalten. Jeder Mensch ist anders. Jedes Ziel ist anders. *Wo wollen Sie mit Ihrer Idee landen?* Im Traumjob? Bei den Olympischen Spielen? Im finanziellen Plus? Bei einer offeneren Gesellschaft? Meistens ist ein Ziel eine Mischung aus sozialen Zielen, persönlichen Zielen, beruflichen Zielen, familiären Zielen, ökonomischen Zielen, ökologischen Zielen, gesellschaftlichen Zielen, Spaßzielen, Sicherheitszielen. All das vereint eine Person in sich. Bei jedem Menschen in unterschiedlichen Gewichtungen. Ihr Gehirn bringt permanent die vielen Komponenten in einen Ausgleich. Und all das beeinflusst Ihr Ziel. All das schwingt bei der Ideenentwicklung mit. Komplizierter wird es in Teams. *Wen holen Sie ins Boot? Freunde? Kollegen? Ratgeber? Mentoren? Meister? Anfänger? Querdenker? Risikofreudige? Risikoaffine? Entscheider? Mittäter? Mitläufer? Partner?* Jeder Einzelne bringt seine Mischung aus vielen Zielen mit. Und schon wird ein Ziel in einer Gruppe sehr vielschichtig. Fest steht: Wenn ein Mensch acht Zielkomponenten in sich vereint, vereinen fünf Beteiligte 40 Komponenten in unterschiedlichen Gewichtungen. Das ist nicht gut oder schlecht. Sie müssen es nur wissen. Ein gemeinsames Ziel zu formulieren ist eine hohe Kunst. *Wollen Sie mit Ihrer Idee die Welt retten oder reich werden? Oder beides?* Schreiben Sie Ziele auf. Legen Sie sich fest. Brechen Sie große Visionen (O) in viele kleine Teilziele (A) herunter. Rocken Sie Schritt für Schritt, Stufe für Stufe und Serpentine für Serpentine. Ihre Ideenfitness wächst.

Je mehr Kollegen, Kooperationspartner und Experten an Bord sind, desto wichtiger ist Ihre Aufgabe, die Mannschaft vor dem Spiel auf das Ziel einzuschwören. **SAGEN SIE ALLEN GLASKLAR, WO SIE HINWOLLEN. A.** Verteilen Sie nicht nur Reiseproviant, sondern auch einen überzeugenden Grund für den harten Trip. *Welches Ziel motiviert, die Mühen* *auf sich zu nehmen?* Niemand übertrifft die eigenen Erwartungen. *Welche Kompetenzen bringt jeder mit? Wer ist wofür zuständig?* In Expeditionsteams treibt häufig eine Person die Ideenentwicklung stark voran. **SIE SIND DER MOTOR. SIE LIEFERN DAS FEUER. SIE ROCKEN DIE IDEE. O.** Dann brechen Sie auf ins Ungewisse. Sie schürfen Diamanten und schleifen Mehrwerte.

Feuer

»Ideen sind wie Pizza. Man schmeißt alles zusammen, gibt Energie dazu. Dann guckt man einfach, wie es schmeckt«, berichtete der *Tagesspiegel* zur Jahrtausendwende über meine Firma Knack die Nuss. Die Energie, die Sie investieren, ist eine wesentliche Rahmenbedingung. Ideen brauchen Feuer, Mut und Begeisterung. Und Ihre Ideen brauchen Ihre Begeisterung, Ihr Feuer und Ihren Mut. In 18 Ländern lief die TV-Show *Schlag den Raab*, für die Stefan Raab selbst 70 Mal im deutschen TV antrat. Außerdem moderierte er beachtliche 2303 Mal *TV total*. Beim Eurovision Song Contest erreichte er selbst Platz 5 und kam mit allen sechs Künstlern und Songs, an denen er beteiligt war, in die Top Ten. Unvergessen ist natürlich Lenas Sieg 2010, der auch sein Erfolg war. Wie mutig von allen Beteiligten, eine 18-jährige Schülerin zum Finale nach Oslo zu schicken. Die noch nie zuvor auf einer so großen Bühne gestanden hatte und erst wenige Monate zuvor als Gesangstalent entdeckt worden war. Raab sagte 2011 im SZ-Interview über Mut und Ideen: »Einen klugen Satz, den ich auf der Bobbahn in Winterberg gelesen habe [...], habe ich auf unsere Wok-WM-Jacken sticken lassen. **›ES GIBT NUR EINE SÜNDE: FEIGHEIT.‹** Genau das ist das Problem der meisten Leute: Sie haben Schiss in der Buxe.«

Haben Sie Schiss in der Buxe? Oder Feuer unterm Hintern? Sind Sie zu feige? Welche mutigen Ideen hatten Sie heute? Was ist für Sie undenkbar? Was haben Sie

getan, obwohl es undenkbar war? *Was bräuchten Sie, um das Undenkbare anzu-*
packen? Was entfacht Sie? Was bringt Sie zum Brennen? Wer kann Ihre Ideen be-
feuern, wenn nicht Sie? Sie brauchen keine Glühbirnen, Sie brauchen offenes
Feuer unterm Hintern, damit Ihre Ideenrakete startet. Deshalb ist Stefan
Raabs Kommentar so elementar. Die meisten Leute haben Schiss in der
Buxe. Je weniger Schiss Sie haben, desto feuriger können Sie anpacken,
Ideen spinnen und sie umsetzen. Ihre Motivation ist der Sauerstoff des
Neuen. *Haben Sie Lust auf Neues? Haben Sie Lust auf unsinnige Ideen? Wollen Sie*
Regeln brechende Experimente? Wie trainieren Sie Ihre Vorstellungskraft? Innova-
tion bedient sich Ihrer Vorstellungskraft. Das klappt nicht auf Knopfdruck
oder Befehl. Dafür zählt Ihre eigene Motivation, für Ideen empfangsbereit zu sein. Motivation ist das Salz in der Suppe, denn niemand wird
Ihnen Motivation geben. Niemand wird sich um Ihre Ideen kümmern. Es
liegt nur an Ihnen. Zu kreativen Ideen kann Sie niemand zwingen, denn
die Gedanken sind frei. *Sind Sie motiviert, einen Tag zu suchen? Sind Sie bereit,*
99 Ideen als Sprungbretter zur 100. Idee zu verpulvern? Oder setzen Sie auf die erst-
beste Idee? Kommen Sie bis zum Kilometer 42, oder geben Sie nach 42 Stufen auf?
Innovation ist ein Marathonlauf, kein Sprint. Ich bin ein Fan von Tom
Kelley, Gründer der Agentur IDEO, von Design Thinking und Jake Knapps
Buch SPRINT. In fünf Tagen kann man viel erreichen. Aber Ideenfitness
in fünf Tagen wäre eine Illusion. Sie wächst Tag für Tag. Jahr für Jahr.
Jahrzehnt für Jahrzehnt.

Eine Vision (O) ist weit weg, unendlich, groß, manchmal sogar unerreichbar. Ein Ziel (A) ist spezifisch, messbar, erreichbar, realistisch in
Bezug zu Ihren Ressourcen und terminiert. Die Vision kann weit in die
Zukunft reichen. Seit fast 20 Jahren bewegt mich die Vision des europäischen Schüleraustauschs. Seit zehn Jahren arbeite ich aktiv an der Vision,
die Berufswahl und den Arbeitsmarkt zu verändern. Das Suchen und Finden von attraktiven Firmen und passenden Mitarbeitern kann radikal vereinfacht werden, davon bin ich überzeugt. Teilziele habe ich erreicht. Die

Vision noch lange nicht. Eine Vision ist ein starkes Bild, das Sie magisch anzieht und in Ihnen starke Gefühle auslöst. Ein Bild, das Sie immer wieder motiviert. Die Vision kann vage sein und vieles offenlassen oder ganz konkret vor Ihren Augen stehen wie ein riesiges Gemälde mit allen Einzelheiten. Entscheidend ist die Kraft, die davon ausgeht und Sie zum Handeln motiviert. Eine Vision ist dabei immer so groß, dass sie unerreichbar scheint. Manche Visionen werden wahr. Andere Visionen bleiben eine Vision und geben dennoch die Kraft, konkrete Ziele zu verfolgen, um dem Unerreichbaren näher zu kommen. Jede Vision lässt sich in messbare Ziele und Meilensteine teilen, um Schritt für Schritt auf die Vision zuzugehen. Das kostet Kraft und bedeutet immer Anstrengung. Die Vision ist der Kraftspender und speist den Mut. Zur Motivation gehört eine positive Einstellung zu den Dingen, die man selbst denkt und unternimmt. Der Musiker Howard Jones singt seit 1985 in seinem Song »Things Can Only Get Better«: »Lebe so, dass du nichts bedauerst, wenn du 60 Jahre alt wirst«. 2015 feierte der Künstler seinen 60. Geburtstag und gab im selben Jahr weltweit 81 Konzerte. Vision erreicht! Schritt für Schritt, indem er täglich Musik macht, sein Publikum liebt und musikalisch verwöhnt.

»Man springt nur so weit, wie man im Kopf schon ist«, wird der Skisprung-Weltmeister Jens Weißflog vielfach zitiert. Das gilt jeden Tag für jedes konkrete Ziel. »Man muss sich ein festes Ziel setzen und nicht drum herumreden«, sagte Weißflog 2014[15]. Ideen suchen Köpfe, die offen und empfangsbereit sind. Ist die Landebahn zu klein, fliegen die Ideen weiter. **IDEEN, DIE ZU IHNEN KOMMEN, ÜBERSCHREITEN NIEMALS IHRE EIGENE VORSTELLUNGSKRAFT.** *Was stellen Sie sich vor? Wie groß ist Ihre Landebahn? Wie viel Platz gewähren Sie dem Neuen? Wie stark ist die Kraft Ihrer Vorstellung? Wie fest steht Ihr Ziel? Kann eine Idee bei Ihnen vor Anker gehen? Was steuert Sie? Was wollen Sie wirklich?* Der Philosoph Frithjof Bergmann spricht in seinen Vorträgen vom »wirklich wirklich wollen«.

Das, was Sie wirklich wirklich wollen, können nur Sie wissen. Was Sie antreibt, bestimmt die Größe Ihrer Ideen. Aus Ihrer Vision speisen sich Ihre PS, die Sie auf die Straße bringen. Teilziel um Teilziel erwecken Sie Ihre Vision zum Leben. Zum Beispiel einen sportlichen Rekord. Eine wissenschaftliche Entdeckung. Neue Brunnen in Regionen, in denen Menschen keinen Zugang zu frischem Wasser haben. »Everything you can imagine is real«, sagte Pablo Picasso. Stellen Sie sich das mal plastisch vor. Alles, wirklich alles, was Sie mit Ihrer Vorstellungskraft sehen, ist real. *Was sehen Sie? Wie sieht es aus? Wie fühlt es sich an? Wer weiß davon? Teilen Sie es mit? Setzen Sie es um? Was machen Sie aus dem, was Sie sehen?*

Mut. Feuer. Motivation. Vision. Ziel. Leidenschaft. Das hängt alles miteinander zusammen. Ryan Caligiuri von der Innovationsagentur in Vision Edge schreibt: »Ein eindeutiges Warum setzt im Team Leidenschaft frei. Leidenschaft ist der Katalysator für Innovation.« *Warum wollen Sie etwas erreichen? Was motiviert Sie, jeden Tag Höchstleistungen zu bringen? Entflammt Ihre Leidenschaft ein ganzes Team und andere Mitstreiter?* Ein Business Angel sagte zu Kathinka Alexandrow und mir: »Sucht Mittäter!« Mittäter wollen wissen, worum es Ihnen geht. *Was bewegt Sie? Was treibt Sie an? Welche Leidenschaft steckt hinter Ihrem Tun? Welche Geschichte erzählen Sie? Was gab den Anstoß? Gehen Sie Risiko ein? Wollen Sie einen Abdruck im Universum hinterlassen? Wollen Sie Ihre Nachbarschaft verändern? Welche Vision der Welt haben Sie? Wie sollte die Welt aussehen? Wollen Sie ein Grundeinkommen für alle oder Reichtum für alle? Was tun Sie dafür?*

Ihre Vision ist Ihr Motor. Achten Sie darauf, dass die Vision nicht zur Bremse wird. Ist die Vision zu gigantisch, zu umwerfend groß, dann fangen Sie nämlich nie an, aktiv zu werden. Statt Schritt für Schritt auf die Vision zuzugehen, halten Sie Abstand, weil Sie nicht wissen, wie Sie starten können. *Stockt Ihr Motor noch? Zu viel O, zu wenig A?* »Die Entfernung zwischen Traum und Realität nennt man Aktivität«, sagt Hermann Scherer, gefragter Redner und inspirierender Querdenker. Ein einziges

Wort: Aktivität. *So einfach? Vielleicht gerade deshalb so schwer?* Vision klingt so angenehm weit weg. Ist eh unerreichbar. Aber in Gedanken schön! Aktivität klingt nach anpacken, aufstehen, aktivieren und nach Anstrengung. Muss das sein? Wenn Sie Ihre Vision erreichen wollen, ja. Wenn Sie Ihre Idee umsetzen wollen, ja. Ein einziges Wort: wollen. *Wollen Sie Ihre Vision zum Leben erwecken?* Dann werden Sie aktiv. Anders geht es nicht. Niemand sucht für Sie Ideen. Niemand findet für Sie Ideen. Und erst recht setzt niemand Ihre Ideen für Sie um. *Wollen Sie Aktivität?* Sagen Sie jetzt Nein, ist das völlig in Ordnung. Niemand zwingt Sie. Niemand merkt es ... außer Ihnen. »Durch Ziele werden wir uns selbst verantwortlich. Sie liefern uns einen Maßstab für die Beurteilung unseres Handelns«, schreibt Martin Scott in *Zeitgewinn durch Selbstmanagement.* Um der Vision näher zu kommen, planen Sie große Schritte oder viele kleine Schritte. Wie es zu Ihnen passt! **EINE VISION WIRD MACHBAR, WENN SIE ZIEL FÜR ZIEL DEFINIEREN, STUFE UM STUFE GEHEN UND AKTIVITÄT FÜR AKTIVITÄT UMSETZEN.** Mit jeder Stufe sind Sie dem Gipfel näher, mit jedem erreichten Ziel haben Sie ein Erfolgserlebnis. Deshalb können viele kleine Ziele Ihre Motivation stärken. Das klingt alles banal. Und das ist es auch. Es gibt keinen Zaubertrank.

Ziele sind individuell geprägt durch die eigene Biografie. *Was entspricht dem Wesen Ihrer Person? Was dem Wesen Ihres Unternehmens, Ihres Vereins, Ihrer Organisation?* Ziele hängen eng an der eigenen Lebenseinstellung und an persönlichen Glaubenssätzen. Ihre persönlichen Werte sind die Türsteher für Ideen. *Rein oder raus. Was lassen Sie zu? Wie weit geht Ihr Tabubruch? Was wollen Sie wirklich wirklich?* Neben dem Strauß unterschiedlich relevanter Ziele wie persönliche, berufliche, familiäre, unternehmerische, gesellschaftliche, gemeinnützige, soziale Ziele haben Sie im Leben verschiedene Aufgaben und Rollen, zum Beispiel Mutter oder Vater, Sohn oder Tochter, Ehefrau oder Ehemann, Arbeitnehmer oder Arbeitgeber, Stifter, Investor, Sozialunternehmer, Vereinsmitglied. Alle Rollen und Lebensbereiche kombinieren Sie auf einmalige Art und Weise in sich. Daher ist auch Ihr Rahmen immer einzigartig. Ihre einmalige Energie und Ihr Feuer bestimmen Ihre einmaligen Ziele, und die Ziele bestimmen die einmaligen Ideen. Ändern Sie Ihre Ziele, kommen andere Ideen. **ZIELE SIND DER TOWER AN DEN LANDEBAHNEN DER IDEEN.** Ideen brauchen Ihre Aktivität (A) und den Glauben (O). Henry Ford sagte: »Ob du glaubst, du schaffst es, oder ob du glaubst, du schaffst es nicht. Du wirst in beiden Fällen recht behalten.« Sie erschaffen mit Ihren Ideen neue Wirklichkeit. Ihre Ziele und Visionen ziehen passende Ideen an und stoßen unpassende Ideen ab.

Glauben Sie, dass Sie außergewöhnliche Ideen entwickeln können? Sprengt Ihr Mut das Offensichtliche, das alle sehen? Trauen Sie sich das Undenkbare zu? Stellen Sie leidenschaftlich gern 44 neue Fragen? Brennt Ihr Feuer hell genug, um Ihnen bisher unbekannte Wege auszuleuchten? Spendet Ihr Feuer genug Wärme und Zuversicht, damit Sie Ihre Ziele nicht vorschnell aufgeben, wenn es heißt »Das geht nicht«? Bleiben Sie Ihrer Vision treu? Oder lassen Sie sich von Ihrem Ziel abbringen? Kleben Sie an Ihren Zielen ohne Kompromisse?

Kein Kompromiss

Als Aldi im Jahr 2000 an der Kasse Scanner einführte, gab es eine glasklare Bedingung: Die Scanner müssen beim Kassieren so schnell sein wie die legendären Aldi-Kassiererinnen, als sie die Ware noch per Hand eintippten. Doch selbst eine Kombination mehrerer Scanner an jeder Kasse hätte das nicht geschafft. Nach jahrzehntelanger Scanner-Forschung waren sich alle Experten einig: Das geht nicht. Für das Management bei Aldi wäre es einfach gewesen, an dieser Stelle vom hochgesteckten Ziel abzurücken. Zum Glück für alle Kunden standen die Verantwortlichen fest hinter ihrem Ziel und rückten keinen Millimeter ab. Sie klebten an ihrem Ziel, nicht am Scanner. Die Scanner waren verhandelbar, das Ziel nicht.

Fragen führten auf die richtige Fährte: *Wenn Scanner das nicht schaffen, was ist noch beteiligt? Was gehört noch zum Prozess des Kassierens? Was kostet Zeit?* Die Fragen erweiterten das Blickfeld. Weitere Beteiligte betraten die Bühne, denn an der Kasse gibt es mehrere mögliche Täter. *Wer ist der größte Zeitdieb beim Kassieren?* Ohne die Fragen lag der Fokus verengt und beschränkt auf der Technik. Die Scanner sollten die Lösung bringen. Doch die Technik war längst ausgereizt. Mehr ging nicht. Sich bei der Lösung auf Scanner zu fokussieren war ein selbst gemachter Engpass durch Engstirnigkeit. Das Festhalten am hohen, klaren, unmissverständlichen Ziel brachte die Lösung. Nur ganz anders als erwartet.

Was gehört neben den Kassiererinnen und den Scannern noch zu einer Kasse und zum Ablauf des Kassierens? Das Laufband: *Kann es schneller laufen?* Der Kunde: *Räumt er schneller ein, wenn man den Platz an der Kasse verkleinert? Oder vergrößert?* Die Ware: *Hilft eine Normierung von Gewicht und Größen?* Die Verpackung: *Gibt es Materialien, die sich schneller über den Scanner ziehen lassen?* Der Barcode: *Ist der Barcode besser lesbar für die Scanner, wenn er größer gedruckt wird? Oder kleiner?* Das Design der Verpackungen: *Gibt es ein Design, das die Scanner weniger vom Barcode ablenkt? Gibt es Farbkombinationen, die schneller gescannt werden als andere?* Die Verpackung. *Woraus besteht eine Verpackung? Wie viele Seiten hat eine Verpackung? Auf wie vielen Seiten steht der Barcode? Warum nicht auf allen?* Das war die Lösung! Ganz einfach. Und vielleicht gerade deshalb so schwer. »Die Hersteller der Aldi-Produkte müssen den Strichcode zukünftig an mehreren Stellen auf die Verpackung drucken, damit das umständliche Suchen nach der lesbaren Stelle entfällt und das Vorbeiziehen am Infrarotleser in gewohnter Aldi-Geschwindigkeit geschehen kann. Ihre gewohnte Stellung als ›Speed-Queens‹ der Kassenzunft werden die Aldi-Damen also nicht verlieren«, schrieb Felix Asch auf spiegel.de am 25.8.2000.

Die einfach geniale Lösung ist der Barcode auf allen Seiten der Verpackung. Egal auf welcher Seite die Ware an der Kasse ankommt, sie liegt immer goldrichtig zum Scannen. Der größte Zeitdieb, die Suche nach dem Barcode, wurde entlarvt. Ein Scanner-Techniker hätte auf diese Lösung nicht kommen können. Er ist Meister seines Fachs. Er hätte alles perfekt gemacht und doch das Ziel verfehlt. Da Aldi hauptsächlich Eigenmarken im Sortiment hat, kann Aldi das Design beliebig bestimmen. Das veränderte Design fällt nicht mal auf. Ich wette, dass Ihnen beim Einkaufen der omnipräsente Barcode bei Aldi noch nie aufgefallen ist. Das Festkleben an dem scheinbar unerreichbaren Ziel führte zu den Fragen und zum Funken, der die Idee entzündete. »Verrückte Deadlines und scheinbar unerreichbare Ziele sind häufig der Funke. 1961 inspirierte John F. Kennedy eine Nation [...], indem er sie herausforderte, bis zum Ende des Jahrzehnts einen Mann auf den Mond zu bringen«, schreibt Tom Kelley in *The Art of Innovation*. **SCHEINBAR UNERREICHBARE ZIELE SETZEN ENERGIE FREI, UM DIE IDEE ZU ROCKEN.** Mehr Feuer und Leidenschaft führen zu mehr Ideen.

Das Kleben am Ziel hat noch eine weitere Wirkung, die auch zu mehr Ideen führt. Ziele magnetisieren Ihre Augen. Gezielte Wahrnehmung schärft Ihren Blick für alles, was zum Ziel passt. Ein Beispiel: Im Dezember 1998 fiel mir auf, dass im deutschen Fernsehen gleich vier Dokumentationen über Kakao liefen. Danach bemerkte ich keine einzige mehr. Weil seitdem keine Sendung zu dem Thema mehr ausgestrahlt wurde? Das ist sehr unwahrscheinlich. Tatsächlich suchte ich im Dezember 1998 Ideen für neue Kakao-Produkte. Meine Sinne waren geschärft und nahmen deshalb vier Dokumentationen wahr. Als mich Kakao nicht mehr interessierte, liefen selbstverständlich weiter Filme darüber, aber ich wollte es nicht mehr wissen und habe es nicht mehr bemerkt. Jeder kennt dieses Phänomen: Man interessiert sich neu für eine Sache, und wie durch ein Wunder taucht etwas auf, was genau dazu passt. Das ist aber keine Zauberei, sondern ein Ergebnis unserer geschärften Wahrnehmung. »Du siehst nur das, was deine Augen sehen wollen«, singt Madonna im Lied »Frozen«. Unsere Ziele beeinflussen unsere Sinne. Wir werden offen für

Informationen zu relevanten Themen, wir blenden gleichzeitig alles aus, das nicht passt. Das Ziel führt zum Fokus, den man benötigt, um das Ziel zu erreichen. Bei einem Ideen6-Parcours verteilte ich Themen-Patenschaften. Der Globalisierungspate entdeckte an diesem Tag in seiner Firma ein Plakat mit der Headline »Globalisierung«, das dort schon seit zwei Wochen hing – er hatte es zuvor nicht wahrgenommen. So laufen wir an den meisten Dingen und Anregungen vorbei. Es sind viel zu viele Eindrücke und Informationen um Sie herum. Sie müssen filtern. **DEN FILTER DER WAHRNEHMUNG BESTIMMT IHR ZIEL.** Ihre Augen wollen nur Bekanntes (A) sehen. Ihr Ziel muss Ihre Augen bewusst für das Fremde (O) begeistern und öffnen. Ihr Ziel gibt die Tiefe des Unbekannten und Undenkbaren vor, in die Sie vorstoßen. Ihre Vision nährt den Mut, das Bekannte zu verlassen. Sie ist weit, wild und hilft, den Status quo zu sprengen. Eine Vision stiftet die Vorfreude auf etwas Großes. *Sind Sie bereit für große Ideen, wollen Sie das ganz große Rad drehen? Haben Sie einen Knall?* Ihre Vorstellungskraft und Risikobereitschaft definieren das Limit.

Die einen Knall haben

»Wenn die Leute nicht denken, du bist verrückt, dann bist du noch nicht an der Grenze zur Innovation«, sagt der Erfinder Dean Kamen. Er meint damit sicherlich nicht Jeff Bezos. Der Gründer von Amazon will einen Oscar gewinnen, berichtet golem.de. Und die *Abendzeitung* in München fragt: »Läuft die Bundesliga bald bei Amazon?« Der Oscar und Bundesliga-Übertragungen – beides hat auf den ersten Blick nichts mit dem Online-Handelsriesen Amazon zu tun. *Hat Jeff Bezos einen Knall?* Wahrscheinlich ja. Mit seinem Streaming-Dienst Amazon Prime Video investiert er massiv in die Produktion eigener Filme und Serien. Er arbeitet dazu mit Starregisseuren. Seine Filme könnten demnächst Oscars gewinnen. Amazon Prime Video hat 2015 einen Golden Globe gewonnen und

2016 schon zwei dieser Filmpreise. Amazons Konkurrent Netflix hat 2015 sieben Golden Globes gewonnen. Schlagzeilen machte Netflix auch im Dezember 2015, als sie zum ersten Mal alle klassischen TV-Sender überholt und die meisten Nominierungen für die Golden Globe Awards erhalten hatten. Wann haben Sie das erste Mal von Netflix gehört? Mit *House of Cards*? Schon vorher? Netflix ist bereits 1997 gestartet. Netflix hatte einen Knall. Und gerade weil Bezos auch einen Knall hat, wird er seine ambitionierten Ziele erreichen. In wenigen Jahren wird es bereits normal sein, dass Filme von Netflix und Amazon Prime Video die meisten Oscars absahnen.

Sein Arzt sagte: »Ein Ironman ist für dich medizinisch unmöglich.« Dieser Satz spornte Christian Troger an. Seit seiner Geburt fehlen ihm ein Bein und eine Hüftpfanne. Dennoch hat der Österreicher schon drei Ironman-Wettbewerbe bestritten, wie Melanie Haack auf *welt.de* berichtet. Der Ironman Troger sagt: »Es ist so viel möglich, wenn du dein Denken umstellst.« Troger sieht den Hebel im eigenen Kopf. So wie der Skispringer Jens Weißflog: Man springt nur so weit, wie man im Kopf ist. Das trifft auch auf Troger zu. Er war lange ein »Partymensch, Kettenraucher, In-den-Tag-Hineinleber«. Doch dann hat er den Hebel umgelegt. Sein Fokus klebte am Ironman. Nichts anderes zählte mehr. Er war motiviert, fokussiert und mutig. Die meisten Menschen schaffen mit zwei Beinen nicht das, was Christian Troger mit einem Bein schafft.

Taime Kuttig ist mit 23 Jahren ein großes Fußballtalent. Er will der beste Spieler der Welt werden. *Sie haben noch nie von ihm gehört?* Kein Wunder, er ist blind. *Ein blinder Fußballer? Hat der einen Knall?* Kuttig ist als offensiver Mittelfeldspieler ein Leistungsträger der deutschen Blindenfußball-Nationalmannschaft. **ES GIBT SO VIEL MEHR, ALS WIR FÜR MÖGLICH HALTEN. SAGEN SIE ÖFTER MAL »DAS GEHT«!** Manche Menschen springen drei Meter ins Wasser, andere trauen sich, aus zehn Metern Höhe zu springen. In Woodleaf, Kalifornien, nahm ich an einem Experiment teil. Hoch oben in den Bäumen sollten wir von einem sicheren Stand an eine schwingende Schaukel springen. Wer sich traute, fühlte sich stark und mutig. Erst am Boden realisierten wir, wie kurz der Abstand zwischen Baum und Schaukel war. Harmlos. Die ungewohnte Höhe brachte die Unsicherheit ins Spiel. Beim zweiten Sprung war die Angst weg. Die Aufgabe verlangte anfangs Mut, weil wir noch nie zuvor von diesem hohen Baum zu der Schaukel gesprungen waren. Neben der eigentlichen Aufgabe und dem Grad der Schwierigkeit bestimmen immer die äußeren Umstände und die eigene Erfahrung, wie viel Mut eine Aktion erfordert.

Kann ein Autor seine Meinung frei äußern, oder werden oppositionelle Schriftsteller in dem Land verhaftet? Derselbe kritische Text verlangt in verschiedenen Ländern ein völlig unterschiedliches Maß an Mut. Dieselbe Tat in zehn verschiedenen Ländern kann achtmal mutig sein und zweimal keinen Mut erfordern. Menschen brauchen Mut, um etwas zu tun, was sie noch nie zuvor getan haben. Mut ist daher völlig individuell. Jeder Mensch, jeder Ort, jeder Tag, jedes Land sind anders. Person A macht dasselbe wie Person B, doch A hat Erfahrung damit und ist routiniert, während B für dieselbe Tat von Freunden bewundert wird, weil sie für diese Person außergewöhnlich war. Als ich das Thema meines ersten Buches wählte, brauchte ich Mut. Ich widersprach mit *Mythos Fachkräftemangel* allen Experten und allen Umfragen. Eigentlich konnte ich damit nur verlieren und mich selbst ins Abseits kicken. Doch die Fakten, die ich gesammelt hatte, sprachen eine eindeutige Sprache. Ich fühlte mich innerlich verpflichtet, dem Fachkräftemangel-Mainstream zu widersprechen. Ich musste das Risiko eingehen. Inzwischen gibt es viele kritische Stimmen, die den Fachkräftemangel in Frage stellen. Dieselbe Aussage wie 2014 ist 2016 nicht mehr mutig. Neben der individuellen Erfahrung, den äußeren Umständen und dem Land spielt also auch der Zeitpunkt eine große Rolle, ob Menschen sagen: »Der hat wohl einen Knall.«

Lässt sich der Mutquotient eines Menschen errechnen? Zum Beispiel Aufgabe durch Menge der Erfahrungen hoch Regierung mal Jahreszeit? Kann der Mut eines Menschen vielleicht sogar im Vorfeld gemessen werden, bevor er gebraucht wird? Sieht ein Arzt den Mut im Blutbild? Könnte ich vor der Mutprobe den Schnelltest machen? Der Mut-Test stellt fest: Ihr Mutwert liegt bei x, das reicht, um die Wahrheit zu sagen. Oder: Starten Sie die Revolution, einen so hohen Mutwert y hatten Sie noch nie. Wenn der Mutwert messbar wäre, könnten die Folgen aus Mut professionell versichert werden. Eine geniale Geschäftsidee! Endlich könnten Menschen Dinge tun, für die der Mut-Test den passenden Mutwert nachweist! Und sollte es schiefgehen, zahlt die Versicherung den Schaden.

Werden Extremsportler und Innovationsmanager ihren Bewerbungsunterlagen demnächst Mutzertifikate beilegen? Ist der Mutwert international vergleichbar und massenkompatibel? Oder bleibt Mut auf Dauer nur etwas für Außenseiter und Spinner? Sind die persönlichen, politischen und gesellschaftlichen Umstände viel zu unterschiedlich für einen weltweit vergleichbaren Standard beim Mutwert? Ist Mut viel zu situationsabhängig, so dass er nur beim Tun beobachtet und nachträglich attestiert werden kann? Wer ist der mutigste Mensch, den Sie kennen? Was zeichnet diese Person aus? Und warum sind Sie nicht selbst so mutig?

Im November 2012 spricht der amerikanische Investor Ben Horowitz mit dem Unternehmer Kevin Rose auf dem Google Ventures Founder & CEO Summit über seine Gründe, in Start-ups zu investieren. Neben der Durchbruchsinnovation, die er sucht, legt Ben Horowitz großen Wert auf den Mut der Gründer. *Sind die Gründer mutig, unbequeme Entscheidungen zu treffen – auch wenn es peinlich ist und sie sich damit selbst bloß stellen?* Der Gründer Christian Georgi überzeugte Ben Horowitz von seinem persönlichen Mut, als er ihm von seiner Flucht aus Rumänien erzählte. Christian Georgi riskierte 1989 alles, als er durch die Donau schwamm, um der Diktatur zu entkommen und in Freiheit zu leben[16]. Dieser Mut, sein eigenes Leben zu riskieren, um die Freiheit zu gewinnen, sagte Ben alles

73

über Christian. Er war mutig, unbequeme Entscheidungen zu treffen und entsprechend zu handeln. Das hatte er in einer konkreten lebensgefährlichen Situation bewiesen. Dieser Mut ist mit keinem Test theoretisch zu prognostizieren. *Wie mutig sind Sie auf einer Skala von 1 bis 10?* Das funktioniert nicht. Kein Mensch kann wissen, wie lange sein Mut ausreicht, würde er wie Christian Georgi die Flucht planen. *Wird er doch zurückgehalten von der Liebe zu seiner Familie und Freunden? Springt er wirklich in die Donau und schwimmt um sein Leben? Oder dreht er wieder um und geht nach Hause? Würde man seinen Job riskieren, indem man dem Chef die Meinung sagt, oder hält man den Mund?*

Mut ist trainierbar, aber nicht planbar, denn jede Situation ist anders. Wir können im Voraus nicht wissen, ob wir einschreiten oder weglaufen, wenn vor unseren Augen Menschen angegriffen werden. Martin Niemöller, ein Pfarrer in der »Bekennenden Kirche«, die Hitler gegenüber kritisch war, wurde 1937 verhaftet. Er überlebte und wurde viele Jahre nach dem Krieg gefragt, warum er nicht mutiger gegen alle Verhaftungen seit 1933 protestiert hätte. Selbstkritisch sagte er: »Als die Nazis die Kommunisten holten, habe ich geschwiegen, ich war ja kein Kommunist. Als sie die Sozialdemokraten einsperrten, habe ich geschwiegen, ich war ja kein Sozialdemokrat. Als sie die Gewerkschafter holten, habe ich geschwiegen, ich war ja kein Gewerkschafter. Als sie mich holten, gab es keinen mehr, der protestieren konnte.«

Es braucht Mut und eigene Betroffenheit, um anders zu handeln als gewöhnlich. Christian Georgi wollte in Freiheit leben. Das motivierte ihn dazu, durch die Donau zu schwimmen. Der Film *Westwind* von 2011 zeigt die Flucht einer ostdeutschen jungen Sportlerin in den Westen, als die Mauer noch stand. Im Trainingslager in Ungarn verliebt sie sich unsterblich in einen jungen Mann aus Hamburg, der sie im Kofferraum über die Grenze von Ungarn nach Österreich schmuggelt. Beide waren so verliebt, dass ihr Mut größer war als die Angst, erwischt und festgenommen zu werden. Sie waren mutiger, als sie selbst für möglich gehalten hätten. Hätte man den Mann vorher gefragt, ob er ein Mädchen aus Ungarn nach Österreich schmuggeln würde, und hätte man die Sportlerin gefragt, ob sie mutig genug sei, im Kofferraum zu fliehen, hätten sie Nein gesagt. Das Risiko war viel zu groß. Die Liebe veränderte alles. Sie machte übermütig und verlieh Flügel. Die Zwillingsschwester der Geflüchteten war auch in Ungarn, aber sie war nicht frisch verliebt. Sie traute sich nicht zu fliehen, und sie hatte auch keine persönliche Motivation, ihre Familie und die DDR zu verlassen. Zudem war sie im Sport erfolgreich. *Warum hätte sie sich auf die Unsicherheit des Neuen einlassen sollen?* **DAS BEKANNTE ZU VERLASSEN BRAUCHT IMMER AUSSERGEWÖHNLICHE KRAFT.** Unbekanntes bringt immer Unsicherheit mit sich. Es kann besser oder schlechter werden. Vorher weiß man es nicht, und eine Mutwert-Versicherung springt nicht ein, wenn Schaden entsteht. Den Schaden zahlt man selbst. Die Belohnung des Mutes ist nicht in erster Linie, dass es besser oder schlechter wird. »Besser« oder »schlechter« ist relativ und unterliegt immer der eigenen Interpretation. Arm in Freiheit oder reich in Gefangenschaft. Was ist besser? Zwei Beine ohne Ironman oder mit einem Bein Leistungssportler. Was ist besser? Es geht immer um Ihren Kopf, Ihr Denken, Ihre Wünsche und Ihre Motivation. Je weiter Sie sich außerhalb der Norm bewegen, umso größer der Mut, den Sie brauchen, und der Knall, den andere Menschen in Ihrem Tun sehen. Was Sie machen, kann völlig normal sein. Stellen Sie sich vor, Sie wären der Tischler des ersten Stuhls der Menschheit gewesen. *Hätten Sie einen Knall gehabt oder alle anderen?* Sie wären belächelt und verhöhnt worden: *»Wozu ein Stuhl, wenn man auf dem Boden sitzen kann?«*

Mutige Menschen werden oft jahrelang belächelt oder sogar bekämpft. Auf Lob und Anerkennung sollte man als mutiger Mensch nicht bauen. Mut wird belohnt durch den Mut an sich. War man mutig und es lief gut, dann wird man sich erneut trauen, mutig zu sein. Traut man sich häufiger, etwas zu tun, das neu und anders ist, wächst der Schatz an Erfahrungen, und man wird noch mutiger. Mut wächst und lässt sich trainieren. Die Ideenfitness wächst mit dem Mut. **MUT FÜLLT DIE LÜCKE, WENN ERFAHRUNG NOCH FEHLT. MUT IST DIE BRÜCKE VOM ALTEN INS NEUE.** Wir brauchen Mut, um Neues zu tun. Wir kennen den Aufwand und den Ausgang nicht, da uns die Erfahrung fehlt. *Wird es gut? Lohnt es sich? Wird es schlecht und endet im Fiasko?* Keiner weiß es vorher. Deshalb ist jede Idee mutig. Jede Idee stellt den Status quo in Frage. Ideen schaffen das Bestehende ab. Ideen sind subversiv. Ideen sind clever. Mut denkt weiter und ist zuversichtlich. Mut ist Willenskraft. Gibt es Neues, ohne das Bekannte zu verlassen? Ich meine: nein. Das Neue ist immer das Unbekannte. »Die Produkte, an denen wir am meisten hängen, wurden von Menschen geschaffen, die mindestens Exzentriker, wenn nicht sogar komplett verrückt waren«, zitiert Tom Peters den Autor Jack Mingo in *Der Innovationskreis. Kennen Sie solche verrückten Menschen?*.

Einer der bekanntesten Verrückten unserer Zeit ist Elon Musk. Er hat nicht nur einen Knall. Mit 27 Jahren bekam er 22 Millionen Dollar für seine erste Firma Zip2. *Was hätten Sie mit 22 Millionen Dollar gemacht?* Musk gründete damit die Firma X.com, welche zu einem der Grundbausteine des Unternehmens PayPal wurde. Mit 30 Jahren bekam er 250 Millionen Dollar, als Ebay PayPal kaufte. *Was hätten Sie mit 250 Millionen Dollar gemacht?* Musk investierte sein Vermögen in Solarcity, in die Entwicklung des Elektroautos Tesla und in SpaceX für die Raumfahrt. Selbstverständlich liefen die Projekte nicht rund. Raketen explodierten, Batterien für den Tesla brannten, und Geld war knapp. 250 Millionen Dollar waren weg. Investiert in Technik. In unsere Zukunft, wenn's klappt.[17] Als Musk mit Tesla begann, gab es keinen Markt für Elektroautos. Tesla ist das Synonym für Elektromobilität. Musk ging *all in*. Er investierte alles. Das macht den Unterschied. Er könnte alles verlieren. Doch er hat nichts zu

verlieren. Das ist der Mut des Erneuerers. Aufgeben ist kein Bestandteil der eigenen Weltsicht. Während alle Beobachter noch rätseln oder
frohlocken, ob das jetzt das Ende sei, hat man schon die zweite Ra-
kete gezündet. Ohne das All-in von Musk würde Tesla heute nicht fahren,
und SpaceX könnte der NASA keine Trägerraketen stellen. Megarisiko.
Megaknall.

Risik**oa**ppetit

*Wer hat den größten Risikoappetit? Wer hat einen grenzenlosen Knall und geht
all in? Sind Sie dazu bereit?* »Europa fehlt die Risikokultur für einen Tech-
Boom. Ja, in Europa fehlt es eindeutig an Risikokapital – und an Risikoappetit. [...] Die Menschen stehen Eigenkapital-Investments und unter-
nehmerischen Engagements insgesamt skeptisch gegenüber«, sagt Patrick
Healy, Europa-Chef der Investmentgesellschaft Hellman & Friedman auf
gruenderszene.de. Das sind entscheidende Rahmenbedingungen. Der Ort,
die Finanzierung, der Risikoappetit potenzieller Investoren.

    *Haben Sie Risikoappetit? Wie nehmen Sie Ihr Umfeld wahr? Herrscht dort die
Lust, riskante Ideen umzusetzen? Wird GROSS gedacht? Wird GROSSES gemacht?
Sind Sie selbst erschrocken von der GRÖSSE Ihrer Idee?* Innovation ist Glatteis.
Meistens sterben Ideen. Das ist Teil des Risikoappetits. **RISIKO IST
RISIKO UND BLEIBT RISIKO. ES GIBT KEINE ABKÜRZUNG
OHNE RISIKO.** Herbert Grönemeyers Karriere startete mit vier erfolg-
losen Alben, so erfolglos, dass die Intercord Ton GmbH den Vertrag kün-
digte. Doch Grönemeyer ging weiter aufrecht und blieb dabei, Musik zu
machen. Mit dem fünften Album *Bochum* kam ein Jahr später der Erfolg.
Und dann der Megaerfolg. Grönemeyers sechstes Album *Ö* hielt 22 Jahre
lang den Rekord als erfolgreichstes deutsches Album mit 14 Wochen auf
Platz 1 der Album-Charts. Erst 2010 löste ihn die Band Unheilig mit *Große
Freiheit* ab. Auch Unheilig hatte bereits einen weiten Weg hinter sich, zehn

Jahre machten sie Musik zusammen, als der Durchbruch kam. Grönemeyer und Unheilig gingen jahrelang ins Risiko und gaben nicht auf.

VOR JEDEM ERFOLG STEHT NICHT NUR DIE BEREITSCHAFT ZU SCHEITERN, SONDERN TATSÄCHLICH DAS SCHEITERN.

Hätten Sie die Kraft und den Mut zum fünften Album gehabt? Das fünfte Album war voller Hits wie »Männer«, »Bochum«, »Alkohol« und »Flugzeuge im Bauch«. *Hätte Grönemeyer solche Songs schreiben können ohne den Anlauf der ersten vier Scheiben? Sind Sie bereit zu fünf Anläufen? Wie weit geht Ihr Risikoappetit? Drei, vier oder fünf Anläufe?* Schätzen Sie Ihren Risikoappetit realistisch ein, damit Sie der Mut nicht mitten im Ideenfluss verlässt. Das erste Auto von Henry Ford lief erst nach 16 Jahren vom Band. Sein Mut ließ ihn nicht los, und er gab nicht auf.

Es gibt einen neuen Risikoappetit in der Werbung. Das Video »Supergeil (feat. Friedrich Liechtenstein)« brachte Edeka auf YouTube über 16 Millionen Klicks und ein frisches Image. Edeka macht Spaß und ist crazy. Der Chef der Werbeagentur Jung von Matt, Peter Figge, erzählt über die Entstehung des außergewöhnlichen Videos: »Natürlich hat es anfangs auch Leute gegeben, die Friedrich Liechtenstein zu hässlich fanden. Und dann dieser Bauch in der Badewanne. [...] Aber ohne den Mut, ein Risiko einzugehen, kriegt man keine hohe Rendite«.[18] Mit vollem Risiko sind hohe Klickzahlen, Aufmerksamkeit, Berichterstattung und eine hohe Rendite möglich. Auf »Supergeil« folgte die noch erfolgreichere »Kassensymphonie« mit über 33 Millionen Klicks. Auch das konnte im Dezember 2015 noch mal gesteigert werden. Innerhalb von nur zehn Tagen bekam »#heimkommen« über 40 Millionen Klicks. »#heimkommen« versucht nicht, »Supergeil« zu kopieren, denn eine neue Idee überrascht nur ein Mal. »#heimkommen« zeigt einen einsamen Opa, der es mit einem Trick schafft, dass seine drei erwachsenen Kinder und Enkel gleichzeitig zu Besuch kommen. Der Redakteur Santiago Campillo-Lundbeck lobt Edeka auf *horizonte.net*: »Es ist der mutigste Werbefilm, den man im deutschen

Lebensmittelhandel je gesehen hat. Viele haben dieses Jahr ihre Kunden mit prächtigen Bildern und emotionalen Geschichten zum gemeinsamen Schlemmen und Feiern motivieren wollen, doch nur Edeka traute sich, die Themen Tod und Einsamkeit unter dem Weihnachtsbaum zu platzieren.«

RISIKOAPPETIT IST KEINE GARANTIE, ABER EINE ZWINGENDE VORAUSSETZUNG DAFÜR, DASS DIE IDEE ROCKT. Wenn eine Idee herausstechen soll, geht es nicht ohne Risiko. *Sind Sie bereit zum Misserfolg?* Erst dann sind Sie bereit zum großen Erfolg!

Wenn etwas in die Hose geht, gibt es Besserwisser, die das schon vorher wussten. »Das musste schiefgehen. Liechtenstein passt nicht.« Oder: »Mit Gefühlen spielt man nicht. Wie unsensibel, Werbung auf Kosten einsamer Senioren.« Haben Sie schon mal eine außergewöhnliche Idee von einem Besserwisser gesehen? Nein! Besserwisser sind viel zu vorsichtig, um ins Risiko des Unbekannten zu gehen. Gegen Besserwisser gibt es ein gutes Rezept, das Ben Horowitz empfiehlt: »Seid darauf vorbereitet, lächerlich gemacht zu werden.« Natürlich werden außergewöhnliche Ideen verlacht. Umgeben Sie sich besonders am Anfang nicht mit Besserwissern und Nörglern. Suchen Sie sich risikohungrige Mittäter. **SUCHEN SIE RAT VON MENSCHEN, DIE SELBST INS RISIKO GEHEN, DIE WISSEN, WOVON SIE REDEN.** Wer nie im Risiko war, hat keine Ahnung und sollte besser schweigen. Wer nie seine persönliche Grenze durchbrochen hat, wer nie etwas Unerwartetes zugelassen hat, weiß nicht, was Risikoappetit bedeutet. Spinner gehen los, entdecken, bringen die Ideen mit, und oft weiß man erst Wochen oder Jahre später, ob die Idee läuft. Ohne den Dreiklang aus Mut, Risikoappetit und der Möglichkeit zu scheitern bleibt alles stehen. Die Bereitschaft zum Risiko lässt nach. Das Gehirn will Stabilität, es schafft Muster. Menschen erschaffen Organisationen als Barrikaden, um Standpunkte, Privilegien und Wohlstand zu verteidigen. Muster und Organisationen helfen uns, Energie zu sparen. Sicherlich helfen Standpunkte, um Ordnung in das Meer der Meinungen zu bringen. Doch festgemeißelt für immer werden Standpunkte unkreativ und besserwisserisch. Sie verführen zum Stehenbleiben. Stillstand wird die sicherste Position. Risikoappetit ist ein Segen, die Karten werden neu gemischt.

Wir leben im Paradies der Chancen und Möglichkeiten und merken es häufig gar nicht. So viele Probleme, die nach neuen Lösungen schreien. So viele Möglichkeiten, persönlich zu wachsen. »Es geht im Leben nicht darum, Probleme zu lösen, sondern persönlich zu wachsen«, schreibt Christian Bischoff in *Willenskraft*. Risikoaffine Grenzgänger werden wachsen. Innovatoren lernen immer dazu, denn sie erleben Überraschungen. Der selbst gewählte Sturm im Kopf lässt die Synapsen knallen und sich neu verbinden. Das Unerwartete regt an und formt frisches Denken. Immer derselbe Trott langweilt das Gehirn, denn Trott verstärkt bestehende Bahnen, Meinungen und Vorurteile. Persönlich wachsen kann man durch Erfolge und durch Misserfolge, der geistigen Frische nützt beides. Experimente sind für das Gehirn interessant, unabhängig vom Ausgang. Risikoappetit hält geistig jung, weil Sie nie aufhören, überrascht zu werden und Neues zu lernen. Permanent wächst Ihre Ideenfitness. Ohne neue Herausforderung kommt Stillstand.

Schließen Sie das Patentamt

Im Jahr 1899 schreibt Charles H. Duell, der leitende Angestellte des US-Patentamts, einen Brief an den Präsidenten der USA. Darin schlägt er vor, das Patentamt zu schließen. Was? *Hatte er keine Lust mehr zu arbeiten? Wurde er bestochen? Hielt er Patente für schädlich? War er gegen den wirtschaftlichen Aufschwung? Lehnte er Besitz grundsätzlich ab? Sah er in Patenten den Grund für eine wachsende Ungleichheit der Einkommen? Wollte er seine Entlassung provozieren?* 1899 ist Google noch 100 Jahre vom Launch der Suchmaschine entfernt, kein Internet, keine Smartphones, keine Massen von Flugzeugen und Autos. 1899 gründete Henry Ford gerade die Detroit Automobile Company. 1899 war die Relativitätstheorie noch nicht gedacht. Die Welt war noch weit entfernt vom Wahlrecht der Frauen. Die Kolonialmacht Großbritannien verpflichtete sich 1899, die portugiesischen »Besitzungen« in Übersee zu verteidigen, und erhielt dafür das Recht der freien Truppenbewegung durch die portugiesischen Kolonien in Afrika. *Können Sie sich diese Welt vorstellen? Weit weg, oder?*

Zu diesem Zeitpunkt machte Mr. Duell seinen ungewöhnlichen Vorschlag. Seine Begründung lautete: Mit neuen Patentanmeldungen sei nicht mehr zu rechnen: »Es gibt nichts Neues mehr. Alles, was man erfinden kann, ist schon erfunden.« 98 Jahre später gehörte ich zu den ersten drei Prozent, die in Deutschland eine E-Mail-Adresse hatten. Heute Standard. Meine Kinder kennen mich nur mit Laptop. Mein Vater hat bis heute keinen Computer. *Times are changing. Always. Wie kam der leitende Angestellte des US-Patentamts darauf, alles sei schon erfunden? Warum diese kolossale Fehleinschätzung?* Er saß an der Quelle und las täglich neue Patentanmeldungen. Er sah neue Ideen lange vor der Öffentlichkeit. Er hatte mit Menschen zu tun wie Thomas Edison, der 2332 Patente angemeldet hat, davon 1093 Patente in den USA. Der Eiffelturm war gerade zehn Jahre alt, als Duell meinte, dass Weiterentwicklung enden würde. *Ließ er sich täuschen von allem, was er sah? War seine Welt zu voll? Haben alle sichtbaren Produkte und Technologien seinen Blick verstellt für die Millionen Patente und Milliarden Ideen, die nach 1899 kommen sollten?*

Wir Menschen sind umgeben von Ex-Ideen. Alles, was wir sehen, riechen, hören, benutzen, waren einmal Ideen. Alles, was wir nie wieder missen wollen, ist eine Ex-Idee, die zuerst vehement abgelehnt wurde, bevor sie bejubelt wurde. Ex-Ideen sind heute Produkte und Dienstleistungen, die uns nützen. Gleichzeitig halten sie uns fest. Wir kleben am Bewährten. Dabei ist das heute Bewährte meistens noch gar nicht alt. Vor 40 Jahren standen in einem Hinterhof in Berlin-Schöneberg noch 31 Kühe, und die Nachbarn kauften vor der Haustür ihre frische Milch. Das Neue verdrängt das Alte. Doch zuvor klammern sich viele ans Bewährte, und Ideen werden bekämpft, bevor sie der neue Standard werden. Der neue Standard hält uns dann fest, und die nächsten Ideen werden abgelehnt. **ALTE IDEEN STEHEN NEUEN IDEEN IMMER IM WEG.** Wir denken über Mr. Duells Fehleinschätzung: »Wie blöd war der denn!« Mit dem Wissen von heute ist es offensichtlich, dass die Zahl der Erfindungen und Patente sogar stark zugenommen hat. *Sind wir anders als Charles Duell? Leben wir den täglichen Wandel? Oder verhalten wir uns im Alltag genauso verblendet?* Halten wir nicht auch alles Sichtbare für feststehend? Oder wissen Sie, dass nichts bleibt, wie es ist? Wie reagieren Sie auf Ideen? Sagen Sie *»Wow«, »Hau ab« oder »Geht nicht«?* Glauben Sie, Innovation ist ein Sonderfall, die absolute Ausnahme. *Oder sind Ideen im positiven Sinne normal und nicht besonders? Ist Wandel normal?* Die Autorin Lolly Daskal bringt Wandel auf den Punkt: »Die schlechte Nachricht: Nichts bleibt permanent. Die gute Nachricht: Nichts bleibt permanent.« Ein aktuelles Beispiel: Die Geburtenrate in Deutschland stieg zum dritten Mal in Folge. 2015 war es sogar die höchste Geburtenrate seit der Wiedervereinigung 1990. Ideen sind ein großer Schatz. Gleichzeitig sind Ideen alltäglich. Und überall. Die Welt ist voller Ideen. Stellen wir die irrtümliche Sichtweise vom Kopf auf die Füße. Das Normale ist nicht die Tradition, sondern der Wandel. **DAS NORMALE IST DER KAMPF NEUER IDEEN GEGEN ALTE EX-IDEEN.**

Das heißt nicht, dass neue Ideen immer besser sind als alte Ex-Ideen. Ideen sind so gut oder schlecht wie die Menschen. Ideen können Leben retten oder Leid verursachen. Jeder Mensch weiß, wo er das 09/11-Desaster im Jahr 2001 erlebt hat. Ich saß bei meiner spanischen Oma auf dem Sofa. Draußen rauschte das Mittelmeer. Seit zwei Jahren entwickelten Matthias Klopp und ich außergewöhnliche Ideen. Dann kam 09/11, und ich sah im TV die Türme einstürzen. Neben der Sorge um die Menschen, die in den Twin Towers arbeiteten, schoss mir spontan ein Gedanke durch den Kopf: Ich kann keine Ideen mehr entwickeln. Der Einsturz der Twin Towers ist eine so außergewöhnliche Idee. Die Idee war abgrundtief böse, grausam, kaltblütig, mörderisch und – aus der Sicht eines Ideenprofis – genial. Eine perfekte Idee, die alle überrascht hat und mit der niemand gerechnet hätte. Ich zweifelte an meiner Profession, der Ideenentwicklung. Wenn aus kreativer Ideenentwicklung auch eine Tat wie 09/11 entstehen konnte, dann musste ich mit Ideenfitness aufhören. Mit etwas Abstand wurde mir klar, dass Ideen nie gut oder schlecht sind. Es gibt so viele gute und schlechte Ideen, wie es gute und schlechte Menschen gibt. Wie Ideen genutzt werden, liegt an Menschen und Milliarden persönlichen Entscheidungen. Offen ist, welche Idee das Rennen macht. *Rockt am Ende des Parcours Ihre Idee?*

Maß

Sie haben den Rahmen abgesteckt. Sie haben Maß genommen. Die Vision und Ihre Vorstellungskraft, den Grad Ihres Knalls und Ihren Risikoappetit. Sie haben messbare und spezifische Ziele definiert und damit Ihre Wahrnehmung geschärft. Die Beteiligten sind an Bord. *Welche Ressourcen stehen Ihnen für den Parcours und für die Umsetzung des Mehrwerts zur Verfügung? Gibt es Deadlines? Trends? Gesetze?* Ihre Mitspieler und Kunden schauen wir uns in der nächsten Phase »Zutaten« genauer an.

Die Rahmenbedingungen sind die Basis Ihrer Entscheidung nach dem Mixen bei der Auswahl von Ideendiamanten. **DER RAHMEN WIRD ZUM MASS EINER GLASKLAREN ENTSCHEIDUNG.** Ihr Rahmen bietet für die Auswahl der Diamanten messbare Kriterien (A). Sie haben Ihre Spielregeln selbst festgelegt, die Höhe, Weite, Länge und Originalität, niemand übertrifft die eigenen Erwartungen (O). Auch Ihr Mut und Ihre Ausdauer sind individuelle Kriterien der Auswahl. Der Rahmen wird zum Sieb, in dem die passenden Diamanten hängen bleiben. *Was kann weg? Was darf Ihnen nicht durch die Lappen gehen?* Das ist im Rahmen festgelegt – bewusst ohne die Ideen zu kennen, die Sie noch mixen werden. Nach dem Mixen sind Sie viel zu euphorisch und frisch verliebt. Dann sind Sie nicht in der Lage, messbare Kriterien festzulegen. Deshalb jetzt am Anfang. Wenn Sie jetzt schon wissen, dass nicht Sie, sondern andere Entscheider die Ideen auswählen werden, dann müssen Sie deren Kriterien JETZT kennen. Die besten Ideen bringen nichts, wenn andere Menschen mit anderem Maß entscheiden.

SIE SPIELEN IHR SPIEL, SIE ROCKEN IHREN EIGENEN WEG. Das ist das Privileg aller ideenfitten Menschen. Sie können ihr eigenes Spiel erfinden mit neuen Regeln. Ein großer Spaß. Doch der Spaß ist kein Selbstzweck. Sie wollen die Welt rocken. *Für wen entwickeln Sie Ideen? Welche Probleme lösen Sie? Wem bieten Sie Mehrwert?* Die Rahmenbedingungen bestehen auch aus den Bedürfnissen der Menschen, für die Sie Ideen entwickeln. Wenn Ihnen Ihr Rahmen klar ist, beginnt das Spiel. Sie gehen tief ins Neuland. Sie mixen Diamanten, schleifen den Mehrwert und kommen dann zurück, um Ihre Idee unter die Menschen zu bringen. Den Mehrwert bringen Sie zurück ins Altland. Die Menschen, die Sie für Ihren neuen Mehrwert begeistern wollen, stecken im Altland. Mit Ihrer Idee bringen Sie Neuland ins Altland und verändern so das Altland, Ihre Idee löst ein Problem und wendet eine Not im Altland. Start- und Landebahn liegen im Altland. Wie bei einem nächtlichen Traum. Sie schlafen im Altland ein, träumen einmalige, individuelle Träume, und kommen verändert ins Altland zurück.

IHR SPIELFELD SCHAFFT RAUM FÜR DIE KULTUR DES TRÄUMENS, SPINNENS UND KREIERENS. Auch die Kultur des Fragen-Durstes. Die Kultur des Lösens echter Probleme. Das Suchen nach ökologisch-ökonomisch wertvollen Lösungen. Alles, was Sie wollen und was in Ihren Zielen steckt. Eine kreative, offene Kultur zu schaffen ist das

Beste, das Sie tun können. Kreativität ist nicht anzuordnen. Seid kreativ. JETZT. Ideen um neun Uhr. LOS. »Sie können ja nicht wirklich die Kreativität und Innovationsfähigkeit der Mitarbeiter fördern. Unterscheiden Sie bitte bei allem, was Sie tun, zwischen indirekten und direkten Variablen. Kultur kann ich nicht erzeugen. Ich kann nur Rahmenbedingungen schaffen. Sie können sich fragen: Was sind systemische Rahmenbedingungen, in denen Kreativität erscheint? Aber Sie können nicht Kreativität machen. Wenn Sie über Kreativität reden, reden Sie über indirekte Möglichkeitsräume. Systeme mit internen Spannungsverhältnissen erzeugen instabile Phasen, und Systeme mit instabilen Phasen erzeugen die Möglichkeit zum neuen Muster. Und das nennen wir Kreativität.«[19]

Ihr Rahmen ist Ihr Rahmen. Ihr Risikoappetit ist Ihr Risikoappetit. Ihr Mut ist Ihr Mut. Es gibt kein Ziel, das Sie nicht erreichen können. Niemand wird wildfremde Menschen in den eigenen vier Wänden übernachten lassen, das ist viel zu unsicher! Das stand für alle fest. Bis Airbnb kam, eigene Spielregeln erfand und das Gegenteil bewiesen hat.

In der nächsten Phase sammeln Sie Zutaten, Sie beobachten Kunden, Sie gehen in Zoos und Spielzeuglädan. Sie tun alles, was Ihre Vorratskammer mit Absurdem und Unpassendem füllt. Wenn Sie wissen, was Sie wollen, finden Sie die Zutaten und die Ideen, die dazu passen. Weiter geht es im Ideen6-Parcours mit den Zutaten, dem A & O der Vorratskammer.

ZUTATEN

Tina Seelig vom Entrepreneurship Center der Stanford University weist in ihrem Vortrag »Imagination Starts with Engagement« auf ecorner. stanford.edu darauf hin, dass häufig die Reihenfolge vertauscht wird: **MAN KANN NICHT MIT DER FANTASIE LOSLEGEN, SOLANGE DIE BASIS FEHLT.** Zuerst kommt die Beschäftigung mit Dingen, Daten, Problemen, Möglichkeiten. Danach hat die Fantasie genug Anregungen und Stoff (A), um sich Neues (O) auszudenken. Die meisten Menschen fangen sofort mit der Ideenentwicklung an, doch ihnen fehlt das Material. Tina Seelig empfiehlt: Zuerst engagieren, einmischen, Zutaten aufsaugen, dann Ideen entwickeln! Deshalb steht im Ideen6-Parcours »Zutaten« vor »Mixen«. Vor dem Mixen legen Sie die Grundlage.

»Eine Idee ist nicht mehr und nicht weniger als die neue Kombination alter Elemente«, schreibt James Webb Young, Professor für Business History und Advertisement, 1975 in *A Technique for Producing Ideas*. Ganz simpel! **BEREITS VORHANDENE ELEMENTE WERDEN NEU ZUSAMMENGESETZT, DAS NEUE ENTSTEHT BEIM KOMBINIEREN.** Salz und Streuer. Kerzen und Ständer. Tee und Beutel. Brief und Kasten. Kaninchen und Stall. Ehe und Ring. Lampen und Schirm. Curry und Wurst. Entscheidend sind also die Elemente, die Ihnen zum Kombinieren zur Verfügung stehen. *Ist es wirklich so einfach? Gilt das für Produkte, Dienstleistungen und auch in der Wissenschaft?* Ganz ähnlich wie Young beschreibt es auch der Biochemiker Kary Mullis, der für die bahnbrechende Entdeckung der Polymerase-Kettenreaktion einen Nobelpreis erhielt: »Das Neue bestand höchstens in der Kombination, in der Weise, wie die Elemente verwendet wurden.« Es gibt unendlich viele vorhandene Dinge und noch mehr Kombinationsmöglichkeiten. Daraus folgen Ideen wie Sand am Meer. Steve Jobs war der Meinung: »Dinge zu verbinden ist Kreativität.«[20]

Backe, backe Kuchen

Voraussetzung für neue Ideen sind vorhandene Dinge und bestehendes Wissen. Nur was vorhanden ist, kann kombiniert werden. Wie beim Backen und Kochen. Ein Koch sammelt zuerst die Zutaten, um damit ein köstliches Gericht zu zaubern. Bäcker wissen selbstverständlich, dass Mehl nicht ausreicht, um leckeres Brot zu backen. Köche wissen, dass sich mit Salz und Wasser alleine keine leckere Suppe kochen lässt. Der Geschmack und die Qualität eines Menüs hängen von den Zutaten ab. *Passen die Zutaten zueinander? Unterstützen sie sich? Verstärken sie den Geschmack? Oder sticht eine Zutat unangenehm heraus?* Unterschiedliche Zutaten ergeben unterschiedliche Speisen. Mit bestimmten Zutaten kann man nur bestimmte Ergebnisse erzielen. Das gilt so auch für Ideen. Unterschiedliche Zutaten ergeben unterschiedliche Ideen. Mit bestimmten Zutaten kann man nur bestimmte Ideen erzielen. **WAS NICHT VORHANDEN IST, KANN NICHT KOMBINIERT WERDEN. IDEEN SIND SO GUT UND SO SCHLECHT WIE DIE ZUTATEN.** Im garen Gericht und in der reifen Innovation sind alle Zutaten zu einem Gesamtkunstwerk vermengt. Kochkunst, Backhandwerk und Ideengewinnung sind im Kern die Kunst der Mischung. Die Qualität einer Idee hängt sowohl an der Qualität der einzelnen Elemente als auch an der Qualität der Kombination. Der Mix macht's.

Welche Zutaten braucht eine Idee? Gibt es spezielle Zutaten? *Wo geht man auf die Suche?* »Eigentlich eignet sich die gesamte uns umgebende Welt zur Ideenstimulation. Es gibt nichts, was sich nicht als Ideenauslöser eignen würde«, stellt Walter Simon in *Lust aufs Neue* fest. Alles, wirklich alles kann zu einer Idee kombiniert werden. Schauen Sie durch ein Kaleidoskop. Drehen Sie es. Mit jeder Drehung ergeben sich neue Bilder. Das sind neue Kombinationen der bunten Teilchen. Schon ein paar Elemente in einem Kaleidoskop schaffen Tausende unterschiedliche Kombinationen. Jedoch werden die Farben und Formen, die im Kaleidoskop fehlen, in keiner einzigen Kombination auftauchen. *Wo holen Sie sich Ihre Zutaten für Ideen? Was regt Sie an? Was steht Ihnen zur Verfügung für besondere, außergewöhnliche Kombinationen?*

Als unsere Kinder zwei bis drei Jahre alt waren, nahmen wir sie mit zu einer Studentendemo. Die Straßen waren voller Menschen, es war laut, bunt und lebendig. Im Anschluss besuchten wir meine Eltern. Wir tranken Kaffee. Die Kinder rannten sofort zu ihren Gummitieren. Nach zehn Minuten standen rund 80 Tiere in einer langen, breiten Schlange. Meine Mutter fragte: »Spielt ihr Zoo?« »Nein, Demo.« Das einprägsame Erlebnis beschäftigte sie weiterhin. Eine Demonstration war neu für sie und wurde sofort in ihr Spiel integriert. Hätten wir unsere Kinder nicht mitgenommen, hätten sie weiterhin Zoo gespielt. Neue Erfahrungen erweitern unsere Möglichkeiten. Alles, was wir sehen und beobachten, kann als Zutat Teil unserer Ideen werden. Wer die Augen offen hält, wer sich öfter in neuen und fremden Umgebungen bewegt, wer mehr gesehen hat, der ist ideenfit und hat mehr Möglichkeiten für den Ideenprozess.

Nehmen wir an, dass Sie ein Café betreiben und einen Tapetenwechsel wollen. Ihr Café soll in neuem Glanz erscheinen und einen exotischen Anstrich erhalten. Erwartungsvoll beauftragen Sie den besten Malermeister der Stadt. Tatsächlich sieht hinterher alles ganz neu aus. Der Malermeister hat dem Café die Anmutung eines Dschungels gegeben, mit gemalten Palmen, Kletterpflanzen und täuschend echt aussehenden Tieren an den Wänden. Es ist toll gemacht und sieht klasse aus, aber dennoch sind Sie enttäuscht. Sie hatten sich etwas viel Ausgefalleneres gewünscht. Da fällt Ihnen ein, dass ein Freund den Gärtner aus dem Krokodilhaus im Zoo kennt. Sie laden diesen Gärtner zu sich ein und bitten ihn: »Gestalten Sie mein Café!« Der Gärtner tut das, was er immer macht. Er häuft Sandhügel auf, pflanzt Schlingpflanzen, lässt Wasser einlaufen und setzt

Krokodile ins Wasser. Die Tische und Stühle stellt er auf Brücken, und er hängt Hängematten an die Decke. Fertig. Das Ergebnis ist völlig anders als alles, was Sie bisher gesehen haben. Ein Quantensprung im Café-Design! Ihre Gäste sind begeistert. Über Instagram und Snapchat verbreitet sich die Nachricht über Ihr Café auf jedes Smartphone. In kürzester Zeit gibt es weltweit Nachahmer, und Sie werden als Trendsetter gefeiert.

Was ist passiert? Sie wollten ein neu gestaltetes Café und wählten eine bekannte Zutat. Mit dem besten Maler der Stadt beauftragten Sie einen Experten für das Gestalten von Wänden. Erst hinterher merkten Sie, dass sein Handwerk für Ihre Bedürfnisse nicht ausreichend war. Er setzte es im vertrauten Rahmen ein, das Ergebnis war nicht überraschend genug. Auch der Gärtner machte das, was er immer macht. Er schuf einen Raum, wie er ihn aus dem Krokodilhaus im Zoo kannte. Für ihn war es gar nichts Besonderes. Doch in einem Café war diese Zutat noch nie verwendet worden. Innovation beginnt mit verschiedenen Zutaten, zum Beispiel unterschiedlichen Expertisen. Wir holen dafür Menschen aus völlig unterschiedlichen Bereichen. Ein Malermeister und ein Gärtner. Wenn sie zusammenarbeiten, ist das ungewöhnlich, und das Ergebnis wird neu und anders sein. Das Neue entsteht in der Kombination der beiden Expertisen, die auf den ersten Blick nicht zusammenpassen.

Stellen Sie sich vor, Sie könnten am Fahrkartenautomat mit Pfandflaschen bezahlen. *Eine absurde Kombination?* An einigen Metro-Stationen in Peking wurden 2013 Leergutautomaten aufgestellt. Reisende können ihre Fahrkarte durch Recycling bezahlen. Inzwischen stehen in über 15 Metrostationen die Recycling-Ticketautomaten, wie easyvoyage.de im Dezember 2015 berichtet.[21]

Was lässt sich noch vom gewohnten Bereich in einen fremden Bereich übertragen? Hier ein paar inspirierende Beispiele:

- Lösegeld wird eingefärbt. Auch in Geldautomaten werden Geldfärbesysteme eingesetzt. Wird der Geldautomat von Dieben gesprengt, werden die Geldscheine bunt. Das Geld ist entwertet und für die Diebe wertlos. *Lässt sich Einfärben auf andere Bereiche übertragen? Welche wertvollen Güter werden häufig geraubt? Lassen sich Elfenbein und die Hörner von Nashörnern einfärben und entwerten? Könnte die Entwertung die massenhafte Tötung der Dickhäuter verhindern?* In Südafrika wurde laut mimikama.at bereits damit experimentiert. In die Zähne wurde ein Loch gebohrt und Farbe eingespritzt. Die spezielle Farbe wird sogar von Detektoren am Flughafen entdeckt. Das ist zeitaufwendig und teuer. Es hat sich daher noch nicht durchgesetzt. Aber die Übertragung ist genial. Der Mix macht's.

- Jörg Richert, Mitgründer von KARUNA — Zukunft für Kinder und Jugendliche in Not, wurde für sein Engagement mit dem Bundesverdienstorden ausgezeichnet. Er setzt sich für Kinder und Jugendliche ein, die ihren Lebensmittelpunkt auf der Straße haben und die Hilfe bei Drogensucht und Prävention suchen. Ein Satz von Richert hat sich mir eingebrannt: »Auf der Straße leben die starken Jugendlichen. Sie sind so mutig, ihr Zuhause zu verlassen.« In den Räumen von Zeitdruck, einem Projekt von KARUNA, schreiben Jugendliche eigene Texte. Tagebuch. Geschichten. Gedichte. Prominente Schauspieler bringen diese Texte im Maxim-Gorki-Theater im Zentrum Berlins zu Gehör und zeigen Wertschätzung für die Leistung der Jugendlichen. Eine völlig neue Kombination der altbekannten Elemente Prävention, Therapie und Anerkennung. Der Mix macht's.

- Mit Crowdfunding können Projekte und Unternehmen ihre Freunde, Fans und Kunden in die Finanzierung einbinden. Das ist nicht neu. 34 Milliarden Dollar wurden 2015 investiert. Neu ist eine Kombination aus den Elementen Crowd, Tierschutz und gesundem Fleischgenuss. Zusammengemixt zu Crowdbutchering. Fleischesser schließen sich auf Kaufnekuh.de zu virtuellen Schlachtergemeinschaften zusammen, weg von anonymer Massentierhaltung. Der Mix macht's.

- Rund 21 Millionen Inder leiden am Grauen Star. Eine zehnminütige Operation kann die Blindheit heilen. Doch die meisten Inder können sich die Operation nicht leisten. Anfang der 1970er Jahre stellte Dr. Govindappa Venkataswamy eine folgenreiche Frage: »Wenn McDonald's Milliarden Burger auf den Markt bringen kann, warum sollte es mir nicht gelingen, die Zahl der Augenoperationen mit einem standardisierten Prozess zu erhöhen?« Er übertrug das standardisierte Vorgehen im Fast-Food Restaurant auf die Operation des Grauen Star. Seine Kliniken sind spezialisiert auf diese eine Operation. *Brand eins* berichtete: »Die Qualität der Eingriffe gilt als erstklassig. Das Geschäft boomt. 2004 kam Aravind bei einem Umsatz von zehn Millionen US-Dollar und Kosten

pro Operation von 20 US-Dollar auf eine Gewinnspanne von 52 Prozent. Und das, obwohl Aravind rund 70 Prozent seiner Patienten kostenlos behandelt.« Die Vielzahl der Eingriffe fördert die Kompetenz der Ärzte und führte zur höchsten Qualität in Indien. Diese Qualität zieht reiche Patienten an, deren Bezahlung ermöglicht es, dass 70 Prozent der Patienten kostenlos operiert werden — mit derselben hohen Qualität! Der Mix macht's.[22]

Ideen brauchen Paradoxes, bisher unverbundene Zutaten und Unpassendes. McDonald's und OPs im Krankenhaus waren zuvor unverbunden. Für viele klingt das heute noch paradox. *Haben Sie unpassende Zutaten vorrätig? Wie füllen Sie Ihren Vorrat an Unverbundenem auf? Wo gehen Sie hin? Was beobachten Sie? Wie kommt Paradoxes in Ihre Denkbahnen? Was können Sie übertragen? Was können Sie mixen?* Ticketautomat und Pfandflaschenautomat. Ein Geldfärbesystem, das Elefanten schützt. Ein Fließband, das Millionen Indern das Augenlicht rettet. *Welche Absurditäten haben Sie auf Lager? Welche unpassenden Zutaten verschmelzen Sie miteinander?* Der Mix macht's!

Fluch der Gleichheit

Was wäre, wenn wir die Rezepte von erfolgreichen Unternehmen unserer Branche kopieren würden? Führen diese Zutaten zum Erfolg? Beim Benchmarking werden die Stärken der Mitbewerber beobachtet, um sie zu übertragen und besser zu werden. Den Erfolg anderer zu kopieren klingt clever. Benchmarking kann selbstverständlich dabei helfen, in der Branche aufzuholen. Doch Benchmarking in der eigenen Branche bringt keine außergewöhnlichen Ideen. Sie werden maximal so gut, wie der Beste bereits ist. Innovation braucht den Unterschied, nicht das Heute und Gestern der

Branche. Ein Malermeister kann vom besten Malermeister viel lernen. Aber er verlässt dabei niemals das gelernte Handwerk. Den echten, innovativen Unterschied bringt der Krokodilhaus-Gärtner in die Raumgestaltung. *Benchmarken Sie? Oder brechen Sie in fremde Domänen ein? Welche der Ihnen fremden 15 000 Berufe beziehen Sie zur Lösung ein? Treffen Sie regelmäßig fachfremde Gäste und lassen sich anregen? Wie kommt die große weite Welt zu Ihnen in Ihre Gedanken, Ideen und Taten?*

Unternehmen wir einen Ausflug in die Welt der Castingshows. Sänger in Castingshows – altbekannt. Doch eine Castingshow, bei der die Juroren nur die Stimmen hören, aber die Kandidaten nicht sehen, das war 2010 neu. Die Show »The Voice« ist weltweit beliebt und wurde bereits in über 170 Staffeln in 50 Ländern ausgestrahlt. Die Zutat – Stimmen im Fokus und quasi blinde Juroren – kam nicht von anderen Castingshows, sondern von professionellen *Blind Auditions* für Musicals, bei denen die Stimme zählt und Vorurteile über Geschlecht, Alter oder Aussehen der Kandidaten anfangs ausgeblendet werden. Wir suchen zu oft in Sackgassen, im bereits Bekannten, wo jeder sucht. Dabei ist das Unbekannte gar nicht so weit weg und bereits bekannt. *Welche Zutat wäre in Ihrer Branche ein Tabubruch? Wo sind Sie alleine auf der Pirsch? Wo überschreiten Sie Grenzen?* Der Tabubruch ist nicht die Zutat selbst, sondern das Einfügen der Zutat an unpassender Stelle. Sie fügen das banale Element in einen Bereich ein, an den bisher niemand dachte. Das Einfügen bringt die Innovation. Schon haben Sie eine Idee. Eigentlich einfach. Vielleicht gerade deshalb so schwer. Für blinde Menschen ist hören, ohne zu sehen, alltäglich. Alle 7,39 Milliarden Menschen wissen, dass blinde Menschen hören, ohne zu sehen. Doch bei einer Castingshow war hören, ohne zu sehen, neu, undenkbar, frech und bewegend. Ein großer Erfolg. Zwei allgemein bekannte Zutaten werden in der neuen Kombination erfolgreich. Zuvor undenkbar. Undenkbar nicht deshalb, weil es so schwer zu denken war. Es hatte schlicht noch niemand vorher daran gedacht. Die Möglichkeit war längst da, aber keiner hatte sie erkannt. Bis einer kam, der es sah und tat. Oscar Wilde drückt es so aus: »Die Zukunft gehört denen, die die Möglichkeit erkennen, bevor sie offensichtlich werden.« Wird eine Idee groß und bekannt, sagen viele Menschen fast abwertend, das war ja einfach. Das hätte ich auch gekonnt. Nehmen Sie das als Lob. Dann ist die Originalität so offensichtlich, dass jeder die Idee hätte haben können. Aber Sie waren dennoch der Erste. **ORIGINALITÄT ENTSTEHT NICHT DURCH COPY AND PASTE, SONDERN DURCH COPY AND TRANSFER.** Sie übertragen das Kopierte in einen unpassenden Bereich, in eine unpassende Branche, in einen Kontext, in dem es neu ist. Wenn alle schreien: Tabubruch! Geschmacksverirrung!, dann ist die Fährte heiß. Eis und Knoblauch. Beides ist stinknormal und allgemein bekannt, doch zusammen ein Tabubruch. Auch der Beruf des Gärtners ist allgemein bekannt. Aber der Gärtner als Innenarchitekt und Raumdesigner ist neu. Der Tabubruch ist gar nicht so weit weg, wie Sie vielleicht denken. Rufen Sie einfach beim nächsten Renovieren den Gärtner statt den Malermeister an. Alles ist so lange undenkbar, bis jemand die Idee zum ersten Mal denkt.

Nur Elemente, die nicht zusammenpassen, können zu neuen Ideen und Kombinationen führen. Außergewöhnliche Ideen, Quantensprünge, nichtlineare Innovationen leben von fremden Zutaten. *Was ist Ihnen völlig fremd? Wovor ekeln Sie sich? Was haben Sie sich noch nie getraut? Was widerstrebt Ihnen?* Dort liegt das für Sie Neue, Paradoxe, Fremde! »Sie müssen etwas tun, was sonst niemand tut. Sie müssen denken, wie sonst niemand denkt. Stattdessen Tag für Tag genau dasselbe zu konsumieren wie alle anderen auch, hilft dabei nicht«, schreibt Yann Girard @girard_yann in seinem Blogartikel *»Why You'll Never Build the Next Facebook«.* **SIE WERDEN DAS NÄCHSTE FACEBOOK NICHT BAUEN, WEIL SIE VIEL ZU SEHR AN FACEBOOK DENKEN.** Facebook belegt Ihre Aufmerksamkeit. Kein Platz für Neues. »Aldi lässt sich nicht mit Aldi schlagen«, schrieb Martina Goy 2003 auf welt.de. Facebook lässt sich nicht mit Facebook schlagen. Immer dasselbe hilft Ihnen nicht. Das gilt nicht nur für Sie als Person.

Es gilt genauso für ganze Unternehmen. »Je ähnlicher der Wissens- und Erfahrungshintergrund der Beschäftigten, desto unwahrscheinlicher ist es, dass in der Zusammenarbeit wirklich ungewöhnliche Ideen entstehen«, stellte das Fraunhofer-Institut in der Studie »Wettbewerbsfaktor Kreativität« von 2000 fest. Ihre Mitarbeiter, die Sie zur Wertschöpfung eingestellt haben, verhindern ungewöhnliche Ideen. Ungewollt natürlich. Sie hemmen sich durch Gleichheit. Das wiederum liegt an Ihrer eigenen Personalauswahl. Leider ist die Fraunhofer-Studie aus dem Jahr 2000 nicht veraltet, denn dahinter steckt ein uraltes Prinzip: Gleich und Gleich gesellt sich gern. Thomas Sattelberger plaudert aus dem Nähkästchen. Er war als Personalmanager unter anderem bei der Lufthansa und der Telekom leitend tätig: »Konzerne sind Bürokratien, sind kultivierte Zuchthäuser, äh, Züchtigungshäuser. Das Gesetz der homosozialen Reproduktion, dass Ähnlichkeit Ähnlichkeit anzieht und Ähnlichkeit befördert wird, belohnt wird, wertgeschätzt wird, das ist Gesetz aller großen Bürokratien«, sagte er 2015 im Gespräch mit Gunnar Sohn[23]. Der Stratege Gary Hamel untersuchte Branchen und beschrieb deren Blindheit und Gleichheit: »Die meisten Angehörigen einer Branche sind auf die gleiche Weise blind. Sie achten alle auf die gleichen Dinge und sind den gleichen Dingen gegenüber unaufmerksam. Führungskräfte, die einen großen Teil ihrer Zeit damit verbringen, dieselben Fachmessen zu besuchen, dieselben Branchenmagazine zu lesen und denselben E-Business-Schwadronen zuzuhören, beschleunigen das Tempo der strategischen Konvergenz.«[24]

Blind und unaufmerksam wird alles Unpassende aussortiert. Genau dieses Unpassende brauchen Sie aber für Innovationen. Was Hamel »strategische Konvergenz« nennt, das nennt Tom Peters den »Fluch der Gleichheit: alles schmeckt gleich, fühlt sich gleich an, rechnet gleich und sieht gleich aus«.[25] Zu beobachten ist eine weltweite Angleichung der Strategien und Produkte. Bäckermeister bedauerten schon 2002: »Brot schmeckt überall gleich. Die regionalen Unterschiede verwischen.« Das gilt für Brot genauso wie für alle anderen Produkte und Services: **GLEICHE ZUTAT PLUS GLEICHE ZUTAT ERGIBT IMMER DIE GLEICHE KOMBI-NATION.** Roberto Verganti, Professor für Leadership und Innovation in Mailand, beobachtet, dass sogar Externe gleich gepolt sind: »Unternehmen tendieren dazu, Kunden und andere Teilnehmer einzubeziehen und zu befragen, die die Richtung des Unternehmens unterstützen und abtun, was abseits vom eingeschlagenen Weg liegt.«[26] Mitarbeiter verstärken den Fluch der Gleichheit, wenn jeder liest, was alle lesen, und jeder sieht, was alle sehen. Dann fehlt Fremdes, Paradoxes und Unpassendes. Branchenvertreter gehen auf dieselben Fachmessen, lesen dieselben Magazine und werden von ihren Kollegen im Gleichen bestärkt, die dasselbe denken, machen, lesen und berichten. Ganze Branchen verpassen das Fremde, Paradoxe und Unpassende. Standard und Langeweile pur. Dabei sind Ihre Mitarbeiter und Kooperationspartner mit Abstand die wichtigsten Spieler an Bord.

Mitspieler

Wer steht zum Mixen bereit? Wer entwickelt die Produkte und Dienstleistungen weiter? Wer kann grenzenlos spinnen? Wer will ins Neuland? Die Fähigkeiten, Fragen und Erfahrungen Ihrer Kollegen und Kooperationspartner sind wichtige Zutaten. *»Ein fantasievoller Einsatz von Partnern kann der Schlüssel zu einer Branchenrevolution sein.«*[27] Außergewöhnliche Menschen bringen außergewöhnliche Zutaten mit. Fremde Meinungen regen den Ideenfluss an, sie sind eine Voraussetzung. Laden Sie Unpassendes, Fremdes und Außergewöhnliches ein. Bestimmen Sie das Maß an Vielfalt, die Sie brauchen und integrieren können. Menschen mit sich ergänzenden Fähigkeiten lösen Probleme prinzipiell vielfältiger, als ein Einzelner es könnte. Wenn sich Mitarbeiter zu lange kennen oder von ihrer Ausbildung und Herkunft zu ähnlich sind, wird das Spiel fad und langweilig. Sie brauchen A-Spieler und O-Spieler in der perfekten Aufstellung. Die meisten Menschen tendieren zu einer Seite, mehr A oder mehr O. Entscheidend ist der gegenseitige Respekt. A-Menschen müssen O-Menschen respektieren, alte Hasen die frischen Küken. Und umgekehrt! Der häufig als Genie bezeichnete Thomas Alva Edison war Teil eines Teams. Das Team Edison war eine kreative Mannschaft. Auch Nikola Tesla arbeitete im Team Edison. Allerdings kündigte er nach einem halben Jahr wieder, da er Edison für ein »Arschloch« hielt. *Welche Partner und Kernkompetenzen wünschen Sie sich im Spiel? Auf welche Kompetenzen können Sie bauen? Wer begeistert Sie so, dass er in die Mannschaft geholt wird? Welche Stärken, Schwächen, Ressourcen und Talente sind im Team vorhanden? Was ist stark? Was ist schwach? Was fehlt? Welche Kompetenzen gewinnen Sie hinzu, um Ihr Angebot zu verstärken? Sind A & O im Team vertreten? Sind die Mitglieder zu Teamplay in der Lage, gehen sie respektvoll miteinander um?*

IHR DREH- UND ANGELPUNKT IST DIE PARTNER- UND PERSONALAUSWAHL. Fragen Sie sich zunächst: *Wollen Sie innovieren? Wirklich?* Innovation ist ein Krimi. Wandel ist unbequem. Viele Unternehmen leben sehr gut von Standardprodukten. *Warum verändern?* Ideen sind kein Selbstzweck. Wenn Sie wirklich innovieren wollen, fragen Sie sich, ob Sie die richtigen Mitarbeiter für A & O haben. *Sind Ihre Mitarbeiter vielfältig oder zu ähnlich? Fluch der Gleichheit oder der perfekte Mix? Suchen Sie ernsthaft Regelbrecher, die widersprechen? Querdenker, die kreuz und quer spinnen? Suchen Sie Vorstellungskraft, die alles in Frage stellt? Kommen unbequeme Knallköpfe und kreative Changemaker überhaupt durch das Bewerbungsverfahren Ihres Unternehmens? Bewerben Sie sich mal inkognito im eigenen Unternehmen. Werden Sie eingeladen?* Lotus Notes lebte seit dem Markteintritt 1982 von einem einzigen erfolgreichen Produkt. Die Belegschaft war 1985 auf über 1000 Mitarbeiter gewachsen. »Ein enttäuschter Veteran beschrieb sie als langweilige Menschen, die noch nie in ihrem Leben ein Produkt entwickelt haben und keinen Funken Teamgeist besitzen«.[28] *Wo war der Erfindergeist geblieben?* Es waren erst drei Jahre seit der Gründung vergangen. Der Umsatz hatte sich von 53 Millionen Dollar 1982 auf 156 Millionen Dollar 1985 verdreifacht. Der neue CEO hatte eine Vertriebsorganisation aufgebaut, und die Pioniere von Lotus fühlten sich darin nicht mehr wohl. Mitchell Kapor, einer der Gründer, wollte wissen, wie sich die Personalauswahl verändert hatte. Seine Frau Freada Klein, die auch Managerin bei Lotus war, nahm die Lebensläufe der ersten 40 Lotus-Mitarbeiter einschließlich der Gründer, veränderte die Namen und schickte alle 40 Lebensläufe ins aktuelle Auswahlverfahren der Personalabteilung. Viele spannende Menschen mit verrückten Ideen und außergewöhnlichen Erfahrungen. Doch keiner der 40 Pioniere wurde zum Vorstellungsgespräch eingeladen. Drei Jahre nach der Gründung siebte Lotus alle kreativen Typen aus.

Lotus bevorzugte Mainstream-Vertriebs-A statt außergewöhnliche-Ideen-O. O geht verloren. Das passiert jedem erfolgreichen Unternehmen. Erfolg braucht standardisierte Abläufe (A), und das macht Organisationen unkreativ. Die kreativen Gründer (O) wurden nicht mehr gebraucht. *Ein Armutszeugnis? Oder eine sinnvolle Entscheidung?* Das Auswahlverfahren bevorzugte andere Bewerbertypen, und die hatten den Umsatz verdreifacht. Es bestand bei Lotus gar kein Anlass, selbstkritisch zu sein. Der Erfolg gab der Personalabteilung recht. Die Personalauswahl hängt an Ihrem Ziel. *Mainstream-Wachstum? Innovationsrisiko? Was wollen Sie erreichen? Wen brauchen Sie dazu im Team? Wer fehlt? Suchen Sie A? Oder O? Analytiker? Kritikfreie Spinner? Widersprecher? Regelbrecher?* Eine Überschrift in einem Personalmagazin elektrisierte mich: »Personalsuche im Knast«. Menschen, die in ihrer Jugend mit dem Gesetz in Konflikt geraten sind, sind im Berufsleben mit signifikant höherer Wahrscheinlichkeit kreativ und innovativ. Warum? Diese Menschen haben Regeln gebrochen.

OHNE REGELBRUCH KEINE INNOVATION. Wer nie ein Gesetz gebrochen hat, hat schlechte Karten, innovativ zu sein. *Wollen Sie sich Regelbruch ins Haus holen? Das ist anstrengend! Suchen Sie Mitarbeiter, die Ihre laaaaaaaaangweiligen Stellenanzeigen lesen? Oder suchen Sie auf originellen Wegen Verstärkung für Ihr Team?*

Wenn Sie Ingenieure oder Softwareentwickler suchen, verlosen Sie unter allen qualifizierten Bewerbern Tickets für das Heavy Metal-Festival in Wacken. Sie werden überdurchschnittlich viele gute Bewerbungen bekommen. *Warum?* Weil Ingenieure und Softwareentwickler häufiger als andere Berufsgruppen in Wacken tanzen und die Tickets sehr begehrt sind. Wenn Sie Ihre Attraktivität für alle Bewerber steigern wollen, veröffentlichen Sie auf Ihrer Webseite einen Musikstream der Lieblingsmusik aller Kollegen. *Und wie gewinnen Sie 30 Elektriker in 15 Tagen?* Stecken Sie zwischen alle Kabelbinder in allen Baumärkten der Umgebung Flyer mit dem Text: *»Wollen Sie im Trockenen arbeiten? Kommen Sie zu XYZ!«* Unternehmen müssen sich entscheiden. *Wollen Sie so sein wie Lotus 1982 oder Lotus 1985? Gründer-Spinner oder Vertriebsmainstream? Suchen Sie mutige Menschen, die mit Ihnen ins Unsichere der Innovation gehen? Könnten Sie von reisefreudigen Bewerbern und Menschen mit Lücken im Lebenslauf profitieren?* Auch im Recruiting herrscht der Fluch der Gleichheit: »Personalpolitik klont nur und lässt wenig Individualität zu«, klagt Thomas Sattelberger an. Der Innovations- und Fachkräfteengpass wird bestimmt durch die Engstirnigkeit der Suchenden. **OHNE RISIKO UND REGELBRUCH KEINE INNOVATIVEN MITARBEITER.** Null Risiko + null Regelbruch = null Innovation. Der sogenannte *War for talents* läuft. Selbstverständlich. Weltweit! Es ist ein beinharter Wettbewerb um Talente. Es war schon immer anspruchsvoll, gute Mitarbeiter zu finden. Noch anspruchsvoller ist es, Mitarbeiter zu finden, die zum Risiko der Innovation bereit sind. *Wie finden Sie heraus, ob Mitarbeiter risikobereit sind? Achten Sie auf Versuche, Missglücktes und Lücken? Wen suchen Sie? Lückenlose Menschen? Menschen, die in ihrer*

Jugend mit dem Gesetz in Konflikt geraten sind? Musiker, die im Jazz musikalisch improvisieren? Bewerber, die im Wacken-T-Shirt zum Vorstellungsgespräch kommen? Kennen Sie die Lieblingsmusik Ihrer Mitarbeiter? Kennen Sie alle Talente und Fähigkeiten Ihrer Kollegen? Welche Sprachen sprechen Ihre Mitarbeiter als zweite Muttersprache? Mit welchen Hobbys gewinnen Ihre Mitarbeiter Medaillen? Wie schaffen Sie den perfekten Mix, wenn Sie das nicht wissen? Veranstalten Sie eine Team-Talente-Show, lassen Sie sich überraschen. Worin sind Ihre Mitarbeiter meisterhaft gut? Welche Stärken werden ausgebaut? Wer trainiert Ideenfitness? Zähmen oder fördern Sie Unsinn, Irrsinn und Quergeist? Welche Teams schweißen Sie zu Innovations-Taskforces zusammen? Schicken Sie Trendscouts um die Welt? Wer füllt Ihre Vorratskammern?

Zusammenarbeit ist immer ein Risiko. »Ich bin bereit, auf die Kontrolle eines anderen zu verzichten, weil ich erwarte, dass der andere kompetent, integer und wohlwollend ist«, schreibt Reinhard K. Sprenger in Vertrauen führt. Welche Werte, Leit- und Menschenbilder prägen Ihren Umgang mit Mitarbeitern und Partnern? Handeln Sie nach dem Motto: »Na klar bescheiße ich, ich werde ja auch überall beschissen«, oder schaffen Sie eine Atmosphäre des Vertrauens gegenüber Mitarbeitern, Partnern und Kunden? Ich vertraue Menschen. Meistens wurde das Vertrauen belohnt. Manchmal wurde ich enttäuscht. Aber ich will das Rad nicht alleine drehen. Im Team mit anderen Menschen macht mir Ideenentwicklung mehr Spaß. Unterschiedliche Kollegen und externe Partner bringen mehr Erfahrungen und Kompetenzen mit. Zusammen mit anderen schaffe ich mehr. Deshalb lasse ich mich immer wieder auf das Abenteuer der Zusammenarbeit ein. Alleine kann ein Mensch wenig bewegen, große Ziele erreichen wir miteinander. Da es immer anders kommt, bleibt nur Vertrauen. **DIE MANNSCHAFT BESTIMMT DIE INNOVATIONSLIGA.** Mannschaften können reifen. Mitarbeiter können üben, dass der Steilpass als Vorlage ankommt. Vertrauen kann wachsen.

Mittelpunkt

Keiner ist kundiger als Ihre Kunden. Lassen Sie Ihre Kunden mitspielen! Niemand kennt die Stärken und Schwachstellen Ihrer Produkte und Dienstleistungen besser als die, die sie nutzen. Kunden sind so nah dran! *Wie nah sind Sie am Kunden? Wie dicht rücken Sie ihm auf die Pelle? Wann haben Sie zum letzten Mal mit Kunden gesprochen? Wann haben Sie einem Nutzer zugesehen? Kennen Sie einen oder 999 Kunden persönlich? Wie bekommen Sie deren Wissen, Ideen und Verbesserungswünsche? Sind Sie leicht erreichbar? Oder schotten Sie sich ab? Wie verstehen Sie Kunden? Sprechen Sie deren Sprache? Hören Sie genau zu? Nehmen Sie Kunden beim Wort? Interpretieren Sie Ihre eigenen Vorstellungen hinein? Lernen Sie zuzuhören?*

Eine einfache Übung, um das Zuhören und Erkennen von Kundenwünschen zu lernen: Wenn Sie mit Freunden oder Kollegen zusammen sind, bitten Sie eine Person, einen Zukunftswunsch zu äußern, der nicht zu leicht erreichbar ist. Ob es materieller Besitz, eine Reise, eine Feier, eine Initiative, ein Jobwechsel oder eine Unternehmensgründung ist, spielt keine Rolle. Der Wunsch wird detailreich geschildert. Drei Personen aus der Runde machen ein fiktives Angebot – alles ist möglich –, das den Wunsch erfüllen soll. Sie werden überrascht sein, wie unterschiedlich die drei Angebote ausfallen, obwohl alle drei denselben Wunsch gehört haben. Wenn alle drei Anbieter erzählt haben, wählt die Person, die den Wunsch hatte, ein Angebot aus. Bis zur Auswahl ist völlig offen, welches Angebot das Rennen macht. Es gibt immer persönliche Gründe, zuzugreifen oder abzulehnen. Manche Anbieter haben dafür eine Antenne, andere nicht. In einem meiner Workshops äußerte eine Teilnehmerin den Wunsch nach einem Häuschen an einem idyllisch ruhigen Ort. Eine Kollegin bot ihr daraufhin ein ruhiges Haus an. In der Nachbarschaft sei sogar ein Hof mit verhaltensauffälligen Jugendlichen, die ihr kostengünstige Möbel bauen würden. Der Fokus lag auf den erschwinglichen

Möbeln. *Doch was hörte die Kollegin?* Unruhe in der Nachbarschaft, was dazu führte, dass dieses Angebot abgelehnt wurde. Häufig ist es ein unbedachter Nebensatz, ein Detail, das den Ausschlag gibt. Bei der gleichen Übung mit anderen Kunden äußerte ein Teilnehmer ebenfalls den Wunsch nach einem Haus in völliger Ruhe, gerne in Norwegen mit Blick auf einen See. Angeboten bekam er: »Ich organisiere Ihnen den ganzen Haushalt, ich mache alles und lese Ihnen jeden Wunsch von den Lippen ab.« Der Kunde lehnte dieses Angebot ab und wählte ein Haus. Die Haushaltshilfe war völlig überrascht, dass er ihr Angebot ablehnte. Sie fragte dreimal nach, warum er ihr tolles Angebot abgelehnt hatte.

WEN STELLEN SIE IN DEN MITTELPUNKT IHRER IDEEN? WEM HÖREN SIE ZU? WER HAT BEI IHNEN DIE KRONE AUF?

Sie? Die Idee? Der Markt? Die Eigentümer? Die Vorsitzenden? Die schöne neue Welt? Die Kunden? Die Nutzer? Wo haben Sie sich als Kunde königlich behandelt gefühlt? Wie war das für Sie? Wie wurde Ihnen das Königsgefühl vermittelt? Übertragen Sie Ihre beste Service-Erfahrung auf Ihr Angebot. Drehen Sie Ihre schlimmste Servicewüsten-Erfahrung um und überlegen Sie, wie Sie es besser machen. Sprechen Sie mit Kunden, sooft es geht, um sie zu verstehen. Von Kunden bekommen Sie Zutaten in Form von Lob, Ärger, Wünschen, Fragen, Nöten. »Es geht längst nicht mehr darum, den Kunden zuzuhören. Es geht darum, die Kunden auf den Fahrersitz zu setzen ... und ihnen die Autoschlüssel zu geben«, so Tom Peters in *Der Innovationskreis. Lassen Sie Kunden entscheiden?* Über den deutschen Titel des vierten Harry-Potter-Bandes wurde von über 26 000 potenziellen Lesern im Internet abgestimmt.

Wie erkennen Sie Kunden? Wie erkennen Sie neue Zielgruppen? Können Sie die folgenden Fragen beantworten? Was tragen Ihre Kunden? Was ziehen sie an? Wie bewegen sie sich? Fahren sie Auto? Fahrrad? ÖPNV? Bahn oder Fernbus? Welche Musik hören sie? Welche Idole haben sie? Gehen sie in Konzerte? Meiden sie größere Menschenmassen? Sitzen sie im Kino in der ersten oder letzten Reihe? Schauen sie sich Filme einmalig oder mehrfach an? Haben sie einen Twitter-, Instagram- oder

Pinterest-Account? Welchen Messenger nutzen sie? Lesen sie Bücher, Blogs, Magazine? Schreiben sie Bücher, Blogs, Magazine? Kaufen sie jeden Tag wenig ein oder an einem Tag viel? Trinken Sie viel oder wenig? Wein oder Bier? Essen sie exklusiv oder günstig? Regional oder vegan? Bevorzugen sie helle, grelle oder dunkle Farben? Leben sie allein oder in Gruppen? WG oder Familie? Stadt oder Stadtrand? Kleinstadt oder Dorf? Haben sie Kontakt zu den Nachbarn? Lieben sie Tiere? Haben sie Tiere zuhause? Groß oder klein? Eins oder viele? Lieben sie die Natur? Treiben sie Sport? Langschläfer oder Frühaufsteher? Kurz oder lang? Lustig oder ernst? Gesund oder häufig krank? Wer beeinflusst sie? Wen beeinflussen sie?

Der Finger am Puls des Kunden entfacht ein Pingpongspiel, ein kontinuierliches Mixen, Testen und Reifenlassen im Zusammenspiel mit Kunden. »Es entsteht ein Wechselspiel, in dem sich Kunden und das Unternehmen gegenseitig zu kreativen Leistungen herausfordern.«[29] Achtung: Sie können sich an Kunden anketten, alles von ihnen wissen und doch mit Angeboten daneben liegen. Kunden wissen oft selbst nicht, was sie wollen. »Unsere Aufgabe ist es, dem Kunden zu geben [...], wovon er noch nicht einmal im Traum wusste, dass er es haben wollte«, empfiehlt der Designer Dewys Lasdon in Tom Peters' *Der Innovationskreis*. Kunden können wichtige Hinweise liefern. Aber die radikalen Ideen jenseits des Tellerrandes bleiben die Aufgabe und Verantwortung der Ideen-Rocker. Es liegt an Ihrer Kreativität herauszufinden, mit welchen verbesserten Angeboten Sie beim Kunden punkten. Um Kunden und deren Bedürfnisse ins kreative Spiel einzubeziehen, gehen Sie raus. Verlassen Sie Ihre vier Wände. Wo können Sie Ihre Kunden beobachten? Fußballscouts gehen zum Bolzplatz, um den nächsten Messi oder Ronaldo zu finden. Ihre Zielgruppe zu beobachten bringt Ihnen ganz andere Eindrücke, als Kunden zu befragen. *Wo können Sie Ihre Kunden beobachten? Wie nutzen Kunden Autos, Messer oder Einkaufswagen? Was essen sie wirklich? Was ärgert sie am häufigsten im Alltag?* Die Realität sieht meistens anders aus als in der eigenen Vorstellung. Gehen Sie hin! Schauen Sie zu!

Überfluss

Zutaten sind im Überfluss vorhanden. Alles, was Sie mit Ihren Sinnen wahrnehmen, das gesamte Weltwissen kann eine Zutat werden. Zutaten liefert der Alltag in Form von Fragen, Problemen, Events, Bildern, Büchern, Artikeln, Schlagzeilen, Gesprächen, Hobbys, Produkten, Ärger, Freude, Missgeschicken und in allem anderen auch.

An welchen Schaufenstern klebt Ihre Nase? Wen nerven und löchern Sie? Sind Sie dem Neuen auf den Fersen? Saugen Sie ungewöhnliche, unpassende Zutaten auf? Sind Sie bereit, anders zu suchen? Durchbrechen Sie »Gleich und Gleich gesellt sich gern«? Bietet Ihre Vorratskammer Zutaten zum Undenkbaren? Glauben Sie auch, dass neue Ideen aus neuen Kombinationen entstehen? Was haben Sie heute neu kombiniert? Hatten Sie die Zutaten dazu vorrätig? Haben Sie bewusst neue Zutaten gesucht? Welche Beobachtung gab den Anstoß zur Idee? Hat Ihr Mut Gedankenbeton gesprengt? Sind Sie bereit, an den Überfluss an Zutaten zu glauben? Sind Sie bereit, vorzusorgen und sich reichlich einzudecken? Bringen Sie wache Sinne, offene Aufmerksamkeit, fragende Neugier mit? Verlassen Sie Ihr Büro? Suchen Sie Zutaten an ungewöhnlichen Orten?

Die Design-Vorreiter von IDEO haben die Ergebnisse von drei Gruppen verglichen, welche dieselbe Aufgabe hatten. Eine Gruppe mixte Ideen spontan ohne Vorbereitung. Die zweite Gruppe bereitete sich mit Literatur zum Thema vor. Die dritte Gruppe ging zuvor in Spielzeugläden. Sie erreichte die höchste Quantität und Qualität an Ideen.[30]

IDEEN KOMMEN NIE AUS DEM NICHTS. Die Musikerinnen der Band Boy suchten für ihr zweites Album Anregungen und gingen dazu in Konzerte und Ausstellungen, sie spielten Touristen in ihrer Heimatstadt Hamburg. Der Sänger Bill Kaulitz von der Band Tokio Hotel sagt über kreative Arbeit: »Wir sind ganz viel gereist. Ich werde immer inspiriert von Städten und anderen Menschen, Beziehungen und Begegnungen mit anderen Leuten. Alles Themen, die man in Songs verarbeitet.«[31]

Gehen Sie wie die Band Boy in Ausstellungen? Oder wie Tokio Hotel auf Partys und Reisen? »Die Kunst besteht [...] im Durchleuchten und Abklopfen der gegenwärtigen Kultur nach Anzeichen zukünftiger Entwicklungen. Die Keime sind überall vorhanden – man muss nur Augen und Ohren aufmachen: in Restaurants, Bars und Clubs; auf der Straße; in der Musik, die wir hören; in den Illustrierten und Nachrichtenmagazinen, die wir lesen; in den Fernsehprogrammen, die wir anschauen«, so Faith Popcorn in *Clicking. Lassen Sie sich inspirieren durch Formen und Farben, Architektur und Mode, Ecken und Kanten?* Design umgibt uns überall in der Stadt, im Club und im Lieblingsrestaurant. Wirkung durch Design. Design stiftet Lebensgefühl, Wohlbefinden oder Unbehagen. Nutzen Sie Fotos auf Instagram, Pinterest, EyeEm zur Augenweide. Sammeln Sie Gratispostkarten aus Cafés. Jedes Motiv kann zur Anregung werden. Zücken Sie Ihre innere Lupe, suchen Sie spannende Details. Spielen Sie Fotoapparat. Schließen Sie Ihre Augen. Ein Freund oder Kollege führt Sie im Büro oder in der Stadt herum. Vor spannenden Motiven gibt er Ihnen ein Zeichen. Sie öffnen nur für eine Millisekunde die Augen. Das Bild brennt sich spontan ein. Sie sehen neue Ausschnitte, Muster und unbekannte Details. Sie schauen anders hin, weil Sie wie eine Kamera überrascht werden. Ist Ihr Ziel Exklusivität, besuchen Sie exklusive Orte anderer Branchen. »So geht das Kreativ-Team einer hochpreisigen Fruchtsaftmarke auf Exkursion in Juweliergeschäfte, französische Gourmet-Tempel und Fünf-Sterne-Hotels, um ein tieferes Verständnis des Premium-Prinzips zu entwickeln. Werden neue Packungsideen gesucht, bieten sich Parfümerien, Lagerhäuser oder zoologische Gärten an – alles Orte, an denen Produkte oder Tiere kreativ verpackt sind«, schreibt Professor Dr. Peter Schütz im Artikel »Durchbruchsinnovation« in *absatzwirtschaft 8/2001.*

Was passiert in Ihrem Umfeld? Kommen neue Konkurrenten auf den Markt? Welche Strömungen zeichnen sich ab? Welche Gesetze wurden geändert? Welche Etats wurden beschnitten oder vergrößert? Haben aktuelle Ereignisse neue Themen salon-

fähig gemacht? Wie entwickelt sich das Kaufverhalten in einer Branche, Region oder Zielgruppe? Gibt es überhaupt noch Zielgruppen? Lesen Sie Zahlen von den Statistischen Landesämtern und vom Statistischen Bundesamt? Welche Veränderungen kommen in den nächsten zwei, drei, fünf Jahren auf Sie, Ihre Schule, Ihr Dorf, Ihre Firma, Ihre Branche zu? Welche Trends setzen sich durch? Welche Chancen stecken für Sie in diesen Veränderungen? Welche Risiken bergen diese Trends? Was können Sie jetzt konkret tun, um sich darauf vorzubereiten? Welche Blogs lesen Sie? Schauen Sie Filme?

In dem Film Zurück in die Zukunft II schlüpft Marty McFly in einen selbstschließenden Turnschuh. Ein solcher Schuh ist nun tatsächlich entwickelt worden: »Nie mehr bücken müssen – zumindest nicht zum Schuhe zubinden. Einfach in den Sneaker steigen, per App die Schnürsenkel schließen und dann noch bestimmen, wie fest die Schnürsenkel angezogen werden sollen.«[32] Sie müssen nicht in die Zukunft reisen. Ein Blick von oben verschafft auch viele Zutaten. Man kann Entwicklungen, Zusammenhänge, Muster, Sinnloses und Trends erkennen. Stellen Sie sich vor, Sie schauen vom Hubschrauber auf die logistischen Leistungen in einem Krankenhaus. Sie erkennen Muster und Schwachstellen, die sich aus dem Gewirr herauskristallisieren. Mit dem Blick von außen und mit Abstand lassen sich Zusammenhänge erkennen und verändern. Bei dem Blick auf ganz Berlin fragte sich der Gründer von StattAuto, warum die meisten Autos meistens herumstehen und ungenutzt an Wert verlieren. Aus dem Blick von oben entstand Deutschlands erstes Car-Sharing.

Auch der Blick auf gesellschaftliche Entwicklungen liefert Zutaten. Berlin stellte mit 5000 Demonstrationen 2015 einen neuen Demo-Rekord auf. *Sind die Menschen unpolitisch oder engagiert? Politikverdrossen oder aktiv bei Flüchtlingen?* Die Zahl der Vereine, Genossenschaften und Stiftungen wächst, es gibt siebenmal mehr als vor 50 Jahren. *Welche Auswirkungen haben engagierte Menschen und eine demokratische Gesellschaft auf Ihre Ideen? Wer prägt Meinungen? Wem hören wir zu? Über wen wird berichtet? Wie alt sind Mei-*

nungsmacher? Die Volksvertreter im Deutschen Bundestag sind im Durchschnitt 49,5 Jahre alt, die Deutschen 45 Jahre. In Kenia liegt der Durchschnitt bei 19 Jahren und in Israel bei 29 Jahren. Zutaten über Zutaten. *Könnte das Alter einen Einfluss darauf haben, welche Interessen vertreten werden? Wer wird ernst genommen?* Als Anfang der 90er Jahre in Boston, USA, die Kriminalität durch Straßengangs zu vielen Toten führte, setzen sich Schüler an die Spitze einer Bewegung gegen Gewalt, sie organisierten Demonstrationen, hielten öffentliche Reden und machten dem Bürgermeister Vorschläge zur Lösung der Probleme. Sie wurden von den Erwachsenen ernst genommen, und die Probleme wurden langfristig gelöst. *Ist das in Europa denkbar? In Ihrer Stadt?*

Eine wesentliche Zutat sind Sie selbst mit Ihren Wünschen, Träumen, Sichtweisen und Erfahrungen. Eine einmalige Kombination. Martin Buber sagte: »Mein Leben ist die Summe meiner Begegnungen.« Ihre Begegnungen sind Ihre Zutaten. Hätte ich die Bürgermeisterkandidatin Ingrid Stahmer und den Regierenden Bürgermeister von Berlin Eberhard Diepgen nicht für eine Talkshow mit 140 Schülern gewonnen, hätte mich Ida Landsberg nie gefragt: *Warum machen wir das nicht mal mit Künstlern?* Mich packte das Thema Menschenbilder, als ein Schüler sagte: »Na klar bescheiße ich, ich werde ja auch beschissen.« Zwei Zutaten. Menschenbilder + Künstler. Daraus wurde der künstlerisch-kreative Wettbewerb zum Thema Menschenbilder. Radikal neu war die große Jury mit 300 Künstlern, Journalisten, Politikern, Pädagogen, verteilt auf sieben Themen in sieben Jahren. Niemand sonst hätte das so gemacht. Ideen hängen an der Begeisterung und Biografie der Ideen-Rocker. Keiner ist wie ich Innnovationsmanager, Theologe, Arbeitsmarktexperte, Autor, Mentor, Berufswahl-Coach, Gründer, Unternehmer, Personalverantwortlicher, Menschenfreund, Freiwilligen-Koordinator und aktiver Vater von drei Kindern. Diese Mischung und diese Biografie gibt's nie wieder. Der Mix macht's. Daher wird auch niemand dieselben Ideen haben wie ich. Und dasselbe gilt für Sie! Es ist Ihr Ding, Ihre Vision, Ihr Traum, Ihre Mission, Ihr Fokus. Ihr Fokus prägt Ihre Wahrnehmung. Saugen Sie sich wie ein Schwamm voller Zutaten. Nutzen Sie Apps, ein Notizbuch, Ihre Kamera, Instagram als Zutatenspeicher. Notieren Sie Positives, Negatives und Interessantes. Positives übertragen Sie. Negatives machen Sie besser. Interessantes bringt Zutaten zum Übertragen. Sammeln Sie aufregende Dienstleistungen und Produkte, die den Fluch der Gleichheit aufheben. *Welche Zutaten bringen Mehrwert und bewirken Unterscheidungskraft?* Die Gründer von stadtvisite.de erzählten mir, dass die Übung, interessante, positive und negative Beobachtungen in ihr Notizbuch zu schreiben, ihre Wahrnehmung am stärksten geschärft habe. Frei nach Oscar Wilde: »Ich reise niemals ohne mein Tagebuch. Man sollte immer etwas Aufregendes zu lesen bei sich haben.« Die ganze Welt ist eine riesengroße Zutat. Besuchen Sie Freunde und Fremde. Im Verein »Über den Tellerrand kochen« kochen Flüchtlinge Gerichte ihres Landes für Berliner, frei nach dem syrischen Sprichwort: »Wenn du bei mir isst, bist du mein Freund.«

fremd

OHNE DAS FREMDE (O) GIBT ES KEINEN NEUEN MEHR-WERT (A). Je mehr Fremdes und Unbekanntes Ihnen zur Verfügung steht, desto kreativer können Sie neu kombinieren. Sie brauchen außergewöhnliche Menschen, die außergewöhnliche und heterogene Zutaten einbringen. Fremde Meinungen regen den Ideenfluss an. *Begegnen Sie täglich Fremdem? Sind Sie offen dafür? Wächst Ihre Ideenfitness?* Wenn Sie in London leben, ist es wie im Schlaraffenland. Sie müssen nicht suchen, unterschiedlichste Kulturen begegnen Ihnen auf Schritt und Tritt. In London leben Menschen aus aller Welt. Die Vielfalt macht London zur europäischen Gründerhauptstadt. Sie ist ein wesentliches Alleinstellungsmerkmal gegenüber fast allen anderen Tech-Hubs weltweit. In London werden über 300 Sprachen gesprochen. Diese Vielfalt hat eine positive Wirkung auf Kreativität, Fantasie und Innovation. Es ist dasselbe Prinzip »Überraschung« wie bei Senioren, die durch kleine Kinder fit bleiben. Kinder reden, spielen, handeln überraschend. Das schafft neue Verbindungen im Gehirn und hält die Großeltern frisch und fit im Kopf. Auch die Begegnung mit anderen Kulturen, 300 Sprachen, Menschen, die anders denken, reden und kochen, hält den Kopf fit. Die alltäglichen Überraschungen bilden neue Synapsen, neue Synapsen liefern neue Ideen. »In einer multikulturellen Gesellschaft zu leben ist wie tägliches Jogging: Es hält den Geist fit«, sagt der Sozialpsychologe Professor Richard Crisp.[33] Auch in New York ist die Vielfalt offensichtlich, in den Straßen und U-Bahnen hört man fast so viele Menschen Spanisch wie Englisch sprechen. Dazu kommt die vielseitige, erhabene und sich ständig wandelnde Architektur von NYC. Die Vielfalt der Stadt ist extrem inspirierend. Dort knallen die Synapsen.

Auch Berlin wird täglich internationaler und interkultureller. Doch der Blick auf die Stadt von außen ist ernüchternd und skizziert ein Haltungsproblem – in den Worten von Michael Baum, sechsfacher Gründer, Investor und CEO von Founder.org: »Ich war überrascht, wie wenig kulturelle Vielfalt in Europa geschätzt wird. Berlin ist zwar offener als vielleicht Hamburg oder München. [...] Was wir in den USA mitbekommen, ist, dass es keinen Dialog zwischen den unterschiedlichen Kulturen gibt. Alles, was an Kommunikation stattfindet, ist: ›Wir haben recht, ihr habt unrecht.‹«[34] Rechthaberei ist das krasseste Gegenteil von innovativem Zusammenspiel. Rechthaberei trennt, Innovation verbindet. Das Andere wird häufig als Gefahr wahrgenommen, denn es ist unbekannt. **DAS UNBEKANNT-SEIN IST GENAU DIE STÄRKE DES FREMDEN, DIE INNOVATION BRAUCHT.**

Neue Ideen brauchen Zutaten, die sich fremd sind. *Yachten aus Kunststoff? Naheliegend! Was ist daran fremd?* Yachten waren bekannt. Kunststoff war bekannt. *Zusammen?* Das geht nicht! »Die ist verrückt«, sagte man über die Erfinderin Annette Roux in den 60er Jahren. Aus ihrer Idee wurde der größte Serien-Yachthersteller der Welt. Alle haben sie ausgelacht. Und das muss so sein, denn Menschen können fremde Ideen nicht sehen. **»WER KREATIV IST, MACHT IMMER ZWEI SCHRITTE IN DIE DUNKELHEIT. ALLE KÖNNEN SEHEN, WAS IM LICHT LIEGT«**, sagt Benny Golson, Jazzmusiker und Komponist. Daniel Goleman zitiert den Künstler in seinem Buch *Kreativität entdecken*. Alles Bekannte wie Yachten und Kunststoff ist sichtbar im Licht. Die Kombination der beiden Elemente zu Kunststoffyachten lag verborgen im Dunkeln. Madame Roux war die Erste, die zwei Schritte in die Dunkelheit gegangen ist. Gary Larson, ein Cartoonist, spricht vom Stolpern am unbekannten Ort: »Kreativität heißt blind spazieren gehen, wo noch niemand gegangen ist, zu stolpern, zu fallen und mit einer duftenden Rose aufzustehen.« Ideen rocken zuerst in einem Kopf, dem Ideengarten. Dort kann Vorstellungskraft blühen. Niemand kann in die Dunkelheit eines fremden Gartens folgen. Niemand sieht, welche Ideen in den umliegenden Köpfen gezündet werden. Jeder Mensch hat absolut einmalige Ideen, die kein anderer Mensch jemals gesehen hat oder sehen wird.

Neues ist bisher fremd und unbekannt. Sie brauchen Antennen für Unpassendes und Absurdes. Ideen liegen fern von fertigen Lösungen. Je weiter Sie über den Tellerrand des Bekannten hinausgehen, desto absurder für alle anderen. Je absurder, desto weiter die Grenzüberschreitung in Unentdecktes. Ideen entstehen dort, wo noch nicht alles abgegrast, aufgedeckt und ausgeleuchtet ist. Innovation beginnt mit dem Mut der Innovatoren, das Sichtbare zu verlassen und ins Fremde einzutauchen. **KREATIVE SIND AN EINEM FREMDEN ORT, AN DEM BISHER NIEMAND WAR.** Wer im Sichtbaren bleibt, lässt sich täuschen von allem, was bereits vorhanden ist, so wie Charles H. Duell, als er das Patentamt schließen wollte. Innovation verbindet uns mit Fremdem.

Fremdes bietet die Chance zur Veränderung. Rechthaberei und Fremden-
feindlichkeit hingegen verhindern Innovation. Wer Veränderung ablehnt,
der muss im Fremden eine Gefahr sehen, denn Unbekanntes bringt
Wandel mit sich. Rechthaberei und Ignoranz lehnen fremde Ideen ab,
während Innovation das Unbekannte umarmt und willkommen heißt.
»Um wirtschaftliches Wachstum zu fördern, müssen wir aufgeschlos-
sen und vorurteilsfrei sein. Ideologie ist der Feind von Wachstum«, sagt
Dr. Dambisa Moyo, Autorin und Global Economist aus New York.

Ideologie muss recht behalten, das ist ihr Wesen, und sie verliert dabei immer die Fähigkeit zum Wandel. Ideologie kennt keine kreative, von
innen heraus brodelnde Innovation von Menschen, die aufbrechen und
Regeln brechen. Das verbietet Ideologie. Die Grundidee der Ideologie mag
noch so innovativ gewesen sein, zur Ideologie erstarrt, bleibt diese Idee
stehen und verkommt. Keine Idee bleibt innovativ. Jede Idee, die sich
durchgesetzt hat, wird etabliert und veraltet. Eine etablierte Ideologie
verhindert Neues so lange, bis der brodelnde Vulkan ausbricht. Gesünder
wäre permanenter Tabubruch und Lust auf Neues. Nichts ist so innova-
tionshemmend wie Ideologie und Rechthaberei. **VIELFALT BRINGT
DAS ANDERE UND DAS ABWEGIGE IN DEN MIX FÜR
UNBEKANNTE IDEEN.** Wer innovationsstark sein will, braucht
lebendige Vielfalt und keine So-und-so-Vorurteile. So einfach. Vielleicht
gerade deshalb so schwer.

Migration macht Menschen kreativer. Die einen brechen auf, beweisen Mut und gehen ins Risiko. Die anderen, die dort sind und die Fremden
empfangen, werden bunter. Migranten der ersten und zweiten Generation gründen 46 Prozent aller Firmen in den USA. Auch in Deutschland
gründen Menschen mit Migrationshintergrund häufiger als Deutsche. »Zu-
wanderer sind die heimlichen Jobmacher der Republik.«[35] Geschichtlich
betrachtet ist Migration der Normalfall. Menschen waren immer auf der
Suche nach guten Lebensbedingungen, oder sie wurden von Leid, Krieg

und anderen Menschen vertrieben. 1945 flohen zwölf Millionen Deutsche aus Vorpommern und Ostpreußen. *Waren die Flüchtlinge vor 70 Jahren in Deutschland willkommen?* Nein! Ihnen wurde vorgeworfen, sie wären dreckig, würden Krankheiten einschleppen und Frauen vergewaltigen. *Kommt Ihnen das bekannt vor?* Sechs Millionen Deutsche sind zwischen 1830 und 1932 in die USA ausgewandert. *Sie waren auf der Suche nach einem besseren Leben für sich und ihre Kinder.* 76 Millionen Einwanderer haben die USA bis heute aufgenommen, die größte Gruppe sind Europäer. Hillary Clinton schreibt Ende 2015 auf Twitter: »Unsere Vielfalt sollte gefeiert werden – nicht schlecht gemacht.« Und auch Präsident Obama trifft den Nagel auf den Kopf: »Wenn du kein Ureinwohner Amerikas bist, dann kam deine Familie von irgendwo sonst.«

Ideen leben von Neugier. »Angst vor dem Fremden muss man durch Neugier auf das Fremde überwinden. Das ist die Leistung, die Kultur erbringt«, schreibt Rüdiger Kruse (MdB) auf Twitter aus seiner Rede am 9.9.2015 im Deutschen Bundestag. Er trifft ins Schwarze. Neugier wecken, Begegnung schaffen: Es ist ein fortlaufender gesellschaftlicher Prozess, der nicht aufhört. Er beginnt mit dem Blick des Einzelnen über den Tellerrand. Wer das Neue als Bereicherung kennengelernt hat, will nicht mehr zurück in die Ideologie. Über 10 Prozent aller Deutschen helfen ehrenamtlich aktiv bei der Willkommenskultur und Integration von Flüchtlingen. Vielen Dank! Fremdes bereichert: »Mit Menschen zusammen zu sein, die anders als wir sind, macht uns kreativer und fleißiger«, so Katherine Phillips, Professor of Leadership and Ethics. Umgekehrt macht »Gleich und Gleich gesellt sich gern« dumm und faul. Gedankeninzest, bei dem sich alle recht geben, lässt keinen Raum für Wachstum. Man bleibt stehen. Das gilt für Einzelne, Gruppen und ganze Gesellschaften. **ES BRAUCHT REIBUNG, WIDERSPRUCH UND HERAUSFORDERUNG, UM VORANZUKOMMEN.** Fremdes ist ein Anstoß und führt weiter. Flirten Sie mit fremden Zutaten! Tauchen Sie ein in faszinierende, unterhaltsame, seltsame Welten. Unbekanntes, Unbequemes, Ungewöhnliches, Unpassendes und Unsinn bringen die Unterscheidung vom Alten und Etablierten. *Wie viele Menschen begegnen Ihnen täglich? Wen sprechen Sie an? Wie nutzen Sie Begegnungen? Wie sammeln Sie fremde Zutaten? Welche Kontakte sind Sackgassen, welche werden Autobahnen?*

Welche Begegnung für den weiteren Weg wichtig wird und welche Treffen im Sande verlaufen, weiß man nie im Voraus. Wertvolle Kontakte pflanzen sich fort. Was daraus wächst, ist eine Überraschung. Ohne fremde Hilfe erreicht man nichts Bedeutsames. Wer Ideen rockt, hat fremde Unterstützung.

Ein frohes neues Jahr

Lassen Sie sich nie wieder Zeit und Mut stehlen von Menschen, die »Geht nicht« sagen. Lachen Sie darüber. Machen Sie einen charmanten Witz. Bringen Sie Ihre Kritiker zum Lachen. Möglicherweise stellen Sie später selbst fest, dass Ihre Idee nicht die beste war. Aber geben Sie Ihre Idee nie auf, nur weil jemand »Geht nicht« sagt. Die Geschichte ist voller Ideen, die keiner für möglich gehalten hätte. *Was treibt sogar intelligente Menschen dazu, »Geht nicht« zu sagen? Ist es die Angst vor Veränderung? Bequemlichkeit? Oder die Angst, Privilegien, Ansehen, Einfluss und Jobs zu verlieren?* **HEISST »DAS GEHT NICHT« EIGENTLICH: »DER STATUS QUO IST FÜR MICH AM BESTEN, RÜHRT IHN NICHT AN!«?** Begründet wird die Absage dann pauschal mit »Das geht nicht« oder »Wir haben es immer so gemacht«.

Für mich war der Mauerfall das größte Wunder in meinem Leben. Ich wurde sieben Jahre nach dem Mauerbau in Westberlin geboren. Meine Eltern kommen aus Bützow in Mecklenburg-Vorpommern und Wacken – ja, dem Wacken! – in Schleswig-Holstein. Ich bin halb Ost- und halb Westdeutscher. Für mich stand die Mauer fest. Ein vereintes Deutschland lag für mich jenseits der Vorstellungskraft. In der Geschichte hatte keine Mauer ewig gestanden. Auch die deutsche Mauer würde bröckeln und im Museum enden. Ich wusste, dass meine Kinder oder Enkel den Mauerfall erleben würden. Aber für mich stand felsenfest, dass die Mauer mein ganzes Leben lang steht und Deutsche von Deutschen trennt. Jetzt wissen wir, die Mauer stand nur 28 Jahre. So lange wie sie stand, ist sie schon wieder weg.

Um meine enge Beziehung zur Mauer und das einschneidende Erlebnis des Mauerfalls besser zu verstehen, lade ich Sie in eine fremde Welt ein: Partys unter Stasi-Bewachung und die Sprengung meiner Vorstellungskraft. Seit 1985 feierte ich als Westberliner Partys bei Freunden in Ostberlin. Die Mauer trennte die Stadt. Bedrohlich. Lebensgefährlich. Für Freunde in Westberlin lag Frankreich mental näher als Ostberlin. Immer, wenn ich nach Ostberlin zur Party fuhr, fragten mich Freunde: »Warum fährst du immer rüber? Da ist doch alles grau!« Wer so fragte, wurde von mir zur nächsten Ost-West-Party eingeladen. Hinterher kam immer dieselbe überraschte Reaktion: »Die sind ja so wie wir! Hören dieselbe Musik, reden über dieselben Themen, tragen coole Klamotten. Das hatten wir uns ganz anders vorgestellt!« Die Realität sah anders aus als die Vorurteile. Warum? **WENN WIR ETWAS NICHT KENNEN UND NICHTS DARÜBER WISSEN, HABEN WIR TROTZDEM EINE MEINUNG DAZU.** Wir stellen uns ein Bild vor: Alles klar, das ist so und so. Doch meistens irrt sich unsere Vorstellung, und die Realität ist anders. Was wir nicht selbst gesehen und erfahren haben, schätzen wir oft völlig falsch ein und verbreiten diese falschen Bilder und Vorurteile. Das ist kein Vorwurf, das ist einfach nur menschlich.

Vier Jahre vor dem Mauerfall klingelte das Telefon. 1985 gab es nur ein einziges Telefon in unserem Haus. »Martin, Telefon für dich«, rief meine Mutter. Nachts. Zwei Uhr. Peinlich. Am anderen Ende der Leitung: »Hallo, hier ist Howard. Wir sind alle Fans von Howard Jones, so wie du.«

BÄHM. Ich war wach. »Wir haben dich im Radio gehört. Kommst du uns besuchen?« Monate zuvor hatte ich im Westberliner Radio SFB und RIAS dazu aufgerufen, einen Berliner Howard-Jones-Fanclub zu gründen. Nie im Leben hatte ich damit gerechnet, dass sich Fans aus Ostberlin melden. Das war total verrückt. Zum Glück sagte ich spontan Ja und traf Alex, Heike, Howard, Roger, Steffen und Tobias in Ostberlin. Alle Westberliner hielten mich für verrückt. Später wurde die Party-Gruppe immer größer, Gäste kamen aus Ostberlin, Kleinmachnow, Teltow, Westberlin, Paris und den USA. Wir feierten viele aufregende Partys mit 30 bis 50 Freunden. Das waren illegale Versammlungen. Es war nicht erlaubt, sich unangemeldet in so großen Gruppen zu treffen. Meistens tanzten und sangen wir in Wohnungen in der Simon-Dach-Straße und Warschauer Straße. Gut bewacht von der Stasi. Ein Mitarbeiter der Stasi versuchte, Freunde anzuwerben. Wir staunten nicht schlecht, dass er die Namen der Partygäste auswendig wusste. Die Stasi las unsere Briefe. Einmal hatten sie vergessen, den Brief zurück in den Umschlag zu stecken, und der Umschlag kam leer an.

Auch am ersten Januar 1989 fuhren Freunde und ich zur Neujahrsparty nach Ostberlin. Am Grenzübergang S-Bahnhof Friedrichstraße reisten wir alle ein – fast alle. Denn mir wurde die Einreise verweigert, trotz gültigen Visums. Ohne Begründung. Einfach so. Alle anderen aus der Gruppe waren schon durch. Ich hatte keine Möglichkeit, sie zu erreichen. Handys gab es nicht. Unsere Freunde in Ostberlin hatten keine Telefone zu Hause. Ich starrte dieses Visum an, das nun ungültig war. Dann schaute ich noch mal hin, und noch mal und noch mal. Anders als sonst, wenn ich nicht einreisen durfte, fehlte der dicke Stempel »Visum verweigert«. Mein Tagesvisum war frisch – wie unbenutzt. *Was wäre, wenn ich an einem anderen Grenzübergang einreiste?* Die Idee war gewagt und überraschte mich selbst. Das konnte gar nicht klappen. Ich war mir sicher, dass die Grenzübergänge miteinander verkabelt waren und längst an allen Grenzübergängen bekannt war, dass mir die Einreise verweigert worden war. Die Idee in meinem Kopf war aber nicht zu stoppen. »Versuch es!« Ich fuhr zum nächsten Grenzübergang, zur Oberbaumbrücke, die Kreuzberg und Friedrichshain verbindet. Die lange Brücke über der Spree gehörte komplett zum Todesstreifen. So früh am Neujahrsmorgen war ich der einzige Einreisende an diesem Grenzübergang. Ich durfte mir nichts anmerken lassen, innerlich war ich starr vor Angst. Der Grenzbeamte schaute auf mein Visum und auf meinen Pass. Dann schaute er zu mir hoch. Jetzt platzt die Bombe. Er wird mich anbrüllen, was mir einfiele, ob ich ihn für dumm verkaufen wolle, und mich festnehmen. Der Mund des Grenzbeamten öffnete sich, und er sagte freundlich lächelnd: »Jetzt wünschen wir uns erst mal ein frohes neues Jahr.« Stempel, Einreise genehmigt. Meine Idee und mein Mut wurden belohnt.

Das erlebte ich wenig später erneut. Ich war mit 30 Westberliner Schülern nach Ostberlin gefahren. Die Bundesrepublik Deutschland hatte in Ostberlin keine Botschaft, stattdessen die sogenannte Ständige Vertretung. Dort wollten wir mit den Schülern einen Vortrag hören. In Sichtweite zur Ständigen Vertretung erhöhte sich die Dichte an unauffällig auffälligen Stasi-Männern. Sie hatten berechtigte Angst, dass Ostberliner Bürger in die Ständige Vertretung rannten, um eine Ausreise nach Westdeutschland zu erzwingen. Einzelpersonen wurden sofort angehalten zur Ausweiskontrolle. Unsere 30-köpfige Gruppe kontrollierten sie nicht. Die wagemutige Idee: Ein Ostberliner Freund würde in der Gruppe Westberliner Schüler nicht auffallen. Roger mischte sich in die Gruppe und kam mit uns in die westdeutsche Vertretung. Erst drinnen wurde mir klar, welches Risiko ich eingegangen war. Er hätte die Gelegenheit beim Schopfe packen können, doch er kam wieder raus. Wir mussten brüllen vor Lachen, etwas so unvorstellbar Verbotenes getan zu haben. Vermutlich war er der einzige Ostberliner, der jemals die Ständige Vertretung freiwillig Richtung Ostberlin verlassen hat. Sechs Monate später fiel die Mauer, und all das war Geschichte. Der Vulkan explodiert. Das Kartenhaus stürzt ein. Für mich kam die Maueröffnung völlig überraschend. Meine Vorstellungskraft wurde wieder gesprengt. Bereits der Start dieser Freundschaften schubste mich über mehrere Grenzen und Tellerränder jenseits meiner Vorstellungskraft. Ich bin so dankbar, dass ich damals Ja gesagt habe und ins Fremde gereist bin. Ein einziger Moment gab den Ausschlag. »Kommst du uns besuchen?« »Ja.« Daher noch einmal: Streichen Sie ~~Geht nicht~~ aus Ihrem Vokabular. Die Mauer ist weg.

Ja-Sager

Wann sagen Sie Ja? Wann sagen Sie Nein? Wägen Sie gründlich ab? Vorsichtig? Intuitiv? Schnell? Ist »Nein« ein Impuls gegen Neues? Wie messen Sie, ob sich »Ja« lohnt? Neue Ideen brauchen Ja-Sager. Nicht solche, die Ja zum Status quo und zum Establishment sagen, sondern die zu unerwarteten Chancen Ja sagen und sich auf Ungewöhnliches einlassen. Chancen sind Zutaten zu neuen Ideen. Möglichkeiten landen bei Menschen, die Ja sagen und neue Wegen gehen. Lassen Sie sich auf Fremdes ein? Was hätten Sie gesagt, als mich Howard aus Ostberlin fragte: »Kommst du uns besuchen?« Das war eine Zutat aus dem Unbekannten. Ohne zu wissen, was mich erwartet, sagte ich mutig Ja. Mein »Ja« beeinflusste viele Menschen. Unsere Ostberliner Freunde schöpften Hoffnung aus unseren Besuchen. Die Westberliner erlebten bunte Partys in der grauen Stadt.

WENN EIN ANGEBOT AUF SIE ZUKOMMT, SAGEN SIE JA. *Was kann Ihnen passieren?* Es wird ein Erlebnis, das Sie anregt. Ihr Leben wird reicher. Und im besten Fall bereichern Sie andere Menschen. »Wenn jemand kommt und bietet dir eine tolle Möglichkeit an und du bist nicht sicher, ob du dazu fähig bist, sag erst mal Ja – und lerne später, wie es geht«, sagt Richard Branson, nicht nur ein Multimilliardär, sondern auch ein Multi-Ja-Sager. Im *Gedicht für alle Entrepreneure* schreibt er: »Fordere den Status quo heraus, zerstöre deinen Markt und sage JA!«[36]

Es gibt auch Grenzen des Ja-Sagens. Mit einer meiner Firmen verhandelten wir drei Monate mit einem Investor über eine Beteiligung. Er brachte Geld und über 20 Jahre Vertriebserfahrung mit. Diese wollte er aktiv einbringen und 500 neue Kunden in sechs Monaten gewinnen. Traumhaft. Seine Bedingung war, dass er zusammen mit einem Geschäftspartner einsteigt. Kurz vor dem Termin beim Notar postete dieser Geschäftspartner auf Facebook einen Link zu einer Seite mit rechtsradikalen Inhalten. Die rote Linie war deutlich überschritten. Aus unserem »Ja« zum Investment wurde ein deutliches »Nein« zu diesem Geschäftspartner. Als ich den Investor darauf ansprach, meinte er: »Selbstverständlich muss mein Geschäftspartner den Link sofort löschen.« Einen Link kann man löschen, eine innere Haltung nicht. Der Link konnte kein Versehen gewesen sein. Daher blieben wir beim »Nein«. Auch der Investor blieb dabei: Ohne seinen Geschäftspartner wollte er nicht einsteigen. Der überraschende Link auf die rechtsradikalen Inhalte war eine einmalige Gelegenheit und die Chance, die wahre Gesinnung zu erkennen und rechtzeitig vor dem Notartermin die Zusammenarbeit abzusagen. So blieb uns eine lange Bindung erspart. Da das Investment fest eingeplant war, kann dieses »Nein« weitreichende Konsequenzen haben und bis zur Insolvenz führen. Einen neuen Investor zu finden kostet Zeit.

»Nein« und »Ja« sind kein Selbstzweck. Es geht um ein Gespür, Zutaten zu erkennen und Chancen zu ergreifen. Als ich eine Reise in das französische Dorf Taizé organisierte, zu einem Treffen von 6000 jungen Christen, fragte eine Bekannte: »Nimmst du auch Leute mit, die du nicht kennst?« Ich sagte Ja und löste damit 40 Anmeldungen aus. Ein paar Wochen später rief mich der engagierte Pfarrer Claus Eggers an, den ich nicht kannte. Er veranstaltete Projektwochen in Brandenburger Schulen und suchte einen Theologiestudenten. Ich liebe Diskussionen mit Schülern und sagte Ja. Wie hatte er mich gefunden? Der Sohn seiner Putzfrau war mit mir in Taizé gewesen, einer der 30 unbekannten Gäste. In den Projektwochen in Fürstenwalde und Potsdam lernte ich einen 16-jährigen Schüler kennen, der in einer Diskussionsrunde sagte: »Natürlich bescheiße ich. Ich werde ja auch überall beschissen.« Ich war total fasziniert von diesem Satz. Was für ein beschissenes Leben und trauriges Menschenbild. Eines Morgens wurde ich von der Idee überwältigt, Jugendliche in Berlin nach deren Menschenbild zu fragen. Ich sagte Ja zu der Idee und veranstaltete einen künstlerisch-kreativen Wettbewerb, bei dem 12- bis 27-jährige singen, schreiben, malen konnten. Über den nächsten Wettbewerb zum Thema »Zukunft der Arbeit« lernte ich Matthias Klopp kennen. Als er mich fragte, ob ich mit ihm Knack die Nuss gründen würde, sagte ich Ja. Ein Seminarteilnehmer, Björn Benz, wurde 2001 mein Geschäftspartner. Als Björn die Idee zu Fruchtgummis in Form der Berliner Sehenswürdigkeiten hatte, fragten wir Kathinka Alexandrow, ob sie uns diese für die Gießform zeichnen könnte. Sie sagte Ja. So wurden wir Geschäftspartner. Drei Jahre später gründeten Kathinka und ich zusammen die Younect GmbH. Zwischen dem Seminar »Von der Idee zum Projekt« und der Gründung von Younect lagen zehn Jahre. Als ich Younect beim Verband der Metall- und Elektroindustrie präsentierte, erzählten sie mir von der Idee zu cleverheads, der Empfehlung guter Bewerber unter Verbandsmitgliedern. Sie fragten mich, ob Younect die digitale Plattform für den Verband bauen könnte. Ich sagte Ja. Und sicherte uns die Rechte an der Software für andere Unternehmen und Verbände. Als ich fünf Jahre später Kunden der cleverheads-Software fragte, ob sie mit Kathinka und mir die cleverheads GmbH gründen würden, sagten sie Ja.

IDEENFITTE MENSCHEN SIND IMMER »ON« FÜR NEUE ZUTATEN. Auf der nächsten Party könnte Ihnen ein Unbekannter eine Frage stellen, die zur nächsten Idee führt. *Waren Sie schon mal in einer*

3-D-Druck-Manufaktur? Haben Sie heute ein Getränk getrunken, das Sie bisher nicht kannten? Ist Ihre Vorratskammer gefüllt mit passenden und unpassenden Zutaten? Ist Ihr gemischtes A & O-Team aufgestellt? Haben Sie gezielt Trends und Gesetzesänderungen analysiert?

Im weiteren Spielverlauf können Sie jederzeit neue Zutaten suchen, wenn Sie etwas nicht wissen und Ihnen eine Anregung fehlt. Doch jetzt müssen wir die inspirierende Phase der Zutatensammlung verlassen, um im Ideen6-Parcours weiterzugehen. Verlieren Sie sich nicht in Recherchen. Saugen Sie sich fortlaufend voll mit Zutaten, aber gehen Sie nun weiter zum perfekten Mix.

MIXEN

Sie merken, Kreativität beginnt lange vor der Ideengewinnung. Die Zutatensammlung und die Zielfindung sind Phasen extremer Kreativität und die Basis des Mixens. Viele Menschen können es gar nicht erwarten, sie wollen sofort das Mixen neuer Ideen starten. Was soll am Mixen schon so schwierig sein? Sie machen einfach mal ein Brainstorming. Und dann wundern sie sich, dass keine besonderen Ideen herauskommen. Woran liegt's? Es gibt viele Gründe für langweilige Ideen: Sie haben noch nicht trainiert und stellen langweilige Fragen. Das Problem, das Sie lösen wollen, ist nicht klar. Oder Sie lösen das falsche Problem. Sie setzen bei den Symptomen an statt an der Wurzel. Es gibt keine klare, herausfordernde Aufgabenstellung. Oder die Aufgabenstellung beinhaltet bereits eine Lösung, die neuen Ideen im Weg steht. Erst wenn man das Problem und die Aufgabenstellung (A) richtig geklärt hat, kann das Ideenmixen (O) erfolgreich werden. In der Spannung zwischen A & O gelingt der perfekte Mix. Mit vielfältigen Methoden können Sie Ihre Kreativität trainieren. Kreativität umfasst alles. Kreatives Fragen. Kreatives Bohren. Kreatives Analysieren. Kreative Aufgabenstellungen. Kreatives Spinnen. Kreative Auswahl. Kreatives Testen. Kreatives Umsetzen. Doch zunächst mal bohren Sie in die Tiefe.

Wurzel

Nehmen Sie nichts einfach hin, hinterfragen Sie alles, nichts steht fest. *Welches Problem wollen Sie wirklich wirklich lösen? Und welches Problem steckt tiefer dahinter?* Ihre Lösung kann nur so gut sein wie das Problem, das Sie erkannt haben. Ein Kunde gab uns den Auftrag, eine Motivationsveranstaltung zu gestalten, sein Topmanagement kam aus 40 Ländern nach Berlin. »Die Kollegen sind so unmotiviert, die brauchen mehr Biss«, sagte uns der Geschäftsführer. Hätten wir dem Auftraggeber blindlings geglaubt, hätte das Event trotz perfekter Planung zu Demotivation und Gegenwehr geführt. Wir riefen zuerst 10 der 40 Manager im Ausland an und trauten unseren Ohren kaum. Sie liebten ihre Firma, sie schwärmten von den Produkten. Diese Mitarbeiter waren hoch motiviert – und zugleich tief frustriert. Alle waren stinksauer auf die Zentrale in Deutschland. Anregungen und Ideen würden weder beantwortet noch umgesetzt. Reklamationen blieben liegen. Lieferungen kämen häufig so verspätet, dass sie Kunden mehrfach vertrösten mussten. Das Motivationsevent, wie es von der Zentrale gedacht war, wäre voll nach hinten losgegangen. Stattdessen stießen wir die Umstrukturierung der Prozesse und Zuständigkeiten an inklusive eines Kommunikationstrainings der Konzernleitung. Auf dem Event in Berlin wurden die Maßnahmen mit einem verbindlichen Zeitplan präsentiert. Das internationale Topmanagement fühlte sich ernst genommen, und das steigerte die Motivation. Ziel erreicht. Ganz anders als geplant. Nur weil das wirkliche Problem gelöst wurde, konnte auch das Ziel der Motivationssteigerung erreicht werden.

Dieses Beispiel zeigt, wie wichtig die grundlegende Analyse ist. Zuerst gehen Sie dem zu lösenden Problem auf den Grund (A). Selten ist das vordergründige Problem tatsächlich das tiefer liegende Thema. Ist die wirkliche Herausforderung erkannt, dann werden auf dieser soliden Basis passende Lösungsideen entwickelt (O). Auch beim Mixen oszillieren Sie von A zu O zu A zu O zu A zu O. Die beste Analyse ist die beste Basis für die besten Ideen. *Ist das Problem klar? Was sehen Sie, wenn Sie tiefer bohren?* Schauen Sie hinter den Vorhang. Räumen Sie alle Schubladen aus. Sprechen Sie mit Menschen, für die Sie eine Idee entwickeln. Ernesto Sirolli hielt 2012 einen bemerkenswerten TED Talk: *»Wollen Sie jemandem helfen? Mund halten und zuhören!«* Zuhören. Ohren auf. Saugen Sie Input auf. Sie können selbstverständlich Fragen stellen, und dann hören Sie weiter zu. Machen Sie nicht den Anfängerfehler, von sich selbst auf andere zu schließen. Andere Menschen haben andere Probleme als Sie. Missbrauchen Sie andere nicht als Projektionsfläche für Ihre eigenen Wünsche. *»Demut ist eine* der Schlüsselkompetenzen, die es braucht, um mit dem Gegenüber in einen Dialog zu treten. Um ihm wirklich zuhören [...] zu können«, sagt Sandra Ondraschek, Direktorin bei Catalyst Europa.[37] ZUHÖREN. JETZT. Henry Ford war überzeugt: »Wenn es überhaupt ein Geheimnis des Erfolgs gibt, so besteht es in der Fähigkeit, sich auf den Standpunkt des anderen zu stellen und die Dinge ebenso von seiner Warte aus zu betrachten wie von unserer.«

Im Kern geht es immer um Bedürfnisse und Wünsche. Ein Bäcker will backen. Er will, dass seine Backwaren aufgehen und lecker schmecken. *Braucht er dazu Hefe?* Hefe ist das Mittel, mit dem er sein Ziel erreichen kann, aber nicht sein Bedürfnis. Menschen wollen von A nach B kommen, trocken, warm und mit der Lieblingsmusik. Es muss nicht unbedingt im eigenen Auto sein. Solange das eigene Auto am bequemsten ist, wird es die erste Wahl bleiben. Aber das Auto ist nicht das primäre Bedürfnis, sondern Mobilität. Wer sein Haus einrichtet, braucht Löcher in der Wand für Bilder, Spiegel, Hängeschränke. Er hat nicht das primäre Bedürfnis, eine Bohrmaschine zu besitzen. Oder stellen Sie sich einen Fluss vor: Auf der einen Seite stehen hungrige Menschen, auf der anderen Seite Bäume mit saftigen Äpfeln. Im Fluss dazwischen lauern Krokodile. *Welches Bedürfnis haben die Menschen?* Über den Fluss zu kommen, ohne gefressen zu werden. Sie könnten ihnen eine Brücke, ein Floß oder eine Fähre anbieten. Aber eigentlich wollen die Menschen nicht über den Fluss, sondern sie wollen etwas essen. Liefern Sie ihnen Essen, dann brauchen die Menschen keine Brücke.

ERKENNEN SIE DIE WURZELN DES PROBLEMS UND TRENNEN SIE DIE MOTIVE. *Wo liegt das Problem wirklich?* Wenn Sie das Problem nicht an der richtigen Stelle lokalisieren, können Sie es kaum wirksam lösen. Schauen Sie sich sehr genau die Bedürfnisse dahinter an. Fragen Sie »Warum?« und noch mal »Warum?«. Stellen Sie sich vor, Sie treffen eine Person, deren Wunsch lautet, ein Büro für Konfliktlösung zu eröffnen. Fragen Sie: »Warum möchten Sie ein Büro zur Konfliktlösung eröff-

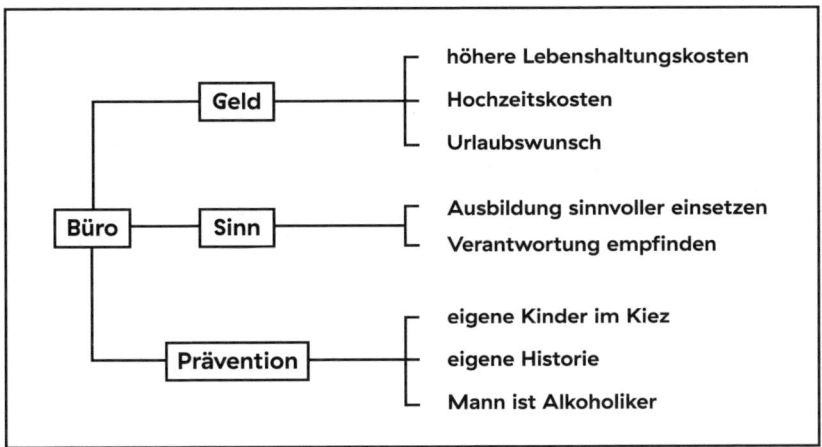

nen?« Die Person möchte schnell mehr Geld verdienen, eine sinnvollere Beschäftigung ausüben und mit Prävention den Kiez verändern, in dem sie wohnt. Sie haken bei allen drei Antworten nach. Mit dem zweiten »Warum?« erfragen Sie die Gründe, die hinter den vordergründigen Motiven liegen. So stoßen Sie auf einen ganzen Kosmos von acht unterschiedlichen Motivationen, Gründen und Zielen, die hinter dem Wunsch »Büro« stecken.

Welches der hintergründigen Motive und Ziele wird durch ein Büro gelöst? Ein neues Büro für Konfliktlösung braucht Marketing und Vertrieb. Das kostet Zeit und Geld. Schnelle Aufträge sind möglich, aber nicht wahrscheinlich. *Wird die Person schnell mehr Geld verdienen?* Eher nicht. Wenn Sie die Abbildung um 90 Grad kippen, so dass »Büro« oben steht, dann sehen Sie die Wurzel zum vordergründigen Wunsch. *Ist ein Büro die beste Lösung zu diesen tiefer liegenden Motiven? Könnte ein Konfliktcoach nicht auch von zu Hause starten und zu den Kunden hinfahren? Auf meine Frage »Warum ein Büro?«* sagte mir die Person: »*Ja, macht man das nicht so?*« Ein So-und-so-macht-man-das-Bild im Kopf stand einer passenden Idee im Weg. »Einer der wichtigsten Geburtshelfer für das Neue ist der Blick aufs Ganze, und dafür muss vorher das Gestrüpp an alten, eingespielten Klischees beseitigt werden.«[38] Man ist gefangen in Vorurteilen wie zum Beispiel »Alle Selbständigen haben ein Büro.« *Macht man das nicht so?* Jeder Mensch hat zu jedem Begriff ein Vorverständnis. Das macht Kommunikation so schwierig und anspruchsvoll. Darum gilt es, vor dem Ideenmixen genau hinzuschauen und nachzufragen. Sollte sich dabei Ihr Ziel ändern, weil Rahmenbedingungen anders als erwartet sind, ändern Sie Ihr Ziel!

Wenn Sie wirksame Lösungen und treffende Ideen entwickeln wollen, setzen Sie immer an den Wurzeln an. Statt ein Büro zu eröffnen, entwickeln Sie Ideen zu den acht Wurzeln. Versuchen Sie nicht, im Rundumschlag eine Idee zu finden, die alles trifft. Suchen Sie verschiedene Ideen zu den acht Wünschen und kombinieren Sie dann Ideen zu der besten Lösung.

Wenn Sie eine Lösung für eine Gruppe von Menschen suchen, werden Sie mehr Wurzeln finden, als wenn es um die Lösung des Problems eines einzigen Menschen geht. Jeder Mensch ist anders und bringt andere persönliche, berufliche, gesellschaftliche, soziale, unternehmerische Ziele mit. Je besser Sie das im Blick haben, desto eher entwickeln Sie gute Lösungen. Ein Problem ist immer komplex. Schauen Sie auf die Bedürfnisse dahinter. *Warum Essen?* Hunger, Frust, Freude, Sport, Langeweile, Geselligkeit. Jedes Essen wird anders aussehen. Zerlegen Sie Themen in einzelne Bestandteile, dann entwickeln Sie treffende Lösungen. Wenn Sie an der Wurzel des Problems ansetzen, können Sie falsche Annahmen und überholte Dogmen samt Wurzeln ausreißen. Denken Sie an Aldis Fokus auf das Ziel. Der Scanner wurde nicht schneller, aber das Ziel wurde erreicht. Das ist die hohe Kunst der Ideenfitness. Halten Sie am Ziel fest, statt sich durch So-und-so-macht-man-das-Bilder blenden zu lassen.

Papierflieger

»Bauen Sie einen Papierflieger. Das Ziel ist, die Wand am anderen Ende des Raumes zu treffen. Sie haben zwei Minuten Zeit.« Seit 15 Jahren mache ich diese Übung mit Tausenden Teilnehmern in Vorträgen und Workshops. Die meisten fangen sofort an, falten und knicken wie wild kunstvolle Papierflieger. Genau so, wie sie es in der Schule gelernt haben. Nur vereinzelt kommt Kritik: »Was, nur zwei Minuten?« Ich mache Druck: »Noch eine Minute. Noch 20 Sekunden. Countdown 5, 4, 3, 2, 1.« Nach zwei Minuten werfen alle Teilnehmer ihre Flieger Richtung Ziel. Ganz selten erreichen mehr als zwei Flieger das Ziel. Die meisten Papierflieger trudeln irgendwie durch die Luft und landen dichter am Startpunkt als am Ziel.

Ich fordere dann alle Teilnehmer auf, einen zweiten Zettel zu nehmen und zu zerknüllen. Alle werfen erneut, und fast alle Papierflieger treffen das Ziel. Das zerknüllte Papier fliegt effektiv zum Ziel und ist effizient in nur einer Sekunde gebaut. Nun liegen alle Papierflieger im Raum verteilt. Die klassischen Papierflieger stapeln sich mehrheitlich dicht am Startpunkt, die geknüllten Papierflieger liegen direkt oder dicht am Ziel. Warum also nicht gleich so? Das Ziel war eindeutig, die Wand zu treffen.

»Das ist ja kein Papierflieger. Das ist eine Kugel«, kommt als Einwand gegen die zweite Bauweise. Kritiker merken nicht, dass sie selbst ein festes Bild vom »Papierflieger« im Kopf haben. Neutral betrachtet: Was ist geknülltes Papier, das zum Ziel fliegt? Natürlich ist das auch ein Papierflieger. Wer schreibt uns vor, wie ein Papierflieger auszusehen hat? Ich gebe zu, das Wort »Papierflieger« löst bei 99 Prozent aller Menschen die gleiche Assoziation aus. Die gelernte, tradierte Vorannahme stammt meistens noch aus der Schulzeit. Der korrekte Bau eines Papierfliegers wurde von Generation zu Generation weitergegeben. Die bekannte und oft geübte Bauweise ist tradiertes Wissen, doch sie ist gleichzeitig ein

Vorurteil. Das Ziel hatte ich deutlich geäußert: Die Wand gegenüber. Das Ziel wird überhört. »Papierflieger« löst ein feststehendes Bild aus. Diese Definition lässt kein anderes Bild zu und verhindert frische Ideen.

Durch eine feste Assoziation gerät das Ziel aus dem Blick. Man ist gefangen in Erinnerungen und Vorverständnissen. **JEDER MENSCH HAT ZU JEDEM BEGRIFF EIN VORURTEIL.** Deshalb kann ich mir sicher sein, dass die Übung immer funktioniert. Vereinzelt gibt es Teilnehmer, die mich fragen: »Kann ich das Papier einfach zerknüllen?« Alle anderen hören die Frage auch. Ich gehe nicht darauf ein, sondern mache Zeitdruck. »Noch eine Minute und 30 Sekunden.« Eigentlich könnten alle diese geniale Idee aufgreifen, das Papier zerknüllen und mir die Show stehlen. Stattdessen falten alle ihren Schulzeit-Papierflieger weiter. Sogar die Person, die gefragt hatte, traut sich meistens nicht, der Intuition zu folgen, und faltet am Ende einen aufwendigen Flieger, der das Ziel nicht erreicht. Nur ganz wenige Menschen knüllen ihr Papier selbstbewusst zu einer Fliegerkugel, um dann zwei Minuten belustigt in die Runde zu schauen, wie alle gestresst und schweißgebadet ihre Faltkunst praktizieren. Gelernt habe ich diese wunderbare Übung von Jack Foster aus seiner Perle *Einfälle für alle Fälle*.

Ein Wort führt alle in die Irre. So wie »Papierflieger« gibt uns jedes Wort eine Definition vor. Eine Assoziation, ein Bild, das wir damit verbinden. Ein gespeichertes Vorurteil, das uns einfällt, ohne zu überlegen. Das ist ein Zweck von Vorurteilen. Das Urteil wurde bereits gefällt. Mit Vorurteilen sparen wir Energie. Wir brauchen nicht zu grübeln. Wir kennen die Lösung bereits. Vorurteile machen uns effizient. Wir wissen, wie es geht. Da weiß man, was man hat. Vorurteile lenken von besseren Lösungen und neuen Ideen ab. Das ist ihr Zweck. Sie schützen uns vor zu viel Arbeit und Grübelei.

Definitionen, auf die sich alle geeinigt haben, helfen im Alltag und vereinfachen das Zusammenleben. Stellen Sie sich vor, Sie müssten sich an jedem Verkehrzeichen streiten, was es bedeutet? Wir verstehen uns mit den anonymen Menschenmassen durch Regeln, Gesetze, Definitionen, Normen und Werte. Jeder kennt die Bedeutung. Bei Routinetätigkeiten führt die eindeutige Zuordnung zur Vereinfachung. Mit standardisierten Handlungen sparen wir Energie. Wir wissen, was zu tun ist, wir müssen nicht nachfragen und verlieren keine Zeit.

Genau diese Routine steht neuen Lösungen im Weg. Unterscheiden Sie daher immer: Erledigen Sie eine Routinetätigkeit, dann folgen Sie den Regeln und Definitionen, A. Wollen Sie aber neue Wege gehen, widersprechen Sie den Regeln und Definitionen, O. Fragen Sie sich: *Ist meine Papierflieger-Routine wirklich der beste Weg zum Ziel? Kommt der klassische Papierflieger bis zur Wand? Braucht ein selbständiger Coach zuerst ein Büro oder Kunden?* Jedes Wort kann Ihnen im Weg stehen und die Ideenpipeline verstopfen. **ES GIBT KEINE NEUTRALEN WORTE, ALLE LÖSEN BEI IHNEN EINE ASSOZIATION AUS.** Stellen Sie an Worte und deren Bedeutung 44 Fragen.

Verschwenden Sie Ihre Energie nicht mit alten Papierflieger-Lösungen. Holen Sie sich Externe ohne Stallgeruch ins Team, die entdecken Ihre Vorurteile sofort. Präsentieren Sie Ihre Projekte, Problem- und Aufgabenstellungen bei Unbeteiligten, bevor Sie Ideen mixen, Externe finden häufig radikalere Herausforderungen.

Leiser. Lautlos.

Das Unternehmen Xerox hatte sich vorgenommen, Kopierer zu produzieren, die weniger laut sind. Daraufhin sagte der Chief Scientist und Forschungsdirektor John Seely Brown zu seinen Mitarbeitern: »Das ist keine interessante Problemstellung. Wenn ich Sie stattdessen bitte, eine Maschine herzustellen, die gar keinen Lärm macht, dann wird es interessant!«[39] Aus »Entwickeln Sie einen Kopierer, der leiser ist« wurde »Entwickeln Sie einen Kopierer, der lautlos ist«. Ein einziges Wort wurde verändert. Dieses Wort macht einen riesengroßen Unterschied. Leiser ist halbherzig, langweilig, normal. Lautlos ist radikal. »Ein lautloser Kopierer? Das geht nicht!« Genau an dem Punkt wird es spannend. **WENN ES NICHT ZU GEHEN SCHEINT, WIRD DIE LÖSUNG AUSSERGEWÖHNLICH.** »Kassieren so schnell wie vor Einführung der Scanner.« Geht nicht. Ging doch. Herausfordernde Aufgabenstellungen sind das Zündpulver für das Entwickeln neuer Lösungen. »Entwickelt einen Sechszylindermotor.« Antwort: »Das ist unmöglich.« Henry Ford: »Okay. Und jetzt macht euch an die Arbeit.«

Ideenentwicklung lebt von Aufgabenstellungen, die Sie an die Grenze des Machbaren bringen. Erst wenn eine Aufgabenstellung Sie an diese Grenze bringt, kommen Sie an Orte, wo vor Ihnen niemand war. Außerdem muss die Aufgabenstellung präzise und eindeutig sein. »Ein Brainstormer ohne klare Aufgabenstellung ist wie eine Firma ohne klare Strategie«, so Tom Kelley in *The Art of Innovation*. Ein Brainstormer (O) braucht eine klare Aufgabenstellung (A). Die Aufgabe richtet die Ideen auf Ihr Ziel aus. Eine klare Aufgabe baut Druck auf, der das Ideenfass zum Überlaufen bringt. Eine Aufgabenstellung kann beides – herausfordern oder langweilen. Es ist ein himmelweiter Unterschied zwischen den beiden Aufgaben: »Entwickeln Sie einen Produktnamen« und »Fassen Sie alle Mehrwerte des Produktes in einem Begriff zusammen«. In Seminaren zur Berufswahl stelle ich die Aufgabe: »Malen Sie Ihre Stärke als Logo. Sie haben zehn Minuten Zeit.« *Nur zehn Minuten?* Nach neun Minuten haben alle ein Logo gezeichnet. Ein Bild sagt mehr als 1000 Worte. Eine perfekte Aufgabe, um die eigenen Stärken auf den Punkt zu bringen.

Testen Sie die Wirkung verschiedener Formulierungen. Die Aufgabe ist die Fassung für Ihre Ideen. **PRÄZISE AUFGABENSTELLUNGEN FORDERN IDEEN HERAUS.** Aufgabenstellungen sind Motor und Ansporn für Verrücktes – durch das Nadelöhr zum Unmöglichen. »Warum muss ich warten, bis ich Fotos sehe? Was wäre, wenn die Dunkelkammer im Fotoapparat wäre?« Undenkbar. Eine Dunkelkammer war riesig, Smartphones gab es erst 60 Jahre später. »Entwickelt eine Dunkelkammer im Fotoapparat.« Durch diese Aufgabe entstand Polaroid. »Was wäre, wenn Sportler etwas Flüssigeres als Wasser trinken könnten?« Klingt komisch. Gut so! Denn mit dieser Frage, die aus dem Rahmen fiel, entstanden Gatorade, ein Elektrolytgetränk, und eine 20-Milliarden-Dollar-Industrie.[40]

Spielen Sie mit Begriffen. Stellen Sie komische Fragen und elektrisierende Aufgaben. Welche Aufgabe packt Sie? Aufgaben dürfen keine Lösung enthalten. Wenn die Aufgabe lautet: »Entwickeln Sie eine Flasche zum Trinken auf dem Fahrrad«, werden 100 Prozent der Ideen Flaschen beinhalten, weil die Aufgabe »Flasche« bereits als Lösung vorgegeben hat. Ganz anders: »Entwickeln Sie Möglichkeiten, beim Radfahren zu trinken«, dann ist die Ideenbahn frei für Trinkrucksäcke, Schläuche, Getränke am Rahmen, der Rahmen selbst als Gefäß oder im Sattel des Fahrrades. **IHRE KREATIVE AUFGABE: AUFGABEN OHNE LÖSUNG.** Vergleichen Sie: »Entwickeln Sie eine E-Mail, die bewirkt, dass die Spitzenkandidaten im Wahlkampf zur Schüler-Talkshow kommen« und »Entwickeln Sie eine Einladung, die bewirkt, dass die Spitzenkandidaten im Wahlkampf zur Schüler-Talkshow kommen«. Nur ein Wort ist ausgetauscht: »Einladung« und »E-Mail«. Das Wort »E-Mail« beschränkt die Möglichkeiten auf einen Text und die Betreffzeile. Eine E-Mail wäre im Wahlkampfbüro gar nicht aufgefallen. Das Wort »Einladung« ist offen für neue Lösungen – Blumenstrauß, Eis für alle Wahlkampfhelfer bis hin zu einem Video mit einer persönlichen Ansprache und Einladung durch die jugendlichen Moderatoren.

Als Knack die Nuss den Auftrag hatte, ein Spiel zu entwickeln, das Architekten begeistert, gerieten wir in ein Dilemma. Wir stellten fest: Viele Architekten sind Einzelkämpfer, Eigenbrötler, und sie spielen nicht gerne. Die Erkenntnis überraschte uns, und die neu formulierte Aufgabe führte uns an eine Grenze: »Entwickle KEIN Spiel, das Architekten begeistert«. Wir entwickelten »ArchiKlick«, einen Wettbewerb für Einzelkämpfer, bei dem Architekten ihre architektonischen Kenntnisse vor allen Kollegen demonstrieren konnten. Spielerisch im Wettstreit. Das Spiel, das kein Spiel war, kam auch beim Kunden sehr gut an. Bei dieser speziellen Zielgruppe kamen wir erst auf die Lösung, als wir »Spiel« aus der Aufgabenstellung geworfen hatten, um schließlich doch auf ein passendes Spiel zu kommen.

Vorgefasste Lösungen müssen in Aufgabenstellungen draußen bleiben, sonst fährt der Ideenfluss in eine Sackgasse. Das Ideenmixen darf nicht durch Papierflieger beschränkt werden. Üben Sie das Stellen präziser Aufgaben ohne Lösungen. Stellen Sie 44 Aufgaben und Varianten einer Aufgabe an jeder roten Ampel. Ändern Sie 44 Mal ein Wort in der Aufgabenstellung. Spielen Sie mit Worten und deren Wirkungen. Ein einziges Wort in der Aufgabenstellung kann einen großen Unterschied ausmachen. Präzise Aufgaben liefern den Strom zum Mixen. Präzise Aufgaben, die an Grenzen führen, bauen Druck auf, damit der Ideenvulkan explodieren kann. A & O. Herausfordernde Aufgaben OHNE Lösung sind megakreativ.

Laut. Lachen.

Im Sommer waren meine Frau und ich im Forrest Point, einer Bar in Brooklyn. Dort tranken wir leckere Cocktails, die wir nie zuvor getrunken hatten. Der Chef der Bar ist Mixer. Alle Cocktails sind eine neue Geschmacksidee. Er mixt viel, probiert viel, testet den Geschmack, verwirft, probiert noch mal. Und noch mal. So testet er Tausende Cocktails, und seine Gäste bekommen die besten serviert. Die Köchin von Herbert Grönemeyer hat drei Jahre lang kein Gericht wiederholt. Über 1000 unterschiedliche Rezepte hat sie verwendet und dazu auch Rezeptbücher aus dem 19. Jahrhundert studiert, erzählte Herbert Grönemeyer in einer Talkshow. Kochkunst und Ideengewinnung verbindet das Mischen von immer neuen Verbindungen. Jeder Song im Radio, auf Soundcloud und Spotify ist eine neue Kombination. Aus einer gleichbleibenden Anzahl von Tönen werden seit Jahrtausenden immer neue Melodien und Lieder entwickelt. Es gibt unendlich viele Möglichkeiten, die vorhandenen Töne zu Melodien zu mixen. Jede neue Melodie kann Menschen berühren und begeistern. Es wird nie langweilig. Und kein Ende in Sicht.

Der Anzahl neuer Ideen sind ebenso keine Grenzen gesetzt. Ideen können milliardenfach sprudeln. Aus Quellen werden süße Bäche, rei-ßende Ideenflüsse und tosende Ozeane. Jede Idee ist im Moment ihres Entstehens wertvoll, auch wenn sie am Ende auf dem Schrotthaufen lan-den sollte. Aber das weiß man nie vorher. Erst mal muss jede Idee raus-posaunt und festgehalten werden, bevor der zarte Hauch und Geistesblitz wieder entschwindet. Die innere Haltung »Alles ist möglich« fördert den Mut zum Spinnen. Gute Ideen kommen unerwartet, häufig versteckt und zunächst unerkannt in einem Berg anderer Ideen. Ideen überraschen – auch die Personen, die eine Idee empfangen. Beim Mixen kann man einen Schreck bekommen, denn alle verlassen das bereits Bekannte. Roboter in der Pflege von Menschen, da zucken viele zusammen. Ein neues Herz aus dem 3-D-Drucker – schwer vorstellbar. Mixer gehen über das Offensicht-liche hinaus. Ideen stehen oft konträr zum Bestehenden und wirken ab-surd auf Menschen, die im Altland der vorhandenen Ideen verharren. Vom Altland zum Neuland führt ein schmaler Grat durch Absurdistan. Ohne absurde Spinnerei wird keine neue Idee geboren.

DAS NEUE IST IMMER EINE UNGEWÖHNLICHE MI-SCHUNG SCHEINBAR UNPASSENDER ZUTATEN. Anja Förster und Peter Kreuz schreiben: »In Richard Bransons Virgin Group gibt es ein Mantra: A-B-C-D. Das bedeutet: Always Be Connecting the Dots – Verbinde stets die Punkte miteinander. Denn Neues entsteht erst, wenn

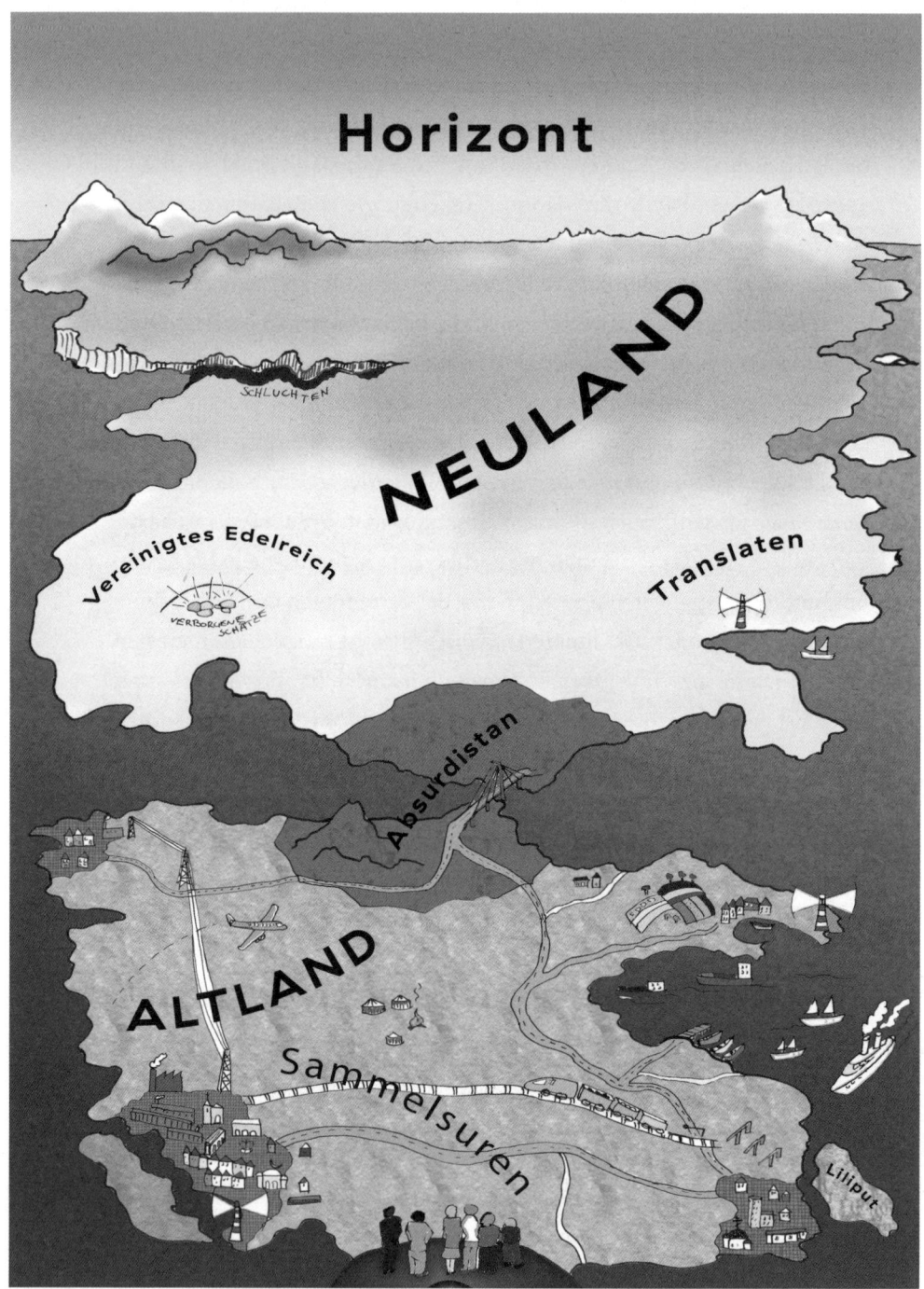

Horizont

NEULAND

Vereinigtes Edelreich

VERBORGENE SCHÄTZE

SCHLUCHTEN

Translaten

Absurdistan

ALTLAND

Sammelsuren

Lilliput

© Kathinka Alexandrow 2004

Verbindungen zwischen Gebieten geschaffen werden, die so nicht vorgesehen waren und die kaum jemand erkennt.«[41] Beim Mixen entfernt man sich vom offensichtlich Möglichen, von dem, was alle sehen. Ohne Absurdität gibt es keine neuen Lösungen über das Bestehende hinaus. *Wie wäre ein Beton ohne Zement?* Da bisherige Herstellungsverfahren für Beton sehr energieintensiv sind, wollte Peter Trimble herausfinden, ob es möglich ist, ein Baumaterial herzustellen, ohne dafür intensive Hitze zu verwenden. Eine Mixtur aus Sand und Harnstoff wie im Urin könnte zu einem umweltfreundlichen Ersatz von Beton werden.[42] Die Mischung macht's: Seine Aufgabenstellung *Beton ohne intensive Hitze* plus seine im Beton bisher fremde Zutat: Harnstoff. Das Neue ist immer unvorstellbar, bis ein Mensch darauf kommt und uns die Idee präsentiert.

WAS NICHT VORHANDEN IST, KANN NICHT KOMBINIERT WERDEN. Daher sind die Zutaten wie beim Essen das Geheimnis des guten Geschmacks. Und plötzlich gibt es einen inneren Knall, eine Salve, eine Geburt, und die Idee ist da. Steffi Augter zitierte in der *Wirtschaftswoche* den Vordenker der Flow-Forschung Mihály Csíkszentmihályi: »Die kreative Erkenntnis taucht dann auf, ›wenn eine unbewusste Gedankenverknüpfung so gut passt, dass sie ins Bewusstsein vordringt wie ein Korken, den man unter Wasser drückt und der sofort an die Oberfläche schnellt, wenn er losgelassen wird.‹« Plötzlich steht dem Mixer die Idee glasklar vor Augen. Alle Zutaten sind perfekt verzahnt. Es macht plopp, klick oder zisch, und es passt. Wie bei einem Zahlenschloss, dessen Kombination Sie nicht kennen. Sie probieren Hunderte von Kombinationen, bis es plötzlich einrastet und sich öffnen lässt. Oder wie bei einem Puzzle, bei dem die Teile nicht zu passen scheinen. Plötzlich erkennen Sie ein zusammenhängendes Bild, und alles macht Sinn.

Herbert Grönemeyer schreibt beeindruckende Liedtexte, mal ausgesprochen emotional, mal schwer verliebt oder politisch scharf. Doch bevor er die Texte schreibt, steht immer erst die Melodie fest. Auf neue musikalische Ideen summt er sogenannte »Bananentexte«, und erst wenn er die Gefühle seines neuen Songs kennt, schreibt er den Text dazu. »Bevor ich einen Text schreibe, lese ich alles, was ich kriegen kann, kreuz und quer: Gedichte, Zeitungsartikel, Bücher. Dann schreibe ich mir den Korken aus dem Kopf«, berichtet welt.de 2012 nach einer Vorlesung von Grönemeyer zum Liederschreiben im Festsaal des Alten Rathauses in Leipzig. 2007 zitierte ihn spiegel.de: »Musik schreibe ich völlig ohne Plan, so wie ich mir die Zähne putze oder ein Brot schmiere. Ich gehe am Klavier vorbei, setze mich hin, habe eine kleine Idee, die klimpere ich vor mich hin, achtzig-, hundertmal, bis die Ohren glühen, freue mich, stehe auf und setze mich wieder hin: Da war doch gestern was. Dann singe ich meine ›Bananentexte‹, lasse das Stück zu sich selber finden, und dann setzt sich mein Produzent Alex Silva mit daran, und wir fummeln das gemeinsam zu Ende. Das entsteht. Musik entsteht. Musik schreiben ist für mich der ultimative Lustvorgang.« Ideengewinnung funktioniert am besten, wenn es für Sie der ultimative Lustvorgang ist. Kein lustloses »Wir müssten heute mal Ideen sammeln«. Das führt zu nichts. Nein, es geht um den Spaß, sich eine Idee 80- bis 100-Mal vorzustellen, immer neue Varianten der Idee zu formulieren, sie aus 80 bis 100 Blickwinkeln zu betrachten. Das ist Ideenmixen. Freies Spinnen voller Absurditäten und Ideenjazz. Ideen zu spinnen ist Improvisation pur. Daraus wächst Ideenfitness. 44 Fragen, 44 Varianten einer Aufgabenstellung. 80 bis 100 Ideen, bis die Ohren glühen. Sie vergessen die Zeit. Sie sprudeln über.

Der ultimative Lustvorgang bei der Ideenentwicklung braucht Spaß, Freude, Jubel, klare Aufgaben und den inneren Freiraum, Grenzen zu überwinden und Mauern einzureißen. Ohne Kritik. Wer aber etwas wirklich Neues ausspricht, gibt sich schonungslos der Kritik preis. Feuer frei! Menschen fällt es verdammt schwer, nicht sofort besserwisserisch alles aufzuzählen, was nicht geht. Dafür gibt es die Regel Don't criticize, improve. Erst nach der kreativen Phase ist analytische, konstruktive Kritik gefragt, mit dem Ziel, die besten Ideen auszuwählen. Um die kreative Phase des Spinnens klar erkennbar von der kritischen Phase der Auswahl zu trennen, gibt es eine sehr wirksame Methode: Alle im Team stehen auf und sprechen vor dem Mixen gemeinsam und voller Inbrunst den »Schwur der Spinner«. Der Schwur ist eine geniale Idee von Matthias Klopp. Einer stimmt den Schwur an und spricht laut und begeistert vor, alle anderen sprechen mit lauter Stimme und voller Überzeugung nach: »Ich schwöre, dass ich grenzenlos spinne, dass ich alles für möglich halte, und sollte ich destruktive Kritik äußern, so soll mir eine rote Knollennase wachsen.«

In meinen Seminaren und Vorträgen verteile ich dazu rote Clownsnasen. Dann stehen alle auf und leisten lautstark den Schwur. Auch Geschäftsführer und Wirtschaftsminister. Keine Ausnahme. Alle sitzen im Boot der Spinner. Alle lachen. Der Schwur endet immer mit lautem Lachen der Gruppe. Ein perfekter Einstieg ins Mixen. Lachen fördert das Spinnen. Lachen bringt Lockerheit. Lachen nimmt die Ernsthaftigkeit und weckt Freundlichkeit und Spieltriebe. Lachen hilft außerdem, wenn beim Mixen doch mal destruktive Kritik geäußert wird. Der Schwur sorgt dafür, den Schaden der Kritik gering zu halten. Wenn beim Mixen tödliche Killerphrasen und andere destruktive Worte geäußert werden, sorgt die Gruppe dafür, dass der Kritiker die rote Nase aufsetzt. Alle lachen, und die Kritik wird entkräftet. Die zerstörerische Kraft der Kritik wird ausradiert, und der Ideenfluss kann fortgesetzt werden.

WER GRENZENLOS SPINNT, MUSS WISSEN, DASS ER MIT SEINEN IDEEN ALLEINE IST. Auch im Team ist eine Idee zuerst in einem Kopf, nicht gleichzeitig in allen. Jeder Mensch sieht seine Vision. Kein zweiter Mensch sieht die gleiche Idee genauso. Vielleicht ähnlich, aber immer anders. Ihre nächtlichen Träume sehen auch nur Sie, und jeder Traum ist einmalig. Andere Menschen sehen davon nur ein vages Bild, das der Träumer am nächsten Morgen erzählt. Die Erzählung ist nie das Original. Dasselbe gilt für Ideen. Menschen brauchen Erlebnisse und Bilder, um zu verstehen. Wir spüren die Nässe vom Regen und schmecken die Aromen des Essens. Versuchen Sie, anderen Menschen ein neues Gewürz und ein besonderes Geschmackserlebnis zu erzählen. Das ist gar nicht so einfach. Genauso schwer ist es, eine Idee zu vermitteln. Was Menschen nicht selbst erleben, das gibt es für sie nicht. Für andere Menschen ist Ihr Erlebnis im Ideengarten unvorstellbar. Dort ist es dunkel. Der Ideen-Rocker ist zwei Schritte voraus in der Dunkelheit und voller Freude über die Idee. Die Begeisterung quillt über. Doch dann beginnt die schwierige Vermittlung voller Unverständnis und Missverständnissen. Sie erzählen die Idee wie einen nächtlichen Traum. Überfordern Sie andere nicht mit Ihrer Begeisterung. Andere Köpfe sehen ganz andere Bilder und Ideen. Hinzu kommt, dass die Menschen, denen Sie von der Idee erzählen, andere Assoziationen zu Ihren Worten haben als Sie. Kreative Menschen beschweren sich häufig über das Unverständnis ihrer Umwelt. Sie vergessen, dass Ideen doppelt in Geschenkpapier verpackt sind. Zuerst für den, der im Dunkeln stolpert und mit der neuen Rose aufsteht. Er reißt die Verpackung auf und sieht die Idee in voller Schönheit. Alle anderen sehen nicht die Idee, sondern eine andere Verpackung in Form Ihrer Erzählung. Was Sie schon für möglich halten, erscheint allen anderen noch als unmöglich. Rechnen Sie mit Unverständnis, dann werden Sie davon nicht überrascht. Wer lacht und souverän mit Widerständen umgehen kann, kommt schneller zum Ziel. Gelingt ein Austausch über die Idee, dann wächst ein gemeinsames Verständnis, und mehrere Menschen entwickeln ein Bild Ihrer Idee.

Humor ist beim Mixen wahnsinnig wichtig. Nehmen Sie alles locker und lachen Sie, wenn Sie missverstanden werden. **WENN IHRE FREUDE ANSTECKT, KANN AUCH IHRE IDEE BEGEISTERN.** Wenn die Kollegen Ihre Idee noch nicht verstanden haben, versuchen Sie es mit anderen Worten. Oder noch besser: mit Bildern. Ein Bild sagt mehr als tausend Worte. Bilder können ganz andere Aspekte Ihrer Idee vermittelt als Worte. Bilder öffnen ein großes Spektrum, Ihre Idee sichtbar zu machen. Erzählen Sie Witze. Witze sind dann lustig, wenn die Pointe unerwartet kommt. Alle lachen und sind heiter. Genauso ist es mit Ideen. **GUTE IDEEN KOMMEN SO UNERWARTET UM DIE ECKE WIE GUTE POINTEN.** Lachen fördert den ultimativen Lustvorgang. Humor hilft auch, bei ernsten Themen um die Ecke zu denken. Eine Studie, auf die Jessica Stillman auf Twitter hinweist, stellt fest: »Sarkasmus steigert Kreativität durch abstraktes Denken« und: »Sarkastische Kommentare können ein ganzes Team kreativer machen.«[43] Der perfekte Mix kann in einer kontroversen und sarkastischen Debatte entstehen. Wenn ich sage *Don't criticize, improve*, meine ich nicht, dass Ideenfindung harmonisch ist. Professor Peter Kruse sagte vollkommen zutreffend: **»HARMONISCHE SYSTEME SIND DUMME SYSTEME. ERHÖHEN SIE DIE SPANNUNG IM SYSTEM.** Neue Ordnungsmuster entstehen immer aus Widerspruch. Erhöhen Sie die Unterschiedlichkeit. Geben Sie Querdenkern eine Chance.«[44]

MADNET

Um mutige Schritte in die Dunkelheit und Ideenjazz zu fördern, gibt es Hunderte Methoden und Kreativitätstechniken: Brainstorming, Brainwriting, 6-3-5, sechs Denkhüte von De Bono, Bionik, Mindmap, Bisoziation, Kopfstandtechnik, Scamper, Walt-Disney-Methode, Relevanzbaumanalyse, Morphologischer Kasten, Osborn-Checkliste. **ALLE KREATIVITÄTSTECHNIKEN WOLLEN NUR DAS EINE: NEUE IDEEN. SPASS. OFFENHEIT. DIVERSITÄT. REGELBRUCH. AUF DEN KOPF STELLEN. UM DIE ECKE DENKEN. BLICK ÜBER DEN TELLERRAND. AUFBRUCH INS UNBEKANNTE.** *Braucht man dazu Techniken? Klingt nicht schon das Wort Kreativitätstechnik wie ein Widerspruch in sich selbst? Kann eine festgelegte Methode Kreativität freisetzen? Kann eine Technik zu-*

verlässig immer dann Kreativität bewirken, wenn ich diese Technik anwende? Nein. Sicherlich nicht. Keine Technik wirkt auf Knopfdruck. Eine standardisierte Methode ist das krasse Gegenteil von Kreativität. Wann sich der Korken unter Wasser löst und die Idee ins Bewusstsein schnellt, bleibt unvorhersehbar. Mark Poppenborg schreibt dazu im Blog auf intrinsify. me: »Ideen können nicht herbeigeführt werden. Durch nichts. Niemals. Brainstorming, Design Thinking & Co können keine Ideen erzeugen, aber trotzdem etwas bringen.«

Anregende Methoden können Offenheit fördern, damit freier gesponnen und neu kombiniert wird. Mit bewährten Techniken können Sie Improvisation üben und Geistesblitze provozieren. Doch der Moment, in dem die Idee hervorsprudelt und der Korken knallt, der lässt sich nicht erzwingen. *Gibt es wirklich keine sichere Methode für Kreativität? Eine Technik, die augenblicklich wirkt wie eine Schmerztablette? Eine lösliche Kreativität wie Kaffeepulver? Ein Wirkstoff mit Garantie? Wenn es das nicht gibt, warum sind Kreativitätsmethoden dann so beliebt?* Menschen wünschen sich Instantlösungen. Methoden geben das Gefühl, Kreativität im Griff zu haben. Ideen sollen vorhersagbar werden: »Morgen im Teammeeting zwischen neun Uhr und elf Uhr steht Innovation auf dem Plan.« Doch Kreativitätstechniken bieten weder eine Garantie für gute Ideen, noch sind sie ein Selbstzweck. Methoden sind wie Trainingsgeräte für die Ideenfitness. Sie sind wie Krücken, eine wertvolle Hilfe beim Training. Das Ziel bleibt, sie wieder loszuwerden. Aber bevor Sie die Krücken loswerden, machen Sie drei Wochen lang Reha. Training von acht bis zwölf und von 14 bis 18 Uhr. Machen Sie dasselbe mit Kreativitätstechniken. Wenden Sie acht Stunden pro Tag die Walt-Disney-Methode an, und ich garantiere Ihnen, dass Sie hinterher ideenfitter sind. Wenn Sie drei Wochen Reha machen und fünf Tage pro Woche die Walt-Disney-Methode geübt haben, dann brauchen Sie die Methode nicht mehr, weil Sie völlig frei die Regeln von Disney einsetzen. Unser Missverständnis mit Kreativitätsmethoden liegt in dem Glauben, dass sie uns sofort und ohne Training kreativer machen würden. Kurze Einführung. Loslegen. Berge grandioser Ideen. Im Sport würden Sie für diese Ansicht zu Recht ausgelacht werden. Wenn Sie die Methode üben, üben, üben, dann kann Ihnen jede Methode beim kreativen Mixen helfen.

Wichtiger als die einzelnen Methoden sind die Grundprinzipien der Techniken. Zum Beispiel das Denken in verschiedenen Rollen wie bei Walt Disney und die Blickwinkel von sechs Typen wie bei De Bonos sechs Denkhüten. Oft werden Analogien gesucht. Merkmale, Ähnlichkeiten und Entsprechung werden auf neue Situationen übertragen. Die Bionik nutzt Prinzipien der Natur. Die Struktur einer Lotusblume oder von Insektenflügeln wird übertragen auf Oberflächen, Fassadenfarben, selbstreinigende Kameragläser, Schwimmanzüge und Schiffsrümpfe. Eine 6000 Kilometer lange Ameisenstraße provoziert neue Ideen für die Logistik. Seidenfasern von Spinnen sind drei- bis fünfmal so zäh wie die stabilsten Kunstfasern und einzigartig in Stabilität und Dehnbarkeit. Übertragen werden sie auf Schutzwesten und dreidimensional gedrucktes Gewebe für medizinische Implantate. Methoden können helfen, Unpassendes zu mixen und Unmögliches zu denken. **DAS ZIEL LAUTET, OHNE KRÜCKEN ZU LAUFEN UND OHNE KREATIVITÄTS-TECHNIKEN ABGEFAHRENE IDEEN ZU MIXEN.**

Meine Lieblingsmethode heißt MADNET, das steht für »Mach Aus Der Not Eine Tugend«. Geniale Ideen werden oft aus der Not heraus geboren. Nach der Wiedervereinigung 1990 wurde Berlin zur dauerhaften Großbaustelle. Das führte in der Bevölkerung zu wachsendem Ärger. Touristen standen häufig vor Baugerüsten, die die Sehenswürdigkeiten verhüllten. MADNET: 1996 öffnete Volker Hassemer als ehemaliger Senator für Stadtentwicklung alle Berliner Großbaustellen für Besucher. Er nannte die Aktion »Schaustellen«. Baustellen wurden ein Livemuseum des Wandels. Millionen neugierige Besucher kamen, um zu sehen, was hinter den Bauzäunen passierte. Die Schaustellen Berlins warben spielerisch-kreativ um Verständnis. Der Ärger über die Baustellen verflog, man wurde Teil der Schaustellen. Herr Hassemer machte aus der Not eine Tugend. Das ist eine innere Haltung, Gutes zu entdecken und auch aus Schlechtem das Beste zu machen. In dem Artikel »Wie Israel zum Land des Wasserwunders wurde« berichtet Christina Petrick-Löhr auf welt.de, dass Israel in der Wasserwirtschaft eine globale Vorreiterrolle übernommen hat. Die Kampagne »Israel trocknet aus« zeigte die Haut des Topmodels Bar Refaeli mit tiefen Furchen und rüttelte 2008 Israels Bevölkerung auf. 70 Prozent des Wassers kommen inzwischen aus gigantischen Entsalzungsanlagen im Mittelmeer. Zudem überziehen Schlauchsysteme mit kleinen Löchern alle Felder und Plantagen. Die Pflanzen werden zielgenau mit der richtigen Menge Wasser versorgt. Diese Tröpfchenbewässerung wurde bereits vor 50 Jahren in Kibbuzim aus nackter Notwendigkeit erfunden.

Neben MADNET liebe ich auch die Methode AIM. Im Englischen heißt *to aim* zielen. AIM steht für »Alles Ist Möglich«. Beim Mixen aller Zutaten hilft AIM, denn die besten neuen Lösungen kommen aus dem Absurden und scheinbar Unmöglichen. Das heißt nicht, dass tatsächlich alles möglich ist oder alles möglich sein sollte, sondern dass die innere Haltung der Mixer entscheidend wirkt. Mixer glauben, alles ist möglich. Punkt. AIM ist eine Antimethode, die sagt: **DIE INNERE HALTUNG ZÄHLT, NICHT DIE METHODE. KEINE METHODE WIRKT, WENN SIE AN »GEHT NICHT« GLAUBEN.** Techniken bewirken gar nichts, wenn sich die innere Haltung querstellt. Darum nehme ich mit meinen Methoden MADNET und AIM die Kreativitätstechniken auf den Arm. Ich mache mich lustig über den Versuch, spontanen Ideenjazz in Methoden zu pressen. Erstens, zweitens, drittens, Ergebnis – das funktioniert leider nicht. Ideen kommen autonom, wenn es ihnen passt. Zu jeder Zeit. An jedem Ort. Und alles – wirklich ausnahmslos alles – kann Kreativität fördern. Alles kann die alles entscheidende Zutat sein. Alles kann ein Anstoß und Ideenauslöser sein. Entscheidend ist, dass Sie »alles ist möglich« für möglich halten und aus jeder Not eine Tugend machen.

Der Alltag ist voller Gelegenheiten für originelle Lösungen. Als ich eine Radtour durch Berlin leiten wollte, riss mir auf dem Weg zum vereinbarten Treffpunkt die Fahrradkette. Damals gab es noch keine Mobiltelefone. Ich hatte keine Möglichkeit, die Reisegruppe zu informieren. Der Druck war groß. Ich musste die Kette reparieren und weiterfahren. Es war Sonntag früh am Morgen, kein Fahrradladen hatte offen. Da kam der Geistesblitz. In meinem Ohrloch steckte eine Büroklammer. Mit der Büroklammer ersetzte ich das gebrochene Glied in der Fahrradkette. Das Fahrrad fuhr wieder. Und die Büroklammer hielt die Kette mehrere Wochen lang quer durch Berlin. Eine originelle Problemlösung fand sich auch für dieses Problem: Bauern in Ländern mit freilebenden Elefanten plagt eine sehr große Not. *Wie können Elefanten davon abgehalten werden, die Felder der Bauern leer zu fressen?* Zäune sind teuer und unwirksam. Selbst Dornenhecken halten die Dickhäuter nicht ab. *Wovor haben Elefanten Angst? Ameisen? Mäuse? Hunde? Bienen?* Tatsächlich sind Bienenstöcke an den Zäunen der effektivste Schutz. Das Summen lässt Elefanten in Sekundenschnelle wegrennen. Zusätzlich gewinnen die Farmer leckeren Honig. Alles geht anders.[45]

Die berühmteste Kreativitätstechnik ist das Brainstorming. Die zentrale Regel lautet: »Keine Kritik«. Alles wird ausgesprochen und aufgeschrieben. Jede Idee ist wichtig und willkommen! Erfunden wurde das Brainstorming 1953 von Alex Osborn. Als Vizepräsident der Werbeagentur BBDO hatte er in vielen Meetings beobachtet, dass die Kreativität der Mitarbeiter in Gruppen eher gebremst als gefördert wurde. Daher stellte er vier Regeln auf: »*Übe keine Kritik! Je mehr Ideen, desto besser! Ergänze und verbessere bereits vorhandene Ideen! Je wilder, übertriebener und ungewöhnlicher, desto besser!*« Brainstorming ist nicht nur die populärste Kreativitätsmethode, sondern inzwischen auch die umstrittenste. Auf den Hype folgte die Ernüchterung. Einige Master- und Doktorarbeiten haben festgestellt, dass Brainstormings im Team fruchtlos sind und Ideen von Einzelpersonen mehr Ergebnisse bringen. *Wie kann das sein? Waren die Brainstormings mehrerer Generationen kreativer Teams unnötig? Wäre die Welt heute ein besserer Ort, wenn alle im stillen Kämmerlein ihre Ideen ausgebrütet hätten statt im Team? Sind die guten Ideen alle von Individuen gekommen?* Gunther Dueck sagte in einem Vortrag spöttisch: »Brainstorming hatte in 100 Jahren keinen Erfolg. Jetzt nennen sie es Design Thinking.«

Was ist an dieser Kritik dran? Ich kenne die Rahmenbedingungen der Studien nicht. *Wie wurde in den Studien die Qualität der Ideen gemessen und verglichen? Wurden Ideen umgesetzt und ein bis zwei Jahre später deren Mehrwert untersucht? Wie wurden die untersuchten Brainstormings vorbereitet? Welche Zutaten? Heterogene Gruppen geschaffen? Herausfordernde Aufgaben gestellt?* Ich kenne viele Gründe, warum Brainstormings in Gruppen oft nicht funktionieren. Ohne den *Schwur der Spinner* schaffen es Teams selten, sich an die Regel »Keine Kritik« zu halten. Dann hagelt es auf gute Ideen sofort Killerphrasen, und die Stimmung ist am Boden. Oft ist die Aufgabenstellung butterweich und ohne Wumms: »Macht ein Brainstorming zum ›Ehrenamt‹.« Oder: »Schreibt alles auf, was euch zur Energie der Zukunft einfällt.« *Ist das herausfordernd? Spannend? Elektrisierend?* Tom Kelley von IDEO sagt zu Recht, ein Brainstormer ohne klare Problemstellung sei wie ein Unternehmen ohne Strategie. *Hatten die Teilnehmer an den Studien klare, herausfordernde Aufgabenstellungen?* Ein professionelles Brainstorming braucht Profis, die A & O beherrschen, die Aufgaben mit Wumms stellen, Zutaten sammeln und in heterogenen Gruppen kritikfrei spinnen können.

Waren die Brainstormer in den kritischen Studien Anfänger oder Profis? Ideenfit oder ideenflau? Waren sie Experten oder Fachfremde? Wie war die Mischung aus Insidern und Externen? Welche Zutaten standen zur Verfügung? Gab es Absurdes und Unpassendes? Musik? Sonne? Licht? Wurde im sterilen Seminarraum gebrainstormt? Oder im Zoo? Im Laufen? Im Stehen? Im Sitzen? Wurden unverbesserliche Kritiker rausgeschmissen? Ist die Vorbereitung unprofessionell, wird die Gruppe schlechte Ergebnisse beim Brainstorming liefern. Das ist wenig überraschend. *Liegt es dann an der Methode, wenn Teams schlechter abschneiden als Einzelpersonen? Oder am stümperhaften Einsatz der Methode?* Jeder Mensch kann alleine geniale Ideen haben. Viele meiner Ideen hatte ich alleine. Aber ein Mensch kämpft alleine immer mit dem Fluch der Gleichheit. Heterogene Gruppen bringen gute Voraussetzungen für neue Kombinationen mit. Wenn eine heterogene Gruppe professionell brainstormt, dann steigt die Wahrscheinlichkeit, außergewöhnliche Kombinationen zu finden.

Andere Methoden sind auch in Verruf geraten, zum Beispiel Open Space. Das ist die bekannteste Methode zur Moderation von Großgruppen mit 200 oder 1000 Teilnehmern. Weitere Methoden für Gruppenprozesse sind zum Beispiel Barcamp, Zukunftskonferenz, World Café. Da die besten Gespräche auf Tagungen häufig in den Kaffeepausen stattfinden, stellen die genannten Großgruppen-Methoden die Themen und Gespräche der Teilnehmer in den Mittelpunkt. Im Open Space und im Barcamp bringen die Teilnehmer ihre eigenen Themen ins Plenum ein, der Moderator räumt allen Themen Zeit und Raum ein. Die Gruppen treffen sich selbständig und gestalten den Ablauf der Themen völlig frei. *Wann funktioniert ein Open Space besonders gut? Worauf müssen die Veranstalter achten, damit es ein Erfolg wird?* Beim Open Space, beim Barcamp und auch beim Brainstorming geht es um die Vielfalt der Meinungen und die Befruchtung aller Teilnehmer untereinander. Doch Austausch ist nur interessant und fruchtbar, wenn unterschiedliche Menschen zusammenkommen, die sich etwas zu sagen haben. Diversität und Heterogenität garantieren spannende, vielseitige Debatten. Ohne Vielfalt muss Open Space langweilig sein. Genauso wie Brainstorming. Treffen sich Menschen, die zu ähnlich sind und das Gleiche denken, gibt es keinen befruchtenden Dialog. Keine Spannung. Keine Kreativität. Und genau das ist oft passiert. Der Fluch der Gleichheit ist in homogenen Gruppen vorprogrammiert, aber die Schuld wird den Methoden Open Space und Brainstorming gegeben. Es gab eine Zeit, da wurde jedes größere Treffen Open Space genannt. Dann saßen dort Menschen zusammen, die sich gut kannten und nichts Neues mehr zu erzählen hatten. So kam Open Space in Verruf. Open Space bietet einen Rahmen als Freiraum. Spannung oder Langeweile entstehen aus der Zusammensetzung der Teilnehmer und Osborns vier Regeln: »Übe keine Kritik! Je mehr Ideen, desto besser! Ergänze und verbessere bereits vorhandene Ideen! Je wilder, übertriebener und ungewöhnlicher, desto besser!«

Subversiv verknüpft

Um kreativen Druck aufzubauen und nach dem Unmöglichen zu greifen, helfen bewährte Prinzipien, die immer zu Neuem führen. IMMER! Die Kreativitätsprinzipien basieren auf Alex Osborns Checkliste von 1957. Bob Eberle modifizierte die Prinzipien und veröffentlichte 1997 SCAMPER, ein Akronym. Es besteht aus den Anfangsbuchstaben von sieben Begriffen: Substitute. Combine. Adapt. Modify. Put to other use. Eliminate. Reverse.[46] Teile der Osborn-Checkliste wurden 2005 von Renée Mauborgne und W. Chan Kim in ihrem Bestseller Der Blaue Ozean als Strategie aufgegriffen und weltweit bekannt gemacht.

In ihrem Buch zeigen Mauborgne und Kim, wie man alles radikal verändert mit: Steigern. Streichen. Reduzieren. Neu hinzufügen. Nehmen Sie den klassischen Zirkus als Beispiel. Was gehört dazu? Was zeichnet ein Standardangebot aus? Eine Manege, die groß genug ist, damit ein paar Pferde oder Elefanten im Kreis laufen können, die Tiere, Artisten, Clowns, Klappstühle oder Bretter als Sitzbänke und der Geruch von Sägespänen gemischt mit frischem Popcorn. Das ist der Standardzirkus. Um ihn zu verändern, streichen Sie beispielsweise die Tiere. Ohne Tiere können Sie die Größe der Manege reduzieren und haben im Programm mehr Zeit, in der Sie die Zahl der Clowns und Artisten steigern. Holzbänke werden zu bequemen Sitzen gesteigert. Neu hinzugefügt werden eine Geschichte, die sich als roter Faden durch das Programm zieht, und eine Theateratmosphäre. So entsteht eine neue *strategische Kontur*, ein ganz anderer Zirkus. Der Cirque du Soleil wird bestimmt von einer Show voller Eleganz, Kraft und Poesie – ganz ohne Sägespäne, Tier- und Popcorngeruch. Traumwelten werden kreiert und Geschichten erzählt. Das zieht ein anderes Publikum an, mehr Erwachsene, und der Cirque du Soleil kann höhere Eintrittsgelder kassieren. Zwischen Zirkus und Theater wurde hier ein neuer Markt geschaffen. Einen solchen neuen Markt nennen Mauborgne und Kim einen blauen Ozean mit einem neuen Mehrwert. Im »roten Ozean« kämpfen alle Marktteilnehmer um Marktanteile, das ist ein harter, blutiger Kampf. **IM »BLAUEN OZEAN« GIBT ES KEINEN BLUTIGEN KAMPF, WEIL MAN EINEN NEUEN, FRISCHEN OZEAN GESCHAFFEN HAT.** Mit den vier Handgriffen steigern, streichen, reduzieren und etwas neu hinzufügen lässt sich jeder Gegenstand, jede Branche und jede Idee radikal verändern. Sie müssen es nur tun! *Was wollen Sie radikal verändern? Wie oft drehen Sie bewährte Modelle um? Wie oft streichen Sie ein Element und ersetzen es durch etwas völlig anderes?* Es ist eigentlich ganz einfach. Bereits Bekanntes wie eine Theater-Traumwelt wird verknüpft mit einem Zirkus ohne Tiere und Popcorngeruch. Fertig. Der neue Mehrwert ist eine wunderschöne Geschichte und eine Show zum Staunen. Der Cirque du Soleil tourt weltweit an mehreren Standorten gleichzeitig.

Bei den Augenoperationen wie am Fließband in Indien gleicht die neue strategische Kontur einem Burger-Restaurant durch die Standardisierung der Abläufe. Der neue Mehrwert ist die hohe Qualität der Operationen durch Wiederholung. Radikal. Zahl der Operationen gesteigert. Qualität gesteigert. Die alte Regel – höchste Qualität exklusiv für Reiche – wurde gebrochen, die Exklusivität wurde gestrichen, 70 Prozent der Operationen sind kostenfrei. Arme zahlen nichts und bekommen auch höchste Qualität. Das ist subversiv.

Die meisten genialen Ideen warten noch darauf, verknüpft, also neu kombiniert zu werden. Was können Sie subversiv verknüpfen? Jeder der folgenden 18 Buchstaben in SUBVERSIV VERKNÜPFT steht für ein Prinzip, um auf provokante Art Elemente neu zu verknüpfen:

S: Steigern	V: Vergrößern
U: Umdrehen	E: Entdecken
B: Brechen	R: Regel ändern
V: Verkleinern	K: Kombinieren
E: Ersetzen	N: Nutzen erhöhen
R: Reduzieren	Ü: Übertragen
S: Streichen	P: Provozieren
I: In Frage stellen	F: Fehler machen
V: Vertiefen	T: Träumen

Gibt es einen Unterschied zwischen verkleinern und reduzieren? Welcher Unterschied besteht zwischen vergrößern und steigern? Die beiden Wortpaare liegen dicht beieinander. Aber jedes Wort löst eine andere Assoziation aus. *Reduzieren Sie einen Teller? Oder verkleinern Sie den Teller zur Untertasse?* Mengen werden eher reduziert. Dinge werden eher verkleinert. Tonträger wurden immer weiter verkleinert. Die Langspielplatte wurde zur CD, dann kamen MP3 und iTunes, und Tausende Songs passen nun ins Handy. Man kann Lust und Begeisterung steigern. Auch die Länge eines Lkws oder Flugzeuges würde man steigern. Aber den Tisch würde man vergrößern. Längen und Mengen werden gesteigert, Dinge vergrößert.

Was kann »ersetzen« bewirken? Materialien können wirkungsvoll ersetzt werden. Carbon-Keramik-Bremsbeläge ersetzen herkömmliche Bremsscheiben, sie sind bis zu 70 Prozent leichter. Das Gewicht des Fahrwerks von Flugzeugen sinkt bei gleichzeitiger Verbesserung des Fahrbahnkontaktes zum Bremsen. Ein weiteres Beispiel für das Ersetzen: Eine Firma, die Sprengungen im Gebirge und in Minen vornimmt, schrieb früher in die Angebote für Kunden die Menge der Chemikalien. Die Menge der Chemikalien war für Kunden einfach nachzuvollziehen, damit auch der Preis. Das wollte die Firma ändern. Sie verkauft nun die Menge des gesprengten Gesteins. Die Menge der Chemikalien wurde durch die Menge des gesprengten Gesteins ersetzt. Nun sieht das Angebot besser aus, statt kleiner Mengen von Chemikalien steht darin eine große Gesteinsmasse. Der noch viel größere Vorteil für die Sprengfirma liegt aber in der deutlich flexibleren Preisgestaltung. Die Preise können vom Kunden nicht mehr einfach nachgerechnet werden. Die Kunden haben nicht genug Knowhow, um die Menge des Gesteins auf die Menge der Chemikalien umzurechnen. Die Sprengfirma hat die Preise und den Umsatz gesteigert, ohne Kunden zu vergraulen.

Was bringt das Kombinieren? Jede neue Idee ist eine einmalige, subversive Verknüpfung bereits vorhandener Elemente. Zwei Beispiele: Gutenberg kombinierte die bekannte Geldpresse mit der ebenfalls bekannten Weinpresse zum revolutionär neuen Buchdruck. Zu einer guten Schokolade gehört nicht nur die Schokoladenfabrik, sondern der Anbau, die Ernte bis zum Verkauf im Geschäft. Lindt sorgt nicht nur für die langfristige Sicherstellung der Rohstoffe und faire Arbeitsbedingungen.[47] Das Unternehmen kreierte auch die perfekte Lieferkette mit Partnern zur Lagerung, Logistik und der Zahlungsabwicklung.[48] Kein Teil des Produktes und des Kundenkontaktes wird dem Zufall überlassen. Schließlich ein Beispiel für das Infragestellen: CEWE war schon erfolgreich, als Fotos noch milliardenfach im Drogeriehandel eingeschickt und auf Fotopapier gedruckt wieder abgeholt wurden. Das Unternehmen blieb nicht stehen und taumelte nicht wie Kodak und andere Riesen. Es investierte rechtzeitig hohe Beträge in die Erforschung, Gestaltung und Umsetzung digitaler Prozesse und digitaler Fotobücher. CEWE hat rechtzeitig das alte Geschäftsmodell in Frage gestellt und komplett neu begonnen.

SUBVERSIV VERKNÜPFT bietet 18 Übungen zur Ideenfitness. Wie eine Tonleiterübung bei Pianisten oder Pingpong: Ping umdrehen. Pong verkleinern. Ping steigern. Pong vergrößern. Ping umdrehen. Pong übertragen. Ping verkleinern. Beim Mixen fliegt die Idee immer hin und her. Ideen werden aufgegriffen, weitergedacht, verändert, veredelt, ergänzt und immer weiter verbessert. Ping für Pong weg vom Bestehenden und hin zum Neuen. Viele Ideen sind Sprungbretter zur nächsten Idee. Es geht um den Spaß, immer neue Varianten einer Idee zu verbinden, sie aus den verrücktesten Blickwinkeln zu betrachten. Der Film *Acht Blickwinkel* von 2007 beginnt mit einer Explosion im spanischen Salamanca. Das Stilmittel des Films ist die zeitversetzte Rückschau, die immer wieder überrascht. Acht verschiedene Personen zeigen ihre Sicht, wie es zu der Explosion kam. Was geschah vor dem Attentat? Zwanzig Minuten vorher? Zwei Stunden vorher? Einen Tag vorher? Achtmal ändert sich die Perspektive. Acht Überraschungen über Täter und Motive. Je mehr Überraschungen, Pointen und Blickwinkel, desto besser. Verknüpfen Sie alles, was Ihnen im Ideensturm subversiv durch den Kopf geht, und sei es noch so doof. Der Chemiker und Nobelpreisträger Linus Carl Pauling sagte: »Um eine gute Idee zu bekommen, hat man am besten viele Ideen!« Im Ideenfluss erkennt man Diamanten häufig gar nicht. Deshalb muss beim subversiven Spinnen alles festgehalten werden. Aufschreiben. Weiter. Später wird gesiebt. Menschen unterschätzen die Menge an Ideen, die sie produzieren könnten, wenn sie anfangen würden. Aus den ersten 44 Fragen an einer roten Ampel werden über 400 Fragen an jedem Tag. Wenn Sie ideenfit sind, kombinieren Sie ständig alles neu.

Vom Problem lösen

Und wenn's nicht weitergeht? Wenn die Ideenmaschine stehen bleibt? Wenn keine gute Idee kommt? Wenn der Frust zu groß wird, lösen Sie sich vom Problem. Nehmen Sie ein Entspannungsbad oder verreisen Sie. Egal wo Sie sind, Geistesblitze können Ihnen überall zufliegen. Beim Essen, im Museum, auf dem Fahrrad, beim Shoppen, im Schatten oder in der Sonne. Der Philosoph Sören Kierkegaard hatte zum Arbeiten mehrere Stehpulte. Wenn er bei einer Aufgabe nicht weiterkam, ging er zum nächsten Pult. Er hatte sein Gehirn mit einer Aufgabe gefüttert und die Geistesblitz-Produktion angeworfen. Wenn sie stockte, wandte er sich dem nächsten Thema zu. Nach einer Weile und mit etwas Abstand kam er wieder zu dem Pult mit der ersten Aufgabe. **KÖNNEN SIE EIN PROBLEM NICHT LÖSEN, LÖSEN SIE SICH VON DEM PROBLEM. SCHALTEN SIE AB, DAMIT SICH DAS PROBLEM LÖST.** Gehen Sie joggen, Rosen pflanzen, Obst pflücken oder schauen Sie einen guten Film an. »Alle wirklich guten Ideen, die ich gehabt habe, sind mir beim Melken eingefallen«, wird der Maler Grant Wood in Daniel Golemans *Kreativität entdecken* zitiert. Gute Ideen kommen häufig bei Routinetätigkeiten. Eine gute Idee kann immer und überall kommen, also auch beim Melken oder Duschen. Weder der Ort noch die Tätigkeit ist entscheidend. Je intensiver ich mich mit einem Thema beschäftigt habe und mein Gehirn mit Anregungen gefüttert wurde, desto mehr schmeißt mein Unterbewusstsein den Motor an. Das Gehirn ist ein riesiger Ideen-Cocktail-Mixer, es mixt unablässig. Die Elemente purzeln durcheinander und bilden laufend neue Bilder und Ideen. Im Bewusstsein und im Unterbewusstsein setzen sich alle gespeicherten Fragen, Eindrücke, Bilder und Erfahrungen permanent neu zusammen. Kommt eine Idee wie ein Korken, der unter Wasser gedrückt wurde, hochgeschossen, dann hat es im Gehirn klick gemacht. Bewusst oder unbewusst hat sich ein Problem gelöst. »Während sich das Bewusstsein anderen Dingen zuwendet, beschäftigt sich das Unterbewusstsein fortwährend weiter mit dem Problem«, schrieb die Wissenschaftsjournalistin und Psychologin Dr. Marion Sonnenmoser in *Personalführung*. In Ruhephasen nutzt Ihr Unterbewusstsein die Chance, um mit der Idee in Ihr Bewusstsein vorzudringen. Wenn Sie nicht aktiv nachdenken, sondern zum Beispiel joggen, duschen oder träumen, schaffen Sie Platz für Geistesblitze.

Inkubation kommt von dem lateinischen Wort für »ausbrüten« und ist ein Schlüsselwort in der Kreativitätsforschung. Man überlässt die Ideenentwicklung dem Unterbewusstsein. Es spielt Pingpong mit den Zutaten. Alle Sinneseindrücke, Daten, Events, Fragen und Gespräche werden gequirlt, durchgewirbelt und neu vernetzt. Im Unterbewusstsein ist der Speicher für Zutaten viel größer als im Bewusstsein, und das Unterbewusstsein ist der größte Spinner. Sie kennen das aus Ihren Träumen. Bei Träumen werden wie bei der Inkubation die Zutaten im Unterbewusstsein verdaut. Bekannt wurde der Traum von August Kekulé. Er träumte nachts von einer Schlange, die sich in den eigenen Schwanz biss und so einen Kreis bildete. Kekulé verdankte diesem Traum die Entdeckung des Benzolrings, ein Durchbruch in der organischen Chemie. Er hatte sich bereits intensiv mit dem Problem beschäftigt, hatte den Traum gefüttert und vorbereitet. Katy Perry hatte ihren Welthit »I Kissed a Girl« nach dem Aufwachen komplett fertig im Ohr. Maria Mena träumt häufig Melodien.[49] Ruhe und halbautomatische Tätigkeiten lassen den grauen Zellen Freiraum zum Kombinieren. Nach der inneren Ideengärung sendet das Unterbewusstsein Geistesblitze, und Sie sind dann entspannt genug, um diese Geistesblitze zu empfangen. Ihr innerer Tower stimmt der Landung auf der Daten-Landebahn zu. Das ist der Grund, warum Geistesblitze häufig kommen, wenn man vom Problem abschaltet. Sie schalten ab, und das Unterbewusstsein arbeitet zuverlässig weiter. Neue Ideen kommen dann scheinbar aus dem Nichts.

DOCH IDEEN KOMMEN NIE AUS DEM NICHTS. SIE HABEN IMMER EINEN URSPRUNG. Ideen werden immer ausgelöst durch Anregungen Bilder, Geschichten, Frust, Fragen, Probleme, Wünsche oder konkrete Aufgaben. Der Entspannung, wenn Ideen wie aus dem Nichts einfliegen, geht immer die Spannung voraus. Druck ist nicht immer gut, aber auch nicht immer schlecht. Das Arbeiten unter Druck kann Diamanten formen. Edelsteine sind unter Druck tief in der Erde entstanden. Ohne das Aufwühlen und Hochschleudern durch vulkanische Energien wären die Diamanten immer noch unerreichbar tief vergraben. Ähnlich können Ideen überraschend beim Joggen oder Melken hochgeschleudert werden, denn der Zeitpunkt für Hammerideen bleibt spontan und unplanbar. Nur Ideenfitness ist planbar und trainierbar. Gut vorbereitet, also trainiert und ideenfit, locken Sie mehr Geistesblitze an, auch wenn Sie abschalten und entspannen oder Zeitungen ausgetragen. Die Idee zu meinem Jugendwettbewerb »Menschenbilder« stand mir frühmorgens komplett vor Augen – mit Ablauf und Zeitplan. Als ich die letzte Zeitung eingeworfen hatte, machte es ratterklick, und alles war klar. Thema, Ablauf, nächste Schritte. Dreieinhalb Monate Zeit zur Vorbereitung. 9.6.96 Start. Zu Hause fing ich sofort an.

Sich vom Problem zu lösen braucht Vertrauen, dass die Lösung kommt. *Muss der menschliche Geist für gute Ideen also entspannt sein? Reicht Duschen, um Probleme zu lösen? Oder muss das Gehirn unter Druck stehen, um Ideen zu liefern?* Ich glaube nicht, dass Duschen ausreicht, um diamantene Ideen zu haben. Entspannung und ein Sichlösen vom Problem sind auf jeden Fall notwendig. Ein Tapetenwechsel ist hilfreich. Doch Entspannung ist nur eine Hälfte der Medaille. Genauso wie Spannung! Spannung und Entspannung. A & O! Für die besten Ideen benötigt man beides. Ideenfitte bleiben im Fluss und wechseln permanent zwischen Spannung und Entspannung – hin und her – Ping und Pong.

Verschwendung

Nach drei Stunden im Ideen6-Parcours kritisierte mich der Geschäftsführer eines mittelständischen Unternehmens mit 350 Mitarbeitern und rund 100 Millionen Euro Umsatz: *»Wann kommen endlich die genialen Ideen, Herr Gaedt?«* Ich musste innerlich lachen. Spontan fragte ich ihn: *»Wie lange hat Ihre Ausbildung zum Bäcker gedauert? Wie lange haben Sie weitergelernt bis zur Meisterprüfung? Wie lange mussten Sie sich im Geschäft bewähren, bis Sie Geschäftsführer wurden?«* Drei Jahre duale Ausbildung. Arbeit als Geselle. Meisterschule. Nach 20 Jahren war er Geschäftsführer geworden. **IDEENMEISTER IN DREI STUNDEN? WIE NAIV UND AUCH ANMASSEND.** *Wie oft probieren Köche neue Gerichte, bis sie perfekt schmecken? Wie viele Torschüsse braucht ein Bundesligaprofi, um Torschützenkönig zu werden?* Dafür hat er sehr lange trainiert. Mit einem Tor pro Spiel und einem Hattrick pro Saison ist man garantiert Torschützenkönig. Aber wer nicht oft genug schießt, wird zu wenige Treffer erzielen. Erhöhen Sie also die Zahl der Schüsse. Jeff Bezos rät: *»Experimente sind der Schlüssel zur Innovation, weil es nie so wird, wie du vorher dachtest, man lernt so viel dabei. Wenn du die Zahl der Experimente von 100 auf 1000 erhöhen kannst, dann erhöhst du die Zahl deiner Innovationen dramatisch.«*[50]

Die meisten Experimente misslingen. Sie sind die Basis für die Ideenernte. Im Ideenfrühling säen Sie Tausende Samen aus. Im Ideenfluss beim Mixen wissen Sie noch nicht, welche Samen auf fruchtbaren Boden fallen und welche vertrocknen. Viele unsinnige Ideen bleiben Spinnerei, können aber Sprungbretter zu genialen Ideen sein. Es wird nur reichlich geerntet, wenn vorher Saat verschwendet wurde. **AUS EINER EICHEL KANN EINE TAUSENDJÄHRIGE EICHE WACHSEN. ABER NICHT AUS JEDER.** Es gibt Samen, die nie keimen. Man sieht es ihnen nicht an und weiß nicht warum. Facebook stehen 999 gescheiterte Ideen gegenüber. Deshalb lohnt sich die Verschwendung.

Ich glaube, dass jeder Mensch kreativ leben und arbeiten kann. Doch das gelingt nicht im alten Trott, nicht über Nacht und schon gar nicht nach drei Stunden Workshop. Erst die Übung macht den Ideenprofi. Dabei sind Ideenmeister keine klassischen Experten, die alles wissen. Ideenfitte zeichnet die Demut zum Nichtwissen aus. Das befähigt sie, trotz aller Erfahrung immer wieder naiv zu fragen. Naivität und Demut sind eine hohe Kunst. Ohne den Zwang, alles wissen zu müssen, sind sie frei von den Fesseln des Bestehenden. Sie ruhen sich nicht auf dem Erreichten aus. Sie fragen, fragen und fragen immer weiter. Ideenfitness ist aktiver Widerstand gegen alles Bestehende. Ideenfitness ist voller Hoffnung auf das Bessere, das noch kommt. Ideenfitness muss immer weiter, die nächste Frage stellen, den nächsten Berg erklimmen. Dabei wissen auch ideenfitte Menschen nie, wann die nächste geniale Idee kommt.

IDEENFITTE SPINNER PRODUZIEREN SEHR VIEL SCHROTT.

Das machen sie mit Begeisterung, denn sie wissen, mitten im Schrott ist der Diamant. Wenn Sie keine Kreativitätstechnik mehr brauchen, weil Sie virtuos fragen, spontan Zutaten mixen und neue Kombinationen einfach fließen, dann sind Sie ein Ideenmeister. Die Welt steht Ihnen offen. Überall auf der Welt werden neue Lösungen gesucht. Und überall auf der Welt werden neue Lösungen gefunden:

- **In einer Schule in Guatemala spenden 3300 weggeworfene Glasflaschen Licht. Die Schule ist aus Müll gebaut, aus Reifen und entsorgten Flaschen.**[51]
- **Für den Bau einer anderen Grundschule in La Cipresada, Guatemala, wurde ein alternatives Baumaterial, der BTCF-Ziegelstein, entwickelt. Der Verein Sichere Perspektiven International e.V. erhielt dafür 2007 den Mondialogo Engineering Award von der UNESCO und Daimler.**

- In einem weiteren Projekt gewinnen spanische Forscher einen Baustoff aus speziellen Abfällen und Schlämmen, die aus Karton- und Papierfabriken kommen. Aufgrund der geringen Wärmeleitfähigkeit isoliert er gut.[52]

- *Gibt es einen Stoff, der das Potenzial hat, Erdöl als Energieressource komplett zu ersetzen?* »Ich habe mich schon immer für Umweltschutz, Klimawandel und solche Dinge interessiert«, sagt der Fußballer Mathieu Flamini. Mit Lävulinsäure könnte er den 20-Milliarden-Euro-Energiemarkt revolutionieren. Flamini ist ein Vorreiter der alternativen Energieerforschung. Seine Firma gründete er während seiner aktiven Zeit beim AC Mailand.[53]

- Das Massachusetts Institute of Technology (MIT) hat ein dehnbares Hydrogel-Pflaster erfunden, das technologische Sensoren mit der menschlichen Haut vernetzt. Das intelligente Pflaster kann bei Bedarf automatisch Medikamente zur Wundheilung abgeben.

- Die App Aipoly sagt laut, was die Kamera im Smartphone sieht. Für blinde Menschen ist das eine große Erleichterung, zum Beispiel beim Einkaufen. Auch Farbenblinde profitieren von 900 Farbabstufungen in der App.

- In Oslo wird eine »Autobahn« für Bienen gepflanzt. Um Bienen in der Stadt zu schützen, wird ein Korridor vom Osten quer durch die Stadt bis in den Westen mit Blumen bepflanzt.

Lösungen über Lösungen. Alles geht anders. Doch bevor sich eine Lösung erfolgreich durchsetzt, muss eine große Menge an Ideen verarbeitet werden. Wir kommen damit zum nächsten Schritt im Ideen6-Parcours. Das Mixen hat herausfordernde Aufgabenstellungen (A) und Ideen wie Sand am Meer (O) gebracht. Nun geht es an die Auswahl und Umsetzung der Ideen.

DIAMANTEN

Ideendiamanten zu entwickeln ist harte Arbeit. Brillanten sind selten und deshalb kostbar. Beim Mixen haben Sie so viele Ideen wie Sand am Meer kombiniert. Nun müssen Sie auswählen, das heißt die Diamanten unter den Ideen identifizieren. Sie haben neben Diamanten auch viel Gestein produziert. **OHNE GESTEIN UND GERÖLL KEIN DIAMANT.** Sie brauchen 150 000 Tonnen Gestein für ein Karat Schmuck. Ein Karat entspricht 200 Milligramm. Unter 30 000 Tonnen Gestein befindet sich etwa ein Karat Rohdiamant, davon können rund 20 Prozent zur Schmuckherstellung verwendet werden. Also werden 150 000 Tonnen Gestein benötigt, um einen 200-Milligramm schweren Schmuckdiamanten zu finden. *Warum sollte es bei Ideen anders sein?*

Stöbern im Geröll

So wie Diamanten stecken auch die besten Ideen häufig in einem Geröllberg anderer Ideen. Anders als Rohdiamanten sind Ideen nicht auf Anhieb perfekt. **IDEEN BLEIBEN FORMBAR UND KÖNNEN ZUM BRILLANTEN WEITERENTWICKELT WERDEN.** Die meisten neuen Ideen sind unbrauchbare, schlechte Ideen. Es gibt Sackgassen-Ideen und Sprungbretter zur nächsten Idee. Manche Ideen leuchten hell und verglühen schnell, andere funkeln wie Diamanten, ihr Potenzial entspricht aber nur dem einer Glasperle. Deshalb entwickelt die Namensagentur Nomen bis zu 10 000 Ideen für einen neuen Namen. In Deutschland werden täglich rund 200 neue Markennamen registriert. Namen vermitteln Werte und Botschaften. Gute Namen sind eindeutig wiedererkennbar und in Suchmaschinen alleinstehend. »Fast alle erfolgreichen Start-ups haben zweisilbige Namen: Apple, Ebay, Jamba, Groupon, Google, Reddit, Yahoo. Facebook wurde erst so richtig erfolgreich, als Zuckerberg das ›The‹ wegließ. Auch Wundercar hat den eigenen Namen kürzlich in Wunder verkürzt. [...] Tatsächlich hat eine Studie ergeben, dass Start-ups mit kurzen Namen besonders erfolgreich sind.«[54] Der Agenturname »diffferent« mit drei fff ist einprägsam – es ist der Name einer Strategieagentur. Der Name geht ins Auge und bleibt im Kopf. Er hat eine hohe Unterscheidungskraft zu allen anderen Agenturen, die es wie Sand am Meer gibt. Innovation speist sich aus der Kraft zur Unterscheidung. Ob zu Ihrer Idee besser ein Wortspiel wie diffferent mit drei Silben, ein Obst-Wort oder ein Fantasiename mit zwei Silben passt, liegt an Ihrem Ziel und der Zielgruppe. Beides ist im Rahmen mit den Spielregeln festgelegt. Beim Mixen verliert man den Überblick über die Ideen, weil man im »Flow« ist und im Ideenfluss treibt. Alle Ideen werden aufgeschrieben und gesammelt. Ein Ideenprozess kann Stunden, Tage oder Wochen laufen. Wenn Sie Ihre Ideensammlung wieder betrachten, werden Sie manche Idee gar nicht mehr verstehen, über andere den Kopf schütteln. Ab und zu werden Sie lachen und hoffentlich auch jubeln: Wow. Das ist gut!

Wann ist eine Idee gut? Was ist Potenzial? Welche Idee ist die beste? Wie finden Sie Ideendiamanten, wenn ein ungeschliffener Diamant einem Kieselstein gleicht? Qualität ist kein feststehendes Maß. Es gibt nicht per se die beste Idee. Das Beste ist immer relativ. Sie definieren, was für Sie das Beste ist. Die Qualität einer Idee kann nur mit den individuellen Kriterien Ihrer Ideensuche gemessen werden. Im Zentrum der Kriterien steht Ihr Ziel: *Was wollen Sie mit der Idee erreichen? Welchen Zweck verfolgen Sie? Was soll die Idee bewirken? Wie schnell soll die Idee laufen? Entwickeln Sie zehn Jahre lang ein neues Medikament, oder brauchen Sie bereits morgen früh den neuen Kampagnennamen?* Zu jedem Ziel passt eine andere Idee besser. Ihr Ziel und die anderen Rahmenbedingungen dienen Ihnen als Basis für Ihr Urteil.

Professionelle Kritik basiert auf Kriterien. Intuition kann komplett danebenliegen. Ich habe mich oft schon beim Mixen spontan in Ideen verliebt. Fast nie war der spontane Favorit nach eingehender Prüfung die Idee, die zu den Rahmenbedingungen passte. Mein Gehirn gaukelte mir vor, mein Favorit sei die beste Idee, denn das Gehirn bildet sehr schnell eigene Muster und Raster, die die eigene Meinung unterstützen und die Intuition verstärken. Sosehr ich ein Ja-Sager bin und oft von spontanen Entscheidungen profitiert habe, so sehr warne ich vor voreiligen Festlegungen für eine Idee. **ALS LIEBHABER DER EIGENEN IDEEN KANN MAN VÖLLIG DANEBENLIEGEN.** *Ist Ihre Intuition ein Experte von gestern, heute oder bereits für das Kommende? Ist Ihre Intuition fähig, im Dunkeln des Neuen klar zu sehen? Ist Ihre Intuition in der Lage, die Stärken bereits im Baby zu erkennen?* Es gibt außergewöhnliche Menschen mit dieser Fähigkeit. Aber die meisten Menschen bevorzugen Ideen, die zu den alten Gedanken, Haltungen, Einstellungen und Märkten passen. Gleich und Gleich gesellt sich gern. Das gilt auch beim Stöbern im Geröll nach Ideendiamanten. Die selektive Wahrnehmung dominiert jede Auswahl. »Die meisten, die das Neue wollen, sind sich nicht darüber im Klaren, dass sie selbst Teil des Alten sind, an dessen Zerstörung sie herangehen wollen«, so Wolf Lotter in *brand eins 01/03. Wer hat die Größe, mit der Abrissbirne die eigenen Meinungen und Erfolge einzureißen? Wer macht freiwillig Platz für Neues?* Erst mit diesem Abstand könnten Sie unverblendet urteilen. Doch die eigene Eitelkeit wird immer flüstern, dass die eigene Idee die beste sei. Eitel werden Sie für Ihr Baby kämpfen. Mit scheinbar guten Gründen, die Ihr Gehirn wohl sortiert und aufbereitet hat. Nehmen Sie sich deshalb die Zeit für eine fundierte und anhand klarer Kriterien getroffene Auswahl der echten, möglicherweise unscheinbaren Rohdiamanten. Professionelle Kriterien wurden im Spielfeld und in den Rahmenbedingungen abgesteckt. Die Grundlage zur Auswahl steht bereits fest, bevor Sie Zutaten suchen und das kreative Mixen beginnt. Deshalb können Sie Ihre Kriterien beim Mixen völlig ausblenden und sich in Ideen verlieben. Das ist gut so und gibt Adrenalin für den zweiten Teil des Parcours. Nach dem *Mixen* wird gesiebt. Diamanten sind die Ideen, die am besten zu Ihren Vorgaben passen. Beim *Mixen* stand die Quantität (O) im Vordergrund. Bei der Suche nach Diamanten zählt die Qualität (A). Dabei hilft nun beinharte Kritik und unverblendetes Auswählen. Stellen Sie Ihren Ideen die passenden Fragen, die Sie aus den Rahmenbedingungen als Kriterien ableiten, wie zum Beispiel:

Hat die Idee Potenzial? Passt sie zum Ziel? Bietet sie einen Mehrwert? Wem bietet sie Mehrwert? Trifft der Nutzen ein Grundbedürfnis? Ist der Nutzen offensichtlich oder erklärungsbedürftig? Gibt es dafür einen Markt? Wer zahlt dafür? Einmalig? Regelmäßig? Ist die Idee einfach zu kopieren? Haben Sie einen strategischen Vorteil? Können andere das besser? Wie lange halten Sie durch, wenn es anders kommt als geplant? Kann die Idee das Ziel bis zum angepeilten Termin treffen? Kann die Idee das Ziel mit den vereinbarten Ressourcen treffen? Ist die Zahlungsbereitschaft bei den Zielgruppen bereits vorhanden? Muss sie erst geweckt werden? Kommen Umsätze sofort oder erst nach zwölf Monaten? Passt die Idee zum Trend? Ist sie den Trends voraus? Ist die Gesetzesänderung berücksichtigt? Hat das Team alle Kompetenzen zur Umsetzung? Kommt die Idee beim Entscheider durch? Wird das Gremium zustimmen? Kann die Idee das Ziel mit der vorhandenen Ausdauer und der Motivation treffen? Oder müssen Sie erst Durchhaltevermögen aufbauen? Ist die Herausforderung groß genug? Reicht der Mut? Ist die Idee medientauglich? Gibt es zwei oder 2500 Wettbewerber? Wollen Sie eine einzigartige Differenzierung im Markt erreichen? Zeichnet sich die Idee durch Originalität aus? Hat der Diamant das Potenzial, andere Menschen zu begeistern? Ist Ihre Idee unterhaltsam? Öffnet die Idee einen roten oder einen blauen Ozean?

Bewerten Sie mit zukunftstauglichen Kriterien oder mit gegenwärtig gültigem Maß? Neulandsmaß? Oder Altlandsmaß? Gegenwartsmaß kann die Zukunft kaum messen, denn die Zukunft sieht anders aus. Der Wert von Hotels verändert sich, wenn Airbnb dem Übernachtungsmarkt zwei Millionen Privatwohnungen in 190 Ländern hinzufügt. *Haben Hotels Ihr Maß für Zukunftsideen verändert und angepasst? In welchem Markt nehmen Sie Maß? Im bekannten Markt oder in einem noch gar nicht existierenden Markt?* Wenn noch niemand maßgeschneiderte Reisen für Landwirte mit großen Tierbeständen anbietet, *aus welchem Markt ziehen Sie die Daten und Vergleichszahlen für eine solche Idee? Werden Flüge zum Mars der letzte Schrei? Womit vergleichen und bewerten Sie das neue Reiseangebot?* Das Telegramm war in, Telefonieren out. *Wie nahm Herr Bell Maß?* Als Alexander Graham Bell entdeckte, dass Millionen Einwanderer in den USA das damals marktübliche Telegramm gar nicht nutzen konnten, weil sie kein Englisch sprachen, rollte er den Markt für gesprochene Telefonate völlig neu auf. Telefonieren war ein blauer Ozean für eine Minderheit. Vorher gab es gar keinen Bedarf am gesprochenen Wort über Entfernungen. Man hatte doch das Telegramm. Die aktuell rasant wachsende Nutzung von Messenger-Apps und die sinkende Nachfrage für das Telefonieren ist aus damaliger Sicht gar nichts Besonderes. *Warum telefonieren?* Das war damals nur etwas für arme Einwanderer. So verändern sich Werte und Gewohnheiten. Viele Erwachsene machen sich heute Sorgen, die Jugend würde degenerieren, weil sie nur noch schreibt, statt zu telefonieren. Doch schon bei unseren Vorfahren war das Schreiben angesehen, das Gespräch über Drähte hingegen verpönt. Erst viel später hatten alle Familien ein Telefon zu Hause. 2015 hat die mobile Nutzung Platz 1 erklommen, auch durch die »Rückkehr« zum Schreiben. Aus dem Telegramm wurde über Umwege die Messenger-App.

Ideen, die durch das eigene Kriterienraster fallen, sind nicht per se schlechte Ideen. Sie passen nur nicht zu dieser speziellen Aufgabenstellung. Dazu ein Beispiel: Ein Kunde von Knack die Nuss wollte unbedingt ein Quiz an seinem Messestand anbieten. Er war begeistert und hatte sich in seine Idee bereits verliebt. Er wollte damit möglichst viele neue Adressen von potenziellen Kunden gewinnen. Der Kunde bot ein gewerbliches Produkt an für einen kleinen, eher exklusiven Kundenkreis, keine Konsumentenware. Für ihn war ein ausgewähltes Fachpublikum interessant. Das Quiz hätte zweifelsohne zu mehr Besuchern am Stand geführt. *Aber auch zu den passenden Besuchern? Wer kommt für ein Quiz?* Spieler und Sammler von Give-aways. *Waren seine potenziellen Kunden Sammler von Give-aways?* Nein. Der Andrang durch die Spieler und Give-away-Jäger hätte sogar kontraproduktiv wirken und das entscheidende Fachpublikum abschrecken können. Ein Quiz am Messestand ist grundsätzlich keine schlechte Idee, aber ein interessiertes Fachpublikum kommt nicht zum Spielen. Außerdem hätten dem Aussteller die Adressen der Sammler und Spieler gar nichts genützt, da sie nicht an den Produkten interessiert gewesen wären, sondern nur am Quiz. Wir überprüften sein Ziel. *War sein Ziel das Quiz? Oder war sein Ziel, Adressen von Fachbesuchern zu erhalten?* Das Quiz passte nicht zu seinem Ziel und wurde nicht durchgeführt. Gute Ideen, die Potenzial versprechen, aber zu dem aktuellen Ziel nicht passen, kommen in die Schatztruhe. Oder Sie geben Ihre Ideen großzügig an andere Teams weiter. Sie können gar nicht alle Ideen selbst umsetzen.

Auswahl

An der Machbarkeit von Ideen zerstreiten sich in der Regel alle Geister. Endlich dürfen alle »Geht nicht«-Argumente auf den Tisch geknallt werden. Die »Geht nicht«-Kritiker können sich austoben. Was geht und was nicht geht, zeigt gleich das Aussieben des Ideengerölls mit Hilfe der Kriterien. Deshalb schadet eine Runde »Geht nicht« in dieser Phase des Parcours gar nicht. Seit über 20 Jahren moderiere ich Gruppenprozesse mit den bewährten Methoden Open Space, Barcamp, Future Search, World Café und auch in vielen kleineren Ideenfitness-Gruppen. Ohne verbindliche Ergebnisse und klare Absprachen passiert nichts, und die Ideen bleiben liegen. Die Bindung und Verbindlichkeit wird erhöht, wenn sich alle Beteiligten in die Entscheidung einbringen können. In jeder Gruppe gibt es dominante Persönlichkeiten, die mit ihrer dominanten Meinung bei Entscheidungen vorpreschen. Umso wichtiger ist die Einbindung aller Meinungen. Sonst besteht die Gefahr, dass Entscheidungen zur Farce und dann später boykottiert und untergraben werden. Eine übersichtliche schriftliche Entscheidung hilft immer, alleine und in Gruppen. Nutzen Sie zur Auswahl eine Matrix, an der alle beteiligt sind. Die lauten Vielredner können vorpreschen, sie können wie gewohnt den Ton angeben. Aber solange nicht alles ausgefüllt ist und alle Argumente gehört wurden, wird keine Entscheidung gefällt. Die für alle sichtbare Verschriftlichung hilft der Objektivität. Eine Matrix hilft auch gegen spontane, gefühlsmäßige Augenblicksentscheidungen. Alle Kriterien werden zu allen Optionen bearbeitet, bevor die Auswahl getroffen wird. So kann zum Beispiel keiner aus Liebe zu einer Glasperlen-Idee die Entscheidung dominieren. Durch die einheitliche Matrix wird keiner überrascht, wenn seine Lieblingsidee abgelehnt wird. Jeder hat die Möglichkeit, seine Einschätzung zu den Kriterien und den Ideen nachvollziehbar und hinterfragbar zu machen. Der Entscheidungsprozess braucht viel Kommunikation. *Meinen Sie mit »Marktpotenzial« Potenzial in bestehenden oder noch nicht existierenden Märkten? Ist die Idee »machbar« mit vorhandenen Ressourcen oder zukünftigen Ressourcen? Wie berechnen Sie die Kosten bei gänzlich neuen Möglichkeiten?* Eine Matrix für alle Beteiligten fördert den Austausch über Einschätzungen. Einheitliche wie auch voneinander abweichende Einschätzungen sind auf einen Blick zu erfassen. Ein Dialog über die Bewertungen wird auf dieser Basis versachlicht. Durch die Anwendung der Kriterien haben alle Ideen gleiche Chancen, auch die verrückteren Ideen können sich so eher durchsetzen, wenn sie zum Ziel passen. Die visuelle Darstellung bietet zudem eine gute Grundlage zur Präsentation vor Entscheidern.

Sie können folgende Tabelle gemeinsam ausfüllen und bewerten. Bei kontrovers und hart umkämpften Themen füllt jeder eine eigene Tabelle aus, und alle Meinungen werden zusammengetragen. So füllen Sie die Tabelle aus: Benennen Sie Ihr Ziel, das Thema der Entscheidung, das mit der gesuchten Idee erreicht werden soll. Schreiben Sie alle Ideen auf. Es können 3, 5 oder 20 Ideen sein. Schreiben Sie in die erste Spalte

Ziel: _____

Kriterien	1. Idee: _____		2. Idee: _____		3. Idee: _____	
	Infos zu dieser Idee und diesem Kriterium	Wie gut erfüllt die Idee das Kriterium? ++/+/−/−−	Infos zu dieser Idee und diesem Kriterium	Wie gut erfüllt die Idee das Kriterium? ++/+/−/−−	Infos zu dieser Idee und diesem Kriterium	Wie gut erfüllt die Idee das Kriterium? ++/+/−/−−
1. _____						
2. _____						
3. _____						
Ergebnis:						

Ihre Kriterien, die Sie in dieser Entscheidung als Sieb einsetzen wollen: Aus Ihren Rahmenbedingungen werden Kriterien: Bedürfnisse der Zielgruppen, Ressourcen wie Kontakte, Kosten, Zeit, Ausdauer, Mut und äußere Umstände wie Märkte, Wettbewerb, Trends, die Ihre Entscheidung pro und contra beeinflussen. Es können natürlich mehr als drei Kriterien sein. Schreiben Sie zu jeder Idee und den Kriterien alle Informationen auf, die Ihnen einfallen. Wenn Ihnen Informationen fehlen, versuchen Sie, diese zu besorgen. Informationen sind neutral, es geht noch nicht um Bewertungen. *Was kostet die Entwicklung der Idee?* Schreiben Sie eine Summe hinein, nicht »zu viel« oder »nicht zu viel«. Die Information muss für alle Beteiligten nachvollziehbar ausformuliert sein. Erst wenn alle Informationen in der Entscheidungsmatrix stehen, bewerten Sie Ihre Ideen. Geben Sie jeder Idee zu jedem Kriterium anhand der Information ein −−, −, +, ++. Es kommen immer eindeutige Entscheidungen heraus, die für alle nachvollziehbar sind. Aufgrund der Schriftform gilt das Ergebnis auch Tage und Wochen später. Sogar für Kollegen, Entscheider, Gremien, die nicht dabei waren, ist die Entscheidung nachvollziehbar. **WENN ENTSCHEIDUNGEN SCHRIFTLICH FESTGEHALTEN WERDEN, FANGEN SIE NICHT IMMER WIEDER VON VORNE AN.** Neue Kriterien und Informationen werden bei Bedarf später ergänzt. Ändern sich die Bewertungen, verschiebt sich möglicherweise die Punktezahl und auch die Entscheidung. Und auch diese Veränderung ist dann für alle Beteiligten nachvollziehbar.

An dieser Stelle noch ein grundsätzlicher Tipp: Meetings im Stehen gehen schneller.

Dieser ersten Entscheidung folgen viele weitere. Sie haben nun erste Rohdiamanten gefunden, die auf den ersten Blick am besten zu Ihren Rahmenbedingungen passen. Sie können in den nächsten Schritten feststellen, dass die Ideen immer besser passen oder ganz anders wirken, als

Sie dachten. Sie arbeiten weiter daran, die guten Ideen reichern Sie mit neuen Zutaten an und schleifen sie rund. Anstelle der unpassenden wählen Sie neue Ideen. Nach jedem Schliff und jeder Begegnung zwischen Nutzern und der Idee stehen neue Entscheidungen an. Bei der Auswahl kommen Sie immer wieder vorbei.

Der erste Schritt

Die Entscheidung ist gefällt. Nun geht's raus zu den Menschen, für die Ihre Idee gedacht ist. Der erste Schritt ist magisch, denn Sie verlassen Ihren Kopf. Sie verlassen das Ideenlabor und den Schutz der Gruppe. Bisher fand alles in einem geschlossenen System statt. Nun erleben Sie die Idee mit ersten unbeholfenen Schritten. *Wie kommt sie an? Wird sie verstanden? Wird sie so genutzt wie von Ihnen gedacht? Verlacht? Geliebt? Ist sie der Knaller?*

Die Hälfte vom Ideen6-Parcours ist geschafft: BERGFEST! Sie haben Rohdiamanten ausgewählt. Nach der Auswahl der Ideendiamanten steht nun der Realitätscheck an. **ES GIBT KEINE IDEE, DIE AUF ANHIEB PERFEKT IST. NUR DIE REALITÄT ZEIGT DIE STÄRKEN UND SCHWÄCHEN.** Ideen lernen das Laufen wie Kinder durch Austesten, Hinfallen und Aufstehen. Als Knack die Nuss das bereits erwähnte Spiel für Architekten entwickelt hatte, spielten wir es vor der Übergabe an den Kunden mit Architekten. Jeder Test bringt Erkenntnisse. Hier war es die Einsicht, dass die Bilderauswahl des Auftraggebers unpassend war. Unsere Tester erkannten die meisten Gebäude, die im Spiel gezeigt wurden, nicht. Sie sollten in dem Spiel aber möglichst schnell die Gebäude erraten, Punkte sammeln und Erfolgserlebnisse haben. Also musste die Idee der Realität angepasst werden. Deshalb nahmen wir Bilder weltbekannter Sehenswürdigkeiten. Und das bewährte sich im Praxistest. Ein Architekt, der nur fünf Minuten Zeit hatte, blieb 30 Minuten und wollte immer weiterspielen. Er war gefesselt, das Spiel war gut. Es wurde ein voller Erfolg – dank des Realitätschecks. Solange ein Ideenpuzzle nur im eigenen Kopf stattfindet, sind viele gedachte Annahmen im Spiel. Der Auftraggeber dachte: »Den Profi-Architekten zeigen wir außergewöhnliche Gebäude.« Nachvollziehbar und sinnvoll. Im Kopf passt diese Annahme perfekt zu der Zielgruppe. Nur der Realitätscheck konnte zeigen, ob dieser gedachte Mehrwert »Profis erfahren Wertschätzung mit außergewöhnlichen Bildern« wirklich existierte.

SETZEN SIE IDEEN KNALLHART DER REALITÄT AUS. BILDER, NAMEN, GEGENSTÄNDE LASSEN SICH EINFACH TESTEN. Zeigen Sie Ihr neues Logo, Ihr Werbeplakat, Ihre Stellenanzeige, Ihren Projektnamen, Ihr Design zehn Freunden und zehn Fremden. Sie wissen sofort, ob Ihre Botschaft verstanden wird. Dabei geht es nie um richtig oder falsch. Es geht um die Wirkung bei anderen Menschen. *Welche Wirkung erzielt ein Bild, ein Name, eine Botschaft? Passt die erlebte Wirkung zu dem, was Sie sich vorgestellt haben? Löst die Idee Assoziationen und Reaktionen aus, die Sie erwartet haben, oder ganz andere?* Schreiben Sie vorher auf, welche Wirkung Sie erzielen wollen. Vergleichen Sie Ihre Stichworte mit den Antworten der Tester. Wenn Sie Ideen testen, verraten Sie auf keinen Fall Ihre eigene Meinung. Hören Sie zu! Im nächsten Schritt können Sie selbstverständlich nachfragen und erklären. Meistens reichen acht bis zehn externe Meinungen, und Sie wissen, ob die Idee ihr Ziel erreicht. Die Sparkasse Birkenfeld hat mit einem einzigen Bild drei Milliarden Menschen ausgeschlossen: alle Frauen. Gedacht war das Bild als Werbung für Auszubildende. Auf dem Bild sind zwei junge Männer und fünf junge Frauen zu sehen. Die Männer stehen auf den obersten Sprossen der Karriereleiter, während die Frauen ihnen die Leiter halten. Hätte die Werbeagentur das Bild vor der Veröffentlichung zehn Kunden der Sparkasse oder den Schülern einer örtlichen Schulklasse gezeigt, wäre der Sparkasse diese Peinlichkeit erspart geblieben. Es ist so einfach, Bilder mit unbeteiligten Menschen zu testen.

Die Designschmiede IDEO vertritt die Meinung: »Ein Prototyp ist eine verkörperte Frage.« *Willst du mich? Wie wirke ich?* Zu einem Bild, Namen, Gegenstand hat jeder Mensch eine Meinung. Abstrakte Ideen können sich Menschen hingegen nicht vorstellen. Hier hilft die Methode des Bodystorming. Im Bodystorming werden erlebbare Modelle geschaffen. Mit möglichst einfachen Mitteln wird die Idee zum Leben erweckt. Etwas zum Anfassen und Ausprobieren überzeugt viel eher als ein trockenes Konzept. Es geht auch darum, die Haltung zu wechseln. Vom Sitzen am Schreibtisch zum Tun. Vom Kopf zum Kunden. Dazu müssen Sie sich aus Ihrem Kämmerlein heraustrauen. Ideen haben viele Menschen. Aber die wenigsten werden jemals umgesetzt. **MIT VORHANDENEN MITTELN WIRD EIN ASPEKT DER IDEE AUSPROBIERT, UM SCHNELL ERFAHRUNGEN ZU SAMMELN.** Als Matthias Klopp und ich ein neues Souvenir von der Berliner Mauer entwickelt hatten, haben wir es in drei Schritten getestet. Der erste Prototyp war aus Gips. Gips war im Keller vorrätig. Zu diesem Prototyp sagten potenzielle Kunden am Brandenburger Tor: »Toll! Kann man das kaufen?« Beim Anfassen und Anheben kam der Ausruf: »Oh! Ist das schwer!« Nach der Erklärung, dass es aus Gips sei, folgte die Ernüchterung: »Was, aus Gips? Das kann ja unterwegs kaputt gehen!« Die Erkenntnis, die außer Gips und Zeit nichts gekostet hat, lautete: Die Souveniridee kommt gut an, weckt Interesse, aber das Material muss leichter und darf nicht zerbrechlich sein. Der zweite Prototyp war aus leichtem Holz: Holz war ebenfalls im Keller vorrätig. Mit Touristen testeten wir das Souvenir in fünf verschiedenen Größen. Daraus folgte die zweite wertvolle Erkenntnis: Zwei der fünf Größen wurden bevorzugt. Schlüsselanhänger und eine Art Buchstütze. Der dritte Prototyp war aus dem Kunststoff, in dem das Souvenir später in großer Stückzahl produziert werden sollte. Die Gussform für den dritten Testlauf bestand aus günstigem Kautschuk und noch nicht aus teurem Metall. Das Souvenir sah nun im dritten Versuch schon so aus, wie es aus einem Spritzgusswerkzeug herauskommen würde. Aber der dritte Prototyp kostete nur 1000 Euro für die Gussform statt 20 000 Euro für das Spritzgusswerkzeug. Mit einer Miniserie aus der günstigen Gussform konnten wir bereits Kunden gewinnen und den Zwischenhandel informieren, bevor wir in die teuren Werkzeuge investierten. Mit vorhandenen und günstigen Materialien haben wir durch das Testen viele wertvolle Erkenntnisse gewonnen: Zu schwer. Zu zerbrechlich. Die Favoriten: Schlüsselanhänger und Buchstütze. Wir haben einfach getestet und weiterentwickelt. Zu häufig wird nach einer Ideenentwicklung sofort die Umsetzung gestartet, ohne Laufen gelernt zu haben. Häufig ist die Idee gar nicht schlecht, aber ihr fehlt die nötige Reife. Mit Tests und Modifikationen in schneller und häufiger Folge lässt sich die Idee zur Reife entwickeln. Probieren Sie das Wesentliche der Idee mit einfachen Mitteln schnell aus, dann wissen Sie's. Ihre ganze kreative Energie fließt jetzt in Experimente und Feldversuche. Bei dem nächsten Meeting mit Geldgebern überraschen Sie die Entscheider mit konkreten Ergebnissen aus Erlebnissen statt nur mit Worten. Zeigen Sie die ersten Nutzer und wie sie sich über Ihre Idee freuen. Ein Bild sagt mehr als tausend Worte. Ein Modell bietet Eindrücke, die Worte nicht vermitteln können.

»Die Entwicklung effektiver Prototypen ist vielleicht die wertvollste Kernkompetenz einer innovativen Organisation«, sagt Michael Schrage, Research Fellow am MIT Center for Digital Business. Alles kann getestet werden. Souvenirs, Materialien, Fitnessgeräte, Suppen, Musik, Plakate, Einladungen, Manuskripte, einfach alles. *Wie kommt die Idee an?* Jeder Testlauf löst Eindrücke und Assoziationen aus. Oft nicht die Wirkung, die der Ideengeber erwartet hatte. Mit Bildern und Prototypen wird greifbar, was in Ihrer Idee steckt, und sichtbar, wie andere darauf reagieren. Überfordern Sie Ihre Tester nicht mit Ihrer Begeisterung. Nie werden alle Menschen Ihre Idee sofort verstehen oder mögen. Rechnen Sie mit Unverständnis, dann werden Sie davon nicht überrascht. Wer mit Widerständen umgehen kann, kommt schneller zum Ziel. Solange Sie in der Theorie bleiben, verhaspeln Sie sich in Worten und Gedanken. Mit schnellen, konkreten Testläufen lernen Sie am meisten über Ihre Idee.

Innovation ist auch die hohe Kunst der Vermittlung. Von Ihrem Kopf in die Köpfe von Kollegen, Partnern, Vorgesetzten, Kunden. **EIN PROTO-TYP KANN ANDERE FÜR DIE IDEE GEWINNEN. DER ERSTE SCHRITT RUFT EINE REAKTION HERVOR. WIE EIN BUME-RANG KOMMT IMMER ETWAS ZURÜCK.** Durch Mit-Teilen vermehren Sie Ihre Erkenntnisse. Die Feedbacks aus der Realität sind die Nahrung für die Weiterentwicklung der Idee. Oft scheitern Ideen, weil sie nicht ausreichend getestet wurden und es zu wenige Prototypen gab. »Kein Käufer will ein Luftschiff, das er nicht fliegen sieht. Die Cargolifter AG hatte in sieben Jahren nur einen Prototyp gebaut, und der konnte keine der folgenden Fragen klären: Wie den Zug der Last so verteilen, dass sich der Rumpf nicht verformt? Wie das Luftschiff entladen, ohne dass es plötzlich, von seiner Last befreit, einen Satz in den Himmel macht? All diese Probleme sind lösbar, aber noch niemand hat sie gelöst«, schrieb Stefan Klein in brand eins 10/02. Ungetestete, fehlerhafte Materialien kosten im schlimmsten Fall viele Menschen ihr Leben, wie bei dem ICE-Unfall 1998 in Eschede. Sowohl 1986 nach dem Absturz der Raumfähre Challenger als auch 2003 nach dem Absturz der Raumfähre Columbia wurde Kritik an der NASA laut, dass Tests nicht durchgeführt worden waren, um Kosten einzusparen. Prototypen machen Fehler sichtbar, bevor Produkte in Serie hergestellt werden. Sie vermeiden Schäden und hohe Folgekosten.

Um Dienstleistungen zu testen, können Sie ähnlich vorgehen wie bei Prototypen. Wenn Sie ein neues Suppenrestaurant testen wollen, sollten Sie nicht zuerst den Laden mieten, sondern eine leckere Suppe kochen und Menschen dazu einladen. Wenn die Gäste Ihre Suppe außergewöhnlich lecker finden, dann ist die wichtigste Zutat zum Suppe-to-go-

Konzept erfüllt. Sie können kochen. Filmen Sie Ihre Suppentester und zeigen Sie Investoren, dass die Suppe schmeckt. Natürlich gibt es zum Film eine warme, leckere Suppe. Sie können Vertriebspartnern zeigen, wie Ihnen das neue Souvenir aus den Händen gerissen wird. Versuchen Sie, Ihre Idee erfahrbar und schmackhaft zu machen. Wenn Sie die Idee präsentieren, dann sollte allen das Wasser im Munde zusammenlaufen. Handelt es sich bei Ihrer Idee nicht um ein Produkt oder eine einfache Dienstleistung, sondern um einen komplexen Prozess, dann überlegen Sie, welchen Teil des Prozesses Sie als Pilotprojekt testen können, ehe Sie den Prozess implementieren. Manche Pilotprojekte und Prototypen lösen Funken der Begeisterung aus, andere Diamanten erweisen sich als Kiesel. Mit schnellen Pilotprojekten und Prototypen sparen Sie viel Geld. Sie wissen schnell, ob die Idee hält, was sie verspricht. Krasse Flops werden beerdigt. Fantastische Senkrechtstarter bauen Sie weiter aus. Ideen sind besonders gefährdet, wenn der Ideengeber sie anderen Menschen erzählt. Die Vermittlung des Neuen ist ein großer Ideenfriedhof. Worte sind immer unbeholfen. Worte aus dem Altland wirken häufig wie Papierflieger. Die Idee wird nur teilweise oder falsch verstanden. Worte verwirren oft mehr, als dass sie helfen. Es ist eine große Kunst, Ideen in Worten darzustellen. Den anderen fehlt das plastische Erleben der Idee, sie können die Idee nicht sofort begreifen. Diese Hürde der Vermittlung meistern Prototypen und Pilotprojekte viel einfacher. Sobald es etwas zu sehen und zum Anfassen gibt, reagieren Menschen positiver auf Ideen. Es bedarf viel Kommunikation, um andere für die Idee zu gewinnen. Das Team, Vorgesetzte, Kooperationspartner und schließlich Kunden. Testen Sie schnell. Jedes Feedback bringt Sie weiter.

Zu früh – zu spät

WENN SIE IHRE IDEE PRÜFEN, BEKOMMEN SIE EINEN EINDRUCK, OB DIE ZEIT REIF IST. Bei einem komplexen Geschäftsmodell können Sie mehrere Teilaspekte testen. Das Risiko bleibt. Der reale Mehrwert wird erst im echten Betrieb sichtbar. Sie können immer noch zu früh oder schon zu spät kommen. »Durch die innovative Matching-Technologie der Online-Plattform in Kombination mit gedruckten, für die Schulen kostenlosen Unterrichtsmaterialien hat sich das Start-up zum Marktführer in diesem Bereich entwickelt.«[55] Dieser Text passt 100 Prozent zu meiner Firma Younect, genau das haben wir 2007 bis 2010 auf younect.de angeboten: Matching-Technologie, Kompetenztests für Schüler und die Bereitstellung kostenloser Unterrichtsmaterialien für ganze Schulklassen. 30 000 aktive Schülerprofile, alle auf der Suche nach einer Ausbildung, standen für Unternehmen online bereit. Aber in dem Zitat geht es um Azubiyo.de. Younect war viel zu früh im Markt. Falsches Timing. Azubiyo, blicksta und ausbildung.de waren zur rechten Zeit online, ihr Timing stimmte. Ob das Timing stimmt, weiß man nie im Voraus. Man kann nur versuchen, prüfen, testen. Vorreiter zu sein wie Younect ist kein Wert an sich. Der zeitliche Vorsprung vor anderen Anbietern kann ein Vorteil und genauso ein Nachteil sein. Kunden müssen in der Lage sein, den Mehrwert zu erkennen, und ihn – auf Vertrauen – höher einschätzen als den Aufwand des Neuen.

Wenn die Akzeptanz im Markt fehlt, war die Zeit noch nicht reif, oder es war schon zu spät. Eine dritte Möglichkeit: Potenzielle Partner erkennen den Mehrwert nicht. 2004 hatten fünf Freunde und ich die Idee zu einer Plattform, auf der Menschen alle Fragen stellen können, speziell regionale Fragen wie zum Beispiel: *Wo ist die beste Schule in Berlin-Schöneberg?*, *Welcher Zahnarzt in Erfurt behandelt freundlich?*, *Welche Gruppe sucht einen Doppelkopfspieler in Bonn?* Läden, Schulen, Bands, Handwerker, Turnvereine, Fußballclubs werden regional gesucht. Einkäufe werden zu 80 bis 90 Prozent im Umkreis von fünf Kilometern des Wohnortes erledigt. Immer mehr Menschen ziehen immer häufiger um und haben schon vor dem Umzug Fragen. Auf unserer Online-Plattform wurden Fragen gestellt und vom System passend zur Postleitzahl verteilt. Nutzer bekamen nur Fragen, die sie aufgrund der regionalen Nähe mit hoher Wahrscheinlichkeit beantworten konnten. Allgemeine Wissensfragen waren auch willkommen. Unser Prototyp war in unseren Augen ein Brillant. Im Januar 2005 präsentierten wir askabit.de einem der erfolgreichsten deutschen Internetpioniere. Wir wollten ihn als Investor gewinnen. Für uns war völlig klar, dass diese Idee ganz groß werden könnte. Nach einer engagierten Präsentation stellte uns der Web-Pionier eine Frage: *Wer soll da antworten?* Er glaubte nicht, dass Menschen im Internet kostenlos antworten würden. Zugegeben, Anfang 2005 gab es noch kein Social Media, kein Twitter, keine Sharing Economy, nur ein paar hässliche Foren. Es wurde noch nicht alles öffentlich geteilt. Doch wir waren uns sicher, dass Menschen ihr Wissen gerne teilen. Digitale Nachbarschaftshilfe. Bis Mai 2006 hatten wir askabit.de aus eigener Kraft umgesetzt. Schnell waren Tausende Fragen gestellt. Die hohe Qualität der Antworten war positiv. Uns fehlte nur noch die Marktdurchdringung. Doch dann startete 2006 gutefrage.net mit einem starken Investor. Gutefrage.net ist heute Deutschlands größte und aktivste Ratgeber-Community – nicht askabit. Überall im Web stellen Milliarden Menschen Fragen und bekommen selbstverständlich Antworten, Tipps und persönlichen Rat – öffentlich und kostenlos. So wie wir uns das schon 2004 vorgestellt hatten. Geile Vision. Gereifte Idee. Gutes Timing. Aber gutefrage.net machte das Rennen.

Manchmal liegt eine Idee perfekt im Timing, das Angebot ist aber noch unreif. »Es ist wahres Gift für eine Erfindung, wenn sie zu früh und zu schnell auf den offenen Markt getrieben wird! Der Rückschlag bleibt nicht aus und zerstört auch den gesunden Kern, der Zeit zum Wachsen

braucht und Ruhe«, weise Worte von Werner von Siemens im Jahr 1880!
Die TV-Show *Wer wird Millionär* wurde in Großbritannien entwickelt.
Die ursprünglich geplanten sechs Monate Entwicklungszeit wurden auf
zwölf Monate verdoppelt. Es hat sich gelohnt. Das Ergebnis kann sich
sehen lassen. Weltweit Erfolg! **ZEIT UND BUDGET VERDOPPELT:
WÄREN SIE DAZU BEREIT?** Ohne Garantie auf ein gutes Ergebnis!
Der TV-Produzent Gil Bachrach erkennt im deutschen Fernsehgeschäft
mangelnden Mut, neue Projekte langfristig mit Geld und Geduld aus-
zustatten. Das ist ein Fehler, denn langweilige TV-Shows werden weder angesehen, noch lassen sich die Lizenzen ins Ausland verkaufen. In
der Folge kommen gereifte TV-Konzepte wie *Wer wird Millionär* oder
The Voice aus dem Ausland. Bachrach stellte bereits 2002 fest: »Sicher
mangelt es den Produzenten nicht an Ideen. Aber es mangelt an einer
Kultur, die solche Ideen zu erfolgreichen Programmen wachsen lässt.
Dazu braucht es Zeit, Geld, Kompetenz und Vertrauen zwischen Produzenten und Fernsehsendern.«[56] Kultur des Wachsens und Reifens – klingt
gut. *Ist das noch zeitgemäß? Muss heute alles schneller gehen?* Bachrachs Motto
lautet: »Nur eine geile Story macht ein Produkt erfolgreich!« Netflix liefert geile Storys in rauen Mengen und ist in 130 Ländern aktiv. Gegründet
wurde Netflix bereits 1997. Eine lange Reifezeit. Netflix-Gründer Reed
Hastings sagt: »Ich konnte eigentlich nichts.«[57] Er hatte Zeit, sich selbst
und Netflix zu entwickeln. Airbnb ist 2008 gestartet. Niemand hat die
Idee ernst genommen. Airbnb-Mitbegründer Nathan Blecharczyk berichtet, wie potenzielle Investoren reagiert haben. Für sie stand fest: »Keiner
will seine Wohnung ins Netz stellen, keiner will sich in die Stube schauen
lassen. Das ist doch unheimlich. Was, wenn etwas Schlimmes passiert?
Ich würde das nie machen!«[58] So kann man sich irren. Auch Airbnb hatte
Jahre der Reifezeit. WhatsApp war fünf Jahre alt, als es an Facebook verkauft wurde. Keine lange Reifezeit, aber der Erfolg kam auch nicht über
Nacht.

Gleichzeitig starten neue Angebote speziell im Internet immer schneller. »Lean« ist das Zauberwort von Eric Ries, das er seit 2008 prägt. Das Ziel dieser sogenannten schlanken Prozesse ist es, so schnell wie möglich einen Prototyp oder eine Testversion einer Software im Markt zu starten, um schnell Kundenfeedback in die Änderungen am Produkt und am Geschäftsmodell einzubinden. Das hat Tom Kelley bereits 2001 in *The Art of Innovation* am Beispiel eines Einkaufswagens vorgeführt. In vier Tagen hatte IDEO Zutaten gesammelt, Ideen generiert, Prototypen gebaut und live getestet. So schnell ist es möglich, ein handfestes Ergebnis sichtbar und erlebbar zu machen. *Was ist nun zu empfehlen? Unruhige Schnelligkeit oder der geduldige Weg des Reifens? Beides? A & O!*

IDEEN WERDEN GRÜNDLICH ENTWICKELT UND SCHNELL GETESTET. Ideen werden permanent verbessert, viele Male angereichert und mit Geduld geschliffen. Perfektes Timing und fundierte Entscheidungen statt unreifer Hektik. Die entscheidende Frage lautet: *Wie oft wurde die Idee getestet, angereichert, neu getestet, weiter verbessert?* Je schneller Sie Ihre Idee testen, desto schneller wissen Sie: loslassen und neu starten oder weiterentwickeln und die Stärken ausbauen. Der Durchbruch kann trotzdem Jahre dauern. *Ist Timing der Hauptgrund für Erfolg?* Das fragt Bill Gross im TED Talk.[59] In einem sind sich alle einig: Der digitale Wandel wird nie wieder so langsam sein wie heute. Wer einen Trend verpasst, zahlt wie Facebook 19 Milliarden Dollar für den Kauf von WhatsApp. Das Entwicklungstempo mit Lean Prototyping ist in jedem Fall ein zentraler Erfolgsfaktor. Der richtige Reifegrad und der passende Moment sind entscheidend. Der *Ultimate Fighting-Champion* Conor McGregor rät zu intelligentem Tempo: »Präzision und Timing schlagen Schnelligkeit und Kraft.« Blinde Schnelligkeit bringt nichts, denn: »Kreative Ideen brauchen Zeit. Sie kommen oft nach einer Zeit des tiefen Nachdenkens über ein Problem und des Entdeckens verschiedener möglicher Lösungswege«, schreiben Loran Nordgren und Brian J. Lucas.[60] Das gilt auch für die Umsetzungskreativität und die Zeit zum Reifen. **REIFEN IST NICHT PASSIV, SONDERN BRAUCHT SCHNELLE REALITÄTSCHECKS IM MARKT.** Die Reifung passiert aktiv in Testmärkten, auf schlanken Wegen zum Wissen über Ideen. Geduld, Schnelligkeit und Timing sind auf den ersten Blick widersprüchlich, doch alle gehören zum Team »A & O«. Erfolg hängt maßgeblich an der Umsetzungskreativität. Nicht zu früh und nicht zu spät. Nicht zu unreif, aber schnell und reif. Schnell bedeutet auch, schnell zu lernen, was funktioniert und was nicht funktioniert.

Testen, ändern, anders versuchen, Fehler erkennen und wieder ändern. Bis es klappt. Bis es läuft. Reif wird eine Idee nur durch endloses Ausprobieren. Und da sich Märkte permanent wandeln, hört dieser Prozess gar nicht auf. Auch wer etabliert ist, braucht die Leidenschaft zur Veränderung. Anja Förster meint, dass wir von Madonna mehr über Innovation lernen können als von Managementgurus. »Madonna erfindet sich auf dem Höhepunkt ihres Erfolges schon wieder neu. Obwohl nicht sicher ist, dass das Neue so erfolgreich wird wie das Alte.«[61] Madonna testet, ändert, versucht es anders und wandelt sich weiter. Je mehr Sie Ihre Ideen testen, ändern, testen, Kernelemente ausprobieren und im Austausch mit Kunden stehen, umso mehr Einflugschneisen bieten Sie auch für Überraschungen und Zufälle.

Beim Schopfe packen

Eingangs hatte ich bereits erwähnt, dass es in der griechischen Mythologie zwei Götter für das Phänomen der Zeit gibt. Chronos steht für Ordnung und geregelte Abläufe, das A im Innovationsrhythmus. Chronos prägt unseren Zeitbegriff, den wir im Alltag verwenden. Daneben kennt die griechische Mythologie noch eine zweite Zeitdimension: Kairos. Kairos steht für den günstigen Zeitpunkt, Chaos, Unordnung, Chancen und einmalige Gelegenheiten. Das O der Innovation. Chronos & Kairos beschreiben zusammen die unterschiedlichen, teilweise widersprüchlichen Facetten der Zeit. Der Gott Kairos wurde mit einem Pferdeschwanz dargestellt. Das Sprichwort »eine Gelegenheit beim Schopfe packen« bezieht sich auf Kairos und das Zupacken, wenn sich Chancen eröffnen. *Welche Tür öffnet sich Ihnen gerade? Was fliegt Ihnen zu? Nutzen Sie Zufälle? Fangen Sie eine günstige Gelegenheit auf wie einen Ball? Welches Ereignis ist aktuell in aller Munde, zu dem Sie einen Beitrag liefern können? Wer reagiert auf Veränderungen und Chancen schneller?*

Mit Kairos können Sie nicht planen, er ist unberechenbar. Sie können sich auf eine günstige Gelegenheit innerlich vorbereiten, aber ob und wann sie eintritt, ist immer eine Überraschung. Und dann gilt es zuzupacken. Auch ich habe die Macht des Kairos erlebt. Kathinka Alexandrow und ich nahmen mit einer Idee an einem Businessplan-Wettbewerb teil. Einem Juror gefiel unser Konzept so gut, dass er uns anrief. Wir trafen ihn, und er bot uns die Unterstützung der Gründerförderung profund der Freien Universität Berlin an. Da Kathinka an der FU studiert hatte, passte das. Wir zogen von Mai 2007 bis Mai 2008 in die Gründervilla ein. Dort hatten wir nicht nur ein Büro, sondern auch die Möglichkeit, Investoren und Geschäftspartner in repräsentative Räume in Berlin-Dahlem einzuladen. Über profund nahmen wir an der »Langen Nacht der Wissenschaft« teil. Wir bauten einen Stand auf und wollten möglichst vielen Menschen unsere Azubi-Plattform younect.de zeigen. Doch in diesem Teil der Hochschule kam so gut wie niemand vorbei. Flaute. Nichts los. Kaum Gespräche. Unerwartet blieb ein Mann stehen und fragte: »Was macht ihr?« »Wir bieten Schülern Berufsorientierung und eine gründliche Vorbereitung auf ihre Ausbildung. Unternehmen vermitteln wir passende Kandidaten für ihre Ausbildungsplätze.« »Braucht kein Mensch«, fuhr mir der Mann ins Wort. Ich war vorbereitet und erzählte ihm von den 141 000 Auszubildenden, die ihre Lehre in nur einem Jahr abgebrochen hatten und damit der Wirtschaft einen Schaden von 580 Millionen Euro verursachten. Hauptgrund: falsche Vorstellungen, was sie in der Ausbildung erwartet. »Das klingt interessant. Ich hole mir einen Kaffee, dann sprechen wir weiter.« Der Mann verschwand zum Kaffeeautomaten und kam tatsächlich wieder. Wir redeten zwei Stunden, bis wir den Stand abbauen mussten. Am nächsten Tag trafen wir uns zum Brunch und redeten weitere drei Stunden. Ich hatte die Chance genutzt. Auf »Das braucht kein Mensch« konnte ich reagieren, weil ich vorbereitet war und das Thema beherrschte. Ich hatte den Kairos am Schopf gepackt. Unser Zufallsbesuch investierte als Business Angel in die YOUNECT GmbH und sorgte über Kontakte für mehrere Venture-Capital-Investments. *Warum war er überhaupt am Samstagabend zu unserem Stand gekommen?* Er wohnte in der Nähe der Freien Universität. Draußen hatte es geregnet. Die Gänge der Universität waren für ihn der kürzeste und trockenste Weg nach Hause. Dass wir auf seinem Weg standen, brachte uns den günstigen Augenblick, den Kairos.

In der Rückschau erscheinen uns viele erfolgreiche Entwicklungen als total logisch, strategisch geplant und absehbar. Aber eben nur in der Rückschau. **MENSCHEN SIND BLIND FÜR ZUFÄLLIGE, UNBERECHENBARE EREIGNISSE, WEIL WIR KEIN SINNESORGAN FÜR DEN ZUFALL HABEN.** Der Bestsellerautor und Kabarettist Vince Ebert trifft den Nagel auf den Kopf, wenn er sagt, dass die Welt nicht berechenbar ist und Erfolge auch von Zufällen abhängen. Er erklärt in Keynotes sehr unterhaltsam, wie uns unser Gehirn einen Streich spielt: Es ist darauf ausgerichtet, Muster zu erkennen. Auch dann, wenn es keine Muster gibt. Das Gehirn baut sich Muster und spielt uns so stabile Zustände vor. Ich stelle mir das so vor: Das Gehirn will uns einen Gefallen tun, denn Menschen lieben Stabilität, Harmonie und Sicherheit. Doch Kairos kommt und geht, wann Kairos will. »Wir suchen krampfhaft nach einer eindeutigen Beziehung von Ursache und Wirkung, tappen damit aber in die Falle ungerechtfertigter kausaler Schlüsse. Glück oder Zufall passen nicht zur anmaßenden Attitüde der Welterklärer«, schreibt Gunnar Sohn und zitiert Daniel Kahneman: »*Wenn man weiß, wie wichtig der Faktor Glück ist, sollte man besonders argwöhnisch sein, wenn aus dem Vergleich von erfolgreichen und weniger erfolgreichen Firmen hochkonsistente Muster hervorgehen. Wenn der Zufall seine Hand im Spiel hat, können regelmäßige Muster nur Illusionen sein.*«[62]

Bei einer Veranstaltung in der Berliner Ernst & Young-Zentrale am Bahnhof Friedrichstraße wurde das Geheimnis erfolgreicher Entrepreneure gelüftet. Man hatte jahrelang erfolgreiche Unternehmen, die Gewinner des Wettbewerbs »Entrepreneur des Jahres«, untersucht und Erfolgsfaktoren entdeckt. Flache Hierarchien, schnelle Entscheidungen, hohe Bereitschaft zur Innovation, regelmäßige Fortbildungen sowie eine Beteiligung aller Mitarbeiter an der Weiterentwicklung des Unternehmens und der Produkte. Ein klares Muster, die Straße zum Erfolg. An diesem Abend, lange bevor ich das Vergnügen hatte, Vince Ebert live zu erleben, dachte ich: An diesem Erfolgsmuster ist was faul. *Was wäre, wenn genauso viele Unternehmen, die diese Erfolgsfaktoren berücksichtigt haben, heute pleite statt erfolgreich sind? Denkbar? Wahrscheinlich?* Ich fragte den Gastgeber Peter Englisch, ob untersucht wurde, wie viele insolvente Unternehmen ebenfalls die von Ernst & Young identifizierten Erfolgsfaktoren befolgt hatten. Wie erwartet gab es dazu keine Erhebung. Ernst & Young hatte rückblickend aus den Erfahrungen der Erfolgreichen ein Muster gebildet. Zweifelsohne sind flache Hierarchien und die Bereitschaft zur Innovation sinnvoll. Aber eine hinreichende Aussagekraft über Erfolg und Misserfolg bieten diese Faktoren nicht.

Ich bin ganz auf Vince Eberts Linie, dass »viele unternehmerische Erfolgsgeschichten das Produkt von glücklichen Zufällen und unvorhersehbaren Faktoren« sind. *Wie oft ist Kairos Ihnen begegnet? Wie oft haben Sie zugegriffen? Wie oft blieb die Chance unerkannt links liegen?* Sahil Bloom schreibt auf Twitter: »Eine erfolgreiche Person hat die Power, sich in Situationen

zu begeben, in denen ihn zufällig glückliche und unerwartete Entdeckungen treffen. Glück ist niemals nur Glück.« Wir können dem Glück
auf die Sprünge helfen, indem wir offen bleiben und zum Kairos Ja sagen, wenn unerwartete Angebote unseren Weg kreuzen. Ständig begegnen uns Menschen, Chancen, Geschenke. Manche Menschen greifen zu,
andere laufen daran vorbei. Es liegt an Ihnen, ob Sie offen bleiben und
Kairos am Schopfe packen. »Unternehmerisches Glück tritt ein, [...] wenn
der Zufall die Absicht kreuzt«, meint Tom Sommerlatte, ehemals Vice
President von Arthur D. Little, im Buch *Business Innovation*. Robert Rothe
gründete den ersten unabhängigen deutschen Internetprovider Inter-
active Networx mit der unter Berlinern berühmt-berüchtigten E-Mail-
Marke snafu.de. Zuvor hatte er zwei Jahre lang im stillen Kämmerlein
rund um die Uhr Computer programmiert. Er war vorbereitet, ein IT-
Unternehmen zu gründen, und ergriff die Gelegenheit beim Schopfe.
Meisterhafte Geistesblitze suchen sich ihre Meister aus – genauso wie
bei anderen Höchstleistungen. »Ich werde mich vorbereiten, und eines
Tages wird meine Chance kommen«, sagte Abraham Lincoln, bevor er
1860 zum 16. Präsidenten der USA gewählt wurde. Damit kam seine
Chance. Als Republikaner war er vehementer Gegner der Sklaverei und
nutzte die Macht seines Amtes, um die USA erfolgreich zur Abschaffung
der Sklaverei und auf den Weg zu einer modernen Industrienation zu
bringen. Ideen und Erfolge entstehen nie aus dem Nichts.

Nicht zuletzt im Bereich der wissenschaftlichen Forschung spielt
Kairos immer wieder eine wichtige Rolle. Anschaulich erklärt n-tv.de,
wie Wilhelm Conrad Röntgen dem Kairos begegnet: »Eigentlich wollte der
kauzige Professor in seinem Labor an der Universität Würzburg nur kurz
die schönen Lichterscheinungen eines längst bekannten Physik-Expe-
rimentes mit Kathodenröhren bewundern. Doch zufällig stellt Wilhelm
Conrad Röntgen (1845–1923) dabei fest, dass in einiger Entfernung zu
seinem Versuchsaufbau ein weiteres Glas strahlt. Kathodenstrahlung

reicht jedoch eigentlich nicht so weit. Röntgen hält schwarzes Papier dazwischen, das Glas strahlt weiter. Ein Brettchen – die Strahlung bleibt sichtbar. Im Grunde war es der erste dokumentierte Strahlungsunfall. ›Seine wissenschaftliche Leistung war, das als ungewöhnlich zu erkennen und daran weiterzuforschen‹, sagt Roland Weigand. Er ist Mitglied des Röntgen-Kuratoriums in Würzburg.«[63]

Der berühmteste und am häufigsten zitierte Unfall in der Geschichte der Ideen passierte Alexander Fleming. Dieses beliebte Beispiel findet man in fast jedem Buch zur Innovation. Flemings Entdeckung des Penicillins basierte auf einem biochemischen Unfall. Unerwartet waren alle Bakterien abgestorben. Reif für den Müll. Doch Fleming war aufmerksam und neugierig genug, das auf den ersten Blick misslungene Experiment nicht wegzuwerfen. Er betrachtete das Unerwartete genau und fragte sich, warum alle Bakterien tot waren. So kam er scheinbar zufällig auf die hemmende Wirkung des Bakterienwachstums und entdeckte das Antibiotikum. Achtung! Achtung! Hier endet die Erzählung meistens, und es klingt so, als ob jeder andere aufmerksame Forscher an Flemings Stelle diese Entdeckung auch hätte machen können. Doch dieser Eindruck täuscht gewaltig. Flemings Leistung war nicht nur das Untersuchen des misslungenen Experiments, sondern auch seine jahrelange gezielte Forschung: »Das reine Handlungsschema verschleiert nämlich, wie gut Fleming auf die Entdeckung vorbereitet war und wie sehr die Möglichkeit antibiotischer Wirkstoffe im Vordergrund seines Denkens stand [...], denn er suchte gezielt nach antibakteriellen Wirkstoffen«, schreibt David Perkins in seinem Buch *Geistesblitze*. Perkins' Bericht über die jahrelange Vorbereitung war für mich eine große Erleuchtung. Fleming hatte bereits 20 Jahre lang geforscht und sich gründlich auf den Zufall vorbereitet. Als der Kairos kam, packte er zu.

»Das Image des einsamen Genies, das große Ideen aus dem Nichts schöpft, ist eine gefährliche Fiktion«, warnen Andrew Hargadon und

Robert Sutton.[64] Bei Fleming war es kein zufälliger Geistesblitz. Fleming hatte 20 Jahre Ideenfitness trainiert. Ideen entstehen nie aus dem Nichts. Genauso wenig wie Babys tauchen Ideen plötzlich auf. Ideen werden befruchtet von Gedanken, Eindrücken, Fragen, Problemen, Begegnungen, Erinnerungen, Gefühlen, Reibung, Beobachtungen. Mit alldem im Gepäck werden Ideen gezeugt. Das Unterbewusstsein ist ein großer Ideenentwickler. Es kann hervorragend spinnen. Ein Geistesblitz kann daher jederzeit und überall kommen. Auch Wochen und Jahre nach der Fragestellung. Ideen lassen sich provozieren, aber nicht erzwingen. Ein Geistesblitz ist eine Antwort auf eine bewusste oder unbewusste Frage und setzt sich assoziativ zusammen aus allem, was Ihr Gehirn erlebt und gespeichert hat.

Forscher stellen viele Fragen, um auf neue Antworten zu kommen. Stellen Sie sich vor, Alexander Fleming hätte täglich 44 Fragen gestellt. 44 mal 365 Tage mal 20 Jahre: Das sind 321 200 Fragen zum Antibiotikum, bevor Kairos vorbeikam. *Welche Fragen stellen Sie? Was bewegt Sie? Welcher Frust lässt Sie verzweifelt nach besseren Lösungen suchen? Zu welchen Themen bieten Sie Kairos eine Einflugschneise?* Brillant verfilmt hat Tom Tykwer die vielfältigen Folgen von Kairos in seinem Kinohit *Lola rennt.* Es gibt immer Milliarden Möglichkeiten, und alles kann sich in jeder Sekunde ändern. Hätte es an dem Abend im Juni 2007 nicht geregnet, dann wäre der Seed-Investor von Younect nicht durch das Gebäude gelaufen, und wir hätten ihn nicht getroffen. Kairos lauert überall. Das gilt auch, wenn Ihre Idee in der Welt ist und sich bewähren muss. Planen Sie Überraschungen ein. Erwarten Sie das Unerwartete, es muss anders kommen als geplant. Das ist kein Grund, Planung anzuzweifeln. Mit »A« sind Sie gut vorbereitet. Da aber gleichzeitig die anderen sieben Milliarden Menschen auch Ideen umsetzen, entstehen »O«-Dynamiken, die nicht planbar sind. Anders kommt anders. Sie können sich darauf vorbereiten, dass es anders kommt, aber nicht, wie es anders kommt. Ideenfitness hilft, spontan mit

Überraschungen, Veränderungen und Wandel umzugehen. Sie müssen Wandel mögen, sonst wird Ihnen Ideenfitness keinen Spaß machen. In der Natur gibt es keine Endzustände, keinen dauerhaften Birkenwald, keine ewige Savanne, keinen bleibenden See. Wasser fließt weiter. Flüsse trocken aus. Selbst 1000-jährige Eichen sterben. Neue Risiken und Chancen treten überraschend auf. Ein Wettbewerber kommt einen Monat früher auf den Markt mit einem ähnlichen Angebot. Ein Discounter drückt den Preis. Eine Kundengruppe bricht weg. Die Konjunktur lässt nach. Der Umsatz übertrifft die Erwartungen, aber Ihr bester Mitarbeiter kündigt. Das fordert eine Haltung, auch in Krisen gelassen zu bleiben und optimistisch neue Chancen zu erkennen. Bleiben Sie wachsam für Kairos. Kairos kommt, wann er will.

50 000 Puzzleteile

Wenn Sie Ihr Produkt starten und keiner bekommt es mit, versuchen Sie es erneut. Airbnb ist drei Mal neu gestartet, tweetete der Gründer Brian Chesky. Yann Girard schreibt in seinem Blog: »Statt zu versuchen, die unvorhersehbaren Variablen des Lebens vorauszusehen, sollten wir mehr wie Kinder sein, das Leben als Spiel begreifen und niemals aufhören, davon zu lernen.« Wer viel macht, macht viele Fehler. Nur wer nichts macht, macht keine Fehler. *Aber sind Fehler wirklich Fehler?* Nicht, wenn wir mit jedem Fehler lernen, dann wird daraus Erfahrung. Das ist der Vorsprung derer, die viel machen. Sie machen mehr Erfahrungen. Vince Ebert empfiehlt: »Keinen übergeordneten Masterplan, sondern *Trial and Error.* Erfolgreiche Unternehmen agieren ganz ähnlich wie die Evolution. Sie sind lernfähig, flexibel und haben wenig Angst, Fehler zu machen.« Unser Gehirn tut alles, damit wir den Wandel ständig übersehen. Es gaukelt System und Muster vor, während draußen alles in Bewegung ist. Deshalb liegt es an Ihnen, ob Sie sich verschließen und in Ihrem Muster leben –

oder ob Sie offen bleiben, immer neue Fehler machen und versuchen, Kairos am Schopfe zu packen.

»Was es braucht, ist nicht einfach nur ein Verzeihen des Scheiterns, wir müssen vielmehr verstehen, dass Unternehmertum gerade zu Beginn aus Ausprobieren, Versuchen, Wagen, Lernen und Testen besteht. Und dass dies eben nicht ohne gelegentliches Scheitern zu haben ist und endlich entsprechenden Respekt verdient«, schreibt Professor Andreas Kuckertz.[65] Respekt für das Scheitern. *Wie wäre ein Bundesverdienstkreuz für das größte Scheitern?* »Ein Drittel der Fehler hätten wir uns sparen können, aus zwei Dritteln der Fehler haben wir gelernt«, erzählen Penny und Christian Eifrig, die Erfinder des Doublegloves von knuetes.com. Der Doubleglove ist ein Doppelhandschuh für Verliebte. Einzigartig. Je größer der Grad des Neuen, desto mehr Erfahrungen – gute wie unerwünschte – werden Sie machen müssen, bevor Kunden den Mehrwert des Neuen schätzen können. Anders als Diamanten können Ideen reifen und besser werden. Ayo Olaniyi tweetet vom Master of Lean, **ERIC RIES: »WENN DU EIN START-UP AUFBAUST, IST ALLES WAS DU TUST, EIN EXPERIMENT, EGAL WIE DU ES NENNST.«** Jeder Schritt, jeder Prototyp, jedes Bild, jedes Gespräch, alles ist ein Experiment. Jede Erfahrung bringt Aussagekraft über das Potenzial. Innovation ist das permanente Suchen, Fragen, Umdenken, Erkennen, Verwerfen, erneute Suchen, erneute Fragen, erneute Verwerfen, immer und immer wieder. Innovatives Denken provoziert und fordert immer neu heraus. Innovation hört nie auf. Professor Günter Faltin spricht von 50 000 Einzelteilen, aus denen eine Unternehmensgründung besteht. Kreativ herantasten und spielerisch anreichern. Wie bei einem Puzzle. Puzzleteil für Puzzleteil wächst das Bild von der Idee. Das Ideenpuzzle hat noch niemand gesehen. Es gibt kein Bild davon. Mit jedem Puzzleteil tasten Sie sich an die Idee heran. Im Jazz gibt es keine Fehler, genauso gibt es auch beim Innovationspuzzle keine Fehler. Es gibt Versuche, daraus ergeben sich Erfahrungen.

Ideenentwicklung bietet völlig neue Erfahrungen. Eine Innovation wurde zuvor noch nicht gepuzzelt. Ideen führen an Orte, wo vorher keiner war.

Beim Testen und Umsetzen der Ideen klappt vieles nicht, und diese Erfahrungen sind unvermeidbar. Das Neuland ist noch nicht vermessen. Gönnen Sie sich selbst mehr Fehlertoleranz, denn Sie machen keine Fehler im klassischen Sinne. Beim Zeitbegriff stehen Chronos und Kairos für zwei verschiedene Qualitäten, das A & O. Genauso brauchen wir zwei unterschiedliche Begriffe für Fehler im Altland und »Fehler« im Neuland. Das sind zwei völlig verschiedene Dinge. Klassische Fehler gibt es nur im Altland. Ein Rechtschreibfehler ist eindeutig, wir lesen im *Duden* nach und lernen die richtige Schreibweise. Bei Rot über die Ampel zu fahren ist ein klar erkennbarer Fehler. Ein historisches Datum steht fest, man hat es sich entweder richtig oder falsch gemerkt. Doch im Neuland gibt es diese Regeln und Gesetze nicht. Es gibt auch keine Ampeln, keine Rechtschreibung und keine historischen Daten. Es fehlen Gesetze und Vorerfahrungen. Den Weg ist niemand vorher gegangen. Im Neuland ist alles anders und neu. Was Ihnen mit Ihrer Idee passiert, ist Pionierwissen. Sie tasten sich an die Möglichkeiten heran. Sie lernen die Idee kennen. Im Dunkeln probieren Sie aus. Sie haben keine Ahnung, was die Idee kann und nicht kann. Manches geht, vieles geht nicht. Mit jeder positiven und negativen Erfahrung lernen Sie mehr über die Idee, ihre Möglichkeiten und Grenzen. Was Ihnen im Neuland misslingt, sind keine Fehler, sondern Erkenntnisse über die Idee. »Scheitere häufig, so wirst du schneller Erfolg haben«, sagt Tom Kelley von IDEO. »Scheitern ist ein Teil des Wegs zum Erfolg. Ohne Scheitern kein Erfolg«, sagt der Autor Robert Kiyosaki. *Sind die Aufrufe zum häufigen Scheitern, zu einer neuen Fehlerkultur und Fehlertoleranz hilfreich? Führt das Wort scheitern nicht auf eine falsche Fährte?* Mit einem Copyshop oder einer Franchisefiliale kann ich scheitern. Das sind Standardangebote im Altland, dafür gibt es dicke Handbücher. Am definierten Standard werden Fehler gemessen. Es kann klappen, oder man kann scheitern. Im Altland können Sie tatsächlich scheitern, weil es dort Regeln und Standards gibt. Im Neuland hingegen nicht. Im Neuland gibt es keinen Standard, also auch keine bekannten, messbaren Fehler. *Wozu dann eine Akzeptanz von Fehlern? Sind das nicht sprachlich faule Kompromisse? Gedankliche Umwege? Ablenkung? Könnten wir radikaler denken und sprechen?* **IM NEULAND HANDELN SIE FEHLERFREI. WER MEHR FRAGT, SCHNELLER ENTDECKT UND NEUES LERNT, IST INNOVATIV.** Sie suchen und entdecken Mehrwert. Die entscheidende Frage ist nicht, ob Sie »Fehler« machen und »scheitern«, sondern wie schnell Sie lernen und die Erkenntnisse über das Neue nutzen. Sie laufen von Erkenntnis zu Erkenntnis. Sie erhalten Feedback von Testern, Feedback vom Markt, Feedback von Medien. Feedback ist immer ein Geschenk. Sie erhalten Erkenntnisse anderer über Ihre Idee geschenkt. Es bleibt Ihnen überlassen, ob Sie das Geschenk annehmen und auspacken oder überhören und wegschmeißen. Vermeiden Sie reflexartige Verteidigung und Rechtfertigung, sonst lernen Sie nichts dazu. Eine andere Meinung ist eine andere Erfahrung. Für Sie ist eine fremde Meinung eine geschenkte Erfahrung mit Ihrer Idee. Wenn Feedback als Kritik und nicht als Geschenk aufgefasst wird, stirbt das geschenkte Feedback sofort. Es wird dann wertlos. Feedback hilft Ihnen, andere Sichtweisen einzubinden und erste Nutzer für die Idee zu begeistern. Feedback ist Nahrung für Ideen. Im Neuland gibt es einen einzigen Fehler, Potenzial zu erkennen und tatenlos ins Altland zurückzukehren. **ALLES AUSZUPROBIEREN IST POTENZIALANALYSE. SIE LERNEN DIE STÄRKEN UND SCHWÄCHEN IHRER IDEE KENNEN.** Sie erstellen ein Profil der Innovation. Sie suchen, versuchen und entdecken. Wie würden Sie das nennen? Bei der Zeit teilen sich Chronos und Kairos das A & O. *Wie unterscheiden wir sprachlich Fehler im Altland und »Fehler«, also die entdeckende Potenzialanalyse, im Neuland? Fehler und Potenzial? Fehler und anders? Fehler und Spiel? Fehler und Suche? Fehler und Versuche? Fehler und Entdeckung? Fehler und*

Feedback? Fehler und Originalität? Fehler und 50 000 Puzzleteile? Fehler und Mehr-
wert? Eins steht fest: Im Neuland gelten neue Regeln. Schon Ihr Start ins
Neuland war in den Augen des Altlandes ein Fehler, als Sie mit der Infragestellung des Status quo in den Ideen6-Parcours aufgebrochen sind.

Sie sind sehr weit gekommen auf dem Weg der Entdeckung. Das Feedback im Bodystorming und in Pilotprojekten hat Ihre Idee reifen lassen.
Puzzleteil für Puzzleteil wächst das Gesamtbild der Idee. Weiter geht es
im Ideen6-Parcours mit dem A & O des Schleifens, dem Vermögen des
Durchhaltens und den Trümmerbergen rechts und links vom Weg.

SCHLIFF

Beim Schleifen wird die Kontur der Idee immer klarer. Der Kern Ihres Diamanten tritt deutlich hervor. Das Profil ist sichtbar. Der Akzent erkennbar. *Welches Alleinstellungsmerkmal liefert Ihr Mehrwert? Auf den Punkt: Was bieten nur Sie an? Neu? Anders? Einfacher? Günstiger? Freundlicher? Besser? Einzigartig? Unterscheidbar?* Ihre Alleinstellung ist wie die Spitze eines Eisbergs. Ihre Spitze muss genau das transportieren, was die ganze Innovation ausmacht, auch wenn Kunden nur die Spitze sehen. Der Kunde interessiert sich nicht für die 50 000 Puzzleteile. Sie definieren mit dem Angebot, was Kunden sehen, wenn sich der Vorhang öffnet. Kunden ist es völlig egal, wie Sie das leisten. Hauptsache, es klappt. Ein Hotel zum Relaxen, in dem das Personal gestresst vorbeieilt, überzeugt nicht. Ein Reisebüro, dessen Logo wie eine Autobahn aussieht, könnte verwirren. Ihre Innovation muss überzeugende Gründe liefern, warum Menschen Altbekanntes aufgeben sollten. Warum sollte ein Nutzer das Risiko eingehen, etwas Unbekanntes zu testen? Altbekanntes wirkt mit starkem Sog. Es könnte so viel einfacher sein, würden mehr Menschen offen Neues ausprobieren. Aber wir alle stecken in Routinen – 24 Stunden pro Tag. Da ist kein Vakuum. Neues muss nicht nur um Neugier und Aufmerksamkeit kämpfen, sondern auch um die Zeit.

Was fällt beim Nutzer für das Neue flach? Haben Sie gute Gründe, warum sich jemand für Ihr Angebot Zeit nehmen sollte? Was lockt und zieht an? Was überzeugt? Welches einmalige Angebot können Sie routiniert und wiederholbar zu der von Kunden erwarteten Qualität leisten? Was bekommt der Kunde von Ihnen konkret? Was kostet Ihr Angebot? Wo trifft Ihr Angebot auf Kunden? Wo begegnen Sie Kunden? Erfüllen Sie Bedürfnisse von Kunden? Wird ein Problem gelöst? Wird eine Not gewendet? Passt Ihre Idee zu einem Trend? Sind Sie Trendsetter? Füllt Ihre Idee eine attraktive Nische?

Lernen Sie das Wesen Ihrer Idee immer besser kennen. Nehmen Sie die Ideen auseinander und setzen Sie sie wieder zusammen. Bringen Sie den Mehrwert und Ihr Alleinstellungsmerkmal auf den Punkt. Schreiben Sie ein Drehbuch. Legen Sie sich fest.

Drehbuch

Sie haben Ihre Diamanten getestet, verworfen oder ausgewählt. Nun folgt der Feinschliff, ehe Sie den Mehrwert umsetzen und in die Welt entlassen. Schreiben Sie ein Drehbuch zur Umsetzung der Idee. Wie einen Film. Stellen Sie sich einen Blockbuster zu Ihrer Idee vor. Wie geht es der Idee? Was passiert ihr? Wird sich Ihre Idee ins Altland einfügen? Wie wird sie in Ihrer Zielgruppe wirken? Redet Ihre Idee oder schweigt sie? Ist sie gesellig oder verschlossen? Attraktiv oder ein Mauerblümchen? Schreiben Sie das Drehbuch mit allen Beteiligten. Innovationen haben unendlich viele Beteiligte, das Team, die Entscheider, Partner, Kunden. Schreiben Sie EIN Drehbuch. Beugen Sie vor, dass nicht alle Beteiligten andere Filme drehen und verbreiten. Jede Innovation ist einmalig. Auch jeder Film ist ein einmaliges Projekt mit einmaliger Besetzung, einmaligem Schauspielerensemble, Regie, Produktion, Ausstattung, Baubühne, Kamera, Ton. Vor und hinter den Kameras gibt es viele Menschen, die sich zum Teil gut kennen und zum Teil noch nie vorher gesehen haben. Damit die Zusammenarbeit dennoch klappt, gibt es beim Film EIN Drehbuch für alle Beteiligten. Eins für alle.

DAS DREHBUCH BESCHREIBT HUNDERTE EINZELNE SZENEN. WAS SIEHT MAN? WAS HÖRT MAN? WAS PASSIERT? Anhand des einen Drehbuchs wissen alle Beteiligten, was getan werden muss und wer wann drankommt. Entscheidend für die reibungslose Zusammenarbeit ist die gemeinsame Basis, auf der alle Beteiligten arbeiten, vom Kabelträger über den Regisseur bis zum Schauspieler. Mit einem Drehbuch kann jeder die richtigen Dinge zum passenden Zeitpunkt tun. Alle haben dieselben Informationen über Inhalte, Dialoge, Handlungen, Beleuchtung, Ton. Alles einheitlich beschrieben. In der Architektur gibt eine Zeichnung, aus der alle Beteiligten die wichtigen Informationen herausziehen können. Mit einer Partitur können Musiker jederzeit den Gesamtzusammenhang der einzelnen Stimmen nachvollziehen. Lassen auch Sie mit Ihrer Idee alle Beteiligten auf dasselbe Vorhaben hinarbeiten. **OHNE EINE SCHRIFTLICHE FESTLEGUNG GIBT ES SO VIELE MEINUNGEN UND IDEEN WIE KÖPFE UND BETEILIGTE.** Daher müssen Sie sich festlegen. Schreiben Sie ein Drehbuch für die Umsetzung.

Ein Knack-die-Nuss-Kunde aus dem Jugenderlebnisbereich hatte eine europaweit einmalige thematische Innenausstattung. Hunderttausende Schüler hatten bereits davon profitiert. Doch der Magnet der Einrichtung war gealtert, und eine grundlegende Sanierung stand an. Seit fünf Jahren wurde bereits diskutiert. Nicht nur intern, auch Externe wurden beteiligt. Ein Mitarbeiter hatte einen engagierten Professor einer Kunsthochschule und seine Studierenden dafür gewonnen, kreative Gestaltungsentwürfe beizusteuern. Ein anderer Kollege hatte bereits einen Architekten eingebunden, der auch Entwürfe machte. Die pädagogischen Mitarbeiter mit der Erfahrung der täglichen Arbeit hatten ganz eigene Ideen, wie man in der Neugestaltung das Erlebnis weiter verbessern konnte. Jahrelang wurden viele Ideen gesponnen, Sponsoren gewonnen und verprellt. Denn niemand gab den Startschuss. Die Interessenlage war diffus, und die Mitarbeiter im Haus waren zerstritten. Die pädagogischen Mitarbeiter waren hochmotiviert, an dem Projekt hing ihr Herz. Doch neben der täglichen Arbeit mit den Schülern war eine gründliche Planung nicht möglich. Das dachten sie zumindest, denn sie drehten sich im Kreis der vielen Ideen und Beteiligten. Jedes Mal wurde ihnen schwindelig, weil sie den Sack nicht zubinden konnten. Immer wieder gab es neue Ideen und noch mehr Meinungen. Mehrere Architekten und Sponsoren hatten sich bereits wieder verabschiedet. Nach fünf Jahren Drehschwindel kamen Matthias Klopp und ich ins Spiel. Als wir die Gemengelage erkannt hatten, war Matthias sofort klar, dass wir EINE Grundlage brauchten.

EIN Drehbuch für alle Beteiligten. Was sieht man? Was hört man? Was passiert? Ganz konkret. Erste Szene. Man sieht 60 Schüler aus der achten Klasse. Was hört man? Zieht euch bitte die Schuhe aus! *Wo können wir die Schuhe hinstellen?* Nein. Doch nicht. Die erste Szene wurde wieder zerrissen. Schuhschränke für Hunderte von Schülern, die jeden Tag kamen, waren nicht vorgesehen, zumal es immerzu Rangeleien, Verwechslungen, Diebstähle und Vermischung der kommenden und gehenden Gruppen geben würde. Seit fünf Jahren hatte eine pädagogische Kraft die Idee verfolgt, dass die Gäste in der neu sanierten Einrichtung auf Hausschuhen laufen müssten, um die Frische des Neuen länger zu bewahren. Eine interessante Idee. Beim Schreiben der ersten Szene fiel diesem Mitarbeiter zum ersten Mal selbst die Konsequenz auf: Schuhschränke. Gerangel. Der Platz, den 60 Schüler brauchen, um Schuhe aus- und anzuziehen, war gar nicht vorhanden. Das Aufschreiben und Festlegen zwang auch zur Entscheidung. *Was kommt rein? Was nicht? Welche Idee ist umsetzbar?* Schritt für Schritt liefen wir wie ein Gast durch die neu gestalteten Räume. Immer wieder gab es Szenen, die zerrissen wurden. Matthias und ich stellten die Fragen und schrieben das Drehbuch. Alle Ideen kamen von den Mitarbeitern des Erlebniszentrums. Es war faszinierend zu sehen, wie alles vorhanden war. Das Einzige, das gefehlt hatte, war die Festlegung auf eine Version der Szenen. Vorher war jedes Treffen zur Neugestaltung in Streit oder schlechte Laune gemündet. Beim Schreiben des Drehbuchs gab es weder Streit noch schlechte Laune. Es wurde gesponnen und gelacht. Fast immer merkten die Ideengeber selbst, wenn ihre Beschreibung der Szene den Rahmen sprengte und ihre Idee sich als nicht umsetzbar erwies. Wer die Konsequenzen seiner Idee vor Augen sieht und aussprechen muss, der realisiert selbst, was passt und was nicht passt. Das Drehbuch zwang alle Ideengeber dazu, die Konsequenzen ihrer Ideen hinsichtlich Zeit, Raum und Ausstattung zu erkennen. Was zuvor in fünf Jahren ergebnislos geblieben war, lag nun nach nur 40 Stunden als fertiges Konzept vor dem Team. Überglücklich präsentierte es seine 100 Szenen den Entscheidern. Fertig. Das war das Drehbuch für die Umsetzung der Ideen, die sich bei seiner Erstellung als wirklich umsetzbar erwiesen hatten. Nun konnte die Architektin konkrete Pläne zeichnen. Mit den Bauplänen gingen die Umbauarbeiten wirklich los. Neue Sponsoren wurden gewonnen. Zwei Jahre später war die aufwendige Sanierung abgeschlossen, und wir wurden zur Neueröffnung eingeladen. Als wir durch die neuen Räume liefen, sahen wir eins zu eins das Drehbuch umgesetzt, das wir zusammen mit den Mitarbeitern aufgeschrieben hatten. Das Drehbuch fußte auf allen umsetzbaren Ideen, die fünf Jahre lang gesponnen worden waren. Die Festlegung im Drehbuch brachte den Kick zur Umsetzung. Alle wussten, welche Ideen umgesetzt werden. Ohne das Drehbuch hätte ein Mitarbeiter weiterhin für seine Idee der Hausschuhe gekämpft und sogar einen Sponsor für 150 Paar Hausschuhe gewonnen, ohne die Konsequenz bildlich vor Augen zu sehen. Das Drehbuch hilft, das Neue konkret zu sehen. *Was sieht man? Was hört man? Was passiert?*

Wenn nicht alle Beteiligten EINE schriftlich fixierte Grundlage kennen, werden immer so viele Ideen, Bilder und Vorstellungen im Umlauf sein, wie Menschen beteiligt sind. Zwei Menschen haben die zweifache Menge an Bildern im Kopf, 20 Personen die 20-fache Menge. In einem Drehbuch können Sie auch Meilensteine festlegen und das Ziel in mehrere Zwischenziele aufteilen. Sie können zu jedem Teilziel ein Drehbuch schreiben. So gibt es regelmäßig kleine Schritte, meisterbare Herausforderungen und überprüfbare Zwischenerfolge, die motivierend wirken.

Schreiben Sie ein Drehbuch, wenn Sie eine neue Veranstaltung planen. *Was würde Ihnen auffallen? Was sieht man? Was hört man? Was passiert?* Der Raum bleibt leer. Das wäre kein guter Start. Sie schreiben ins Drehbuch: »Um Anmeldung wird gebeten!« Sie sehen: »Keine Anmeldungen kommen.« Sie sind zu unbekannt. Der Reiz ist nicht groß genug. Sie verwerfen die Szene mit der Anmeldung. Nächster Versuch. Erste Szene:

Sie suchen eine bereits etablierte Veranstaltung. Sie laden direkt im Anschluss ein. *Was sehen Sie?* Die Sogkraft eines Rundfunkgottesdienstes, zu dem Bischof Huber als Prediger kam. Eine volle Kirche. *Was passiert?* Der Start meines Jugendwettbewerbs am 9.6.96 fand direkt neben der Kirche im Anschluss an die Radioübertragung statt. Automatisch waren alle Gäste des festlichen Gottesdienstes und auch der Schirmherr Bischof Huber beim Startschuss dabei.

Es ist immer wieder wichtig, wilde Ideen konkret auf den Punkt zu bringen. A & O. Während alle Bestandteile einer Idee im Kopf zusammenpassen, sieht die Realität meistens anders aus. Achten Sie beim Erstellen eines Drehbuchs darauf, dass es realistisch ist. Und wenn Sie sich bei einem Aspekt nicht sicher sind, holen Sie Rat bei Experten. Stellen Sie 44 Fragen. Ein Kunde von Knack die Nuss kam mit einem 200-seitigen Konzept – ein umfangreiches Drehbuch. *Alles richtig gemacht?* Für ihn klang es perfekt. Seine Grundidee: Hohe Möbelkosten mindern durch die Selbstbeschaffung von Holz im Wald. Menschen können sich hochwertige Holzmöbel leisten, statt Presspappe in Möbelhäusern kaufen zu müssen. Leider passte das Konzept nur in seinem Kopf zusammen. Wir fragten: *Haben Sie schon mal mit einem Möbeltischler gesprochen?* Nein, hatte er nicht. Das ist genau der Fehler, den Tina Seelig so beschreibt: »Man kann nicht mit der Fantasie loslegen, solange die Basis fehlt.« Ich schreibe bewusst »Fehler«, denn es ist ein grober Altland-Fehler, sich vor dem Mixen nicht mit Kunden und potenziellen Kunden, Experten und Fachfremden zu unterhalten. Ein einziges Gespräch mit einem Tischler führte zu der Erkenntnis, dass die Hälfte seiner Annahmen falsch war. Er löschte 100 Seiten seines Konzepts. Die hohen Kosten bei guten Möbeln aus Festholz entstehen weniger durch das Holz als durch die Arbeitskosten der Tischler. Außerdem lässt sich frisch gesammeltes Holz nicht sofort verarbeiten. Holt man Holz aus dem Wald, muss es mindestens zwei Jahre lang lagern, am besten länger. Holz verändert sich, es arbeitet noch lange, nachdem der Baum gefällt wurde. Würde man das frische Holz sofort zu Schränken verarbeiten, würden sich die Türen wellen und vom Schrank abfallen. Der Realitätscheck der gedachten Mehrwerte zeigte, dass die Idee nicht hielt, was sie versprach. Dem Kunden fehlte Ideenfitness. Er hatte beim Sammeln der Zutaten nicht sauber gearbeitet, die Wurzel war faul. Ein häufiger Kardinalfehler: Alles gedacht und nichts gefragt. Er hatte Scheinlösungen gefunden, die nichts lösten. Nach der Flurbereinigung boten die verbliebenen 100 Seiten zwei wertvolle Kerne: den Zugang zum Wald für Städter und die Nutzung von Holz aus umliegenden Wäldern. Die Ideen konnten nun – gereinigt von falschen Annahmen – neu kombiniert werden. In dem neuen Drehbuch traten neue Kunden auf. Und diesmal erwies es sich als umsetzbar: Eine Spielplatz-Initiative war an der Selbstbeschaffung von Holz gegen Arbeit im Wald interessiert. Unser Kunde war daraufhin mit seiner Idee an vielen Neugestaltungen von Spielplätzen beteiligt.

Das Drehbuch ist Ihr Bauplan. Sie prüfen die Statik. *Trägt Ihr Fundament? Ist das Alleinstellungsmerkmal verständlich? Sehen andere darin auch einen Mehrwert? Greifen die Medien Ihr Thema auf, oder lassen sie es links liegen?* Beschreiben Sie in Ihrem Drehbuch Räume, Personen, Abläufe. Das Drehbuch hilft Ihnen beim finalen Schliff. Wenn Sie Teilaspekte nicht beschreiben können, fehlen Ihnen Zutaten oder Feedback aus Testläufen. Was fehlt, wird besorgt. Schliff, Zutat, Schliff, der erste Schritt, Schliff. Testen Sie alle Bestandteile des Nutzens im Drehbuch. Jederzeit sind weitere Testläufe mit Prototypen und Pilotprojekten möglich. Testen Sie die Diamanten, geben Sie neue Zutaten hinzu, stellen Sie 44 Fragen. A – O – A – O – A – O. Behalten Sie dabei im Auge, mit einer gereiften Idee schnell und effizient zu starten. Verzetteln Sie sich nicht. Wenn das Drehbuch gut ist, starten Sie.

Auch Ihr Finanzplan ist eine Art Drehbuch. Ideen brauchen Geld. Ob Sie mit Umsätzen aus dem Verkauf eines Produktes, einer Lizenz oder einer Dienstleistung rechnen oder ob Sie Investments, Spenden, Stipendien und andere Ressourcen einwerben, hängt von Ihrer Idee, dem Markt und den Zielgruppen ab. Ihr Erlösmodell ist ein zentraler Bestandteil Ihrer Idee. Legen Sie sich fest. *Wie teuer wird der neue Fruchtjoghurt? Wie viele Kunden gewinnen Sie für unverpackte Lebensmittel, wenn sich der Trend herumspricht? Wie viele Kunden kaufen das Kleid aus dem 3-D-Drucker? Ist das Angebot zu teuer? Oder zu günstig?* »Geiz ist geil« und »Was nichts kostet, ist nichts wert« stimmt beides und beschreibt zwei verschiedene Zielgruppen. *Welche bedienen Sie?* Der Unternehmer und Autor John Rampton schreibt auf Twitter: »Alles ist offensichtlich, wenn es erfolgreich ist. Große Gewinne kommen, wenn du etwas erblickst, bevor es für alle anderen offensichtlich ist.« Das Businessnetzwerk XING war nach 90 Tagen Cashflow-positiv.[66]

EINE FESTLEGUNG SCHLIESST ANDERE MÖGLICHKEITEN AUS. GENAU DARUM GEHT ES BEIM SCHLIFF. Sie legen sich fest. Ihr Angebot wird verbindlich. Nachvollziehbar. Eindeutig. In den Merkmalen, im Leistungsumfang und im Preis. Das ist für alle Beteiligten entscheidend. Sonst erzählen Sie jedem Kunden, Partner und Mitarbeiter etwas anderes. Das ist die A-Seite der Medaille. Alles, was Sie beeinflussen können, legen Sie fest. Es gibt genug Elemente, die Sie nicht in der Hand haben, die während des Schliffs noch offen sind und bei der Markteinführung für Überraschungen sorgen. Drehbuch, Bau- und Finanzplan sind Ihre Basis, um souverän mit immer neuen Überraschungen umzugehen, die Ihre Planungen über den Haufen werfen könnten. Das spricht nicht gegen Planung und Festlegung. »A« ist die halbe Miete. Sie planen Ihren Brillanten, so detailliert Sie können. Prototyp. Drehbuch. Umsetzung. Gleichzeitig wissen Sie, dass um Sie herum schwarze O-Löcher toben, die Ihre A-Planung durcheinanderwirbeln könnten. A & O – glasklare Festlegung gepaart mit der Offenheit für Kairos.

Jetzt

»Wenn das Leben unbequem wird und es anfängt wehzutun, brauchen Sie eine echte, tiefe Überzeugung, einen inneren Auftrag, der Sie davon abhält zu türmen«, schreibt Klaus-Dieter John im Bestseller *Ich habe Gott gesehen: Diospi Suyana – Hospital der Hoffnung.* Diospi Suyana liegt in den Anden Perus. Dort steht ein Hightech-Krankenhaus. 200 Mitarbeiter stellen sich mit den modernsten technischen Geräten in den Dienst der armen Quechua-Bevölkerung. Auslöser war eine Frage: *Was wäre, wenn die ärmsten Peruaner die beste medizinische Versorgung erhalten?* Alle sagten: Ihr seid wahnsinnig geworden! Familie John aus Deutschland hätte ein entspanntes Leben führen können. Dazu hätten sie allerdings die Frage überhören, vergessen oder bewusst ablehnen müssen. Doch die Frage bohrte sich immer tiefer in ihr Herz und ließ sie nicht mehr los. Sie haben sich nicht gedrückt und sind vor der Verantwortung nicht getürmt. Schritt für Schritt haben sie etwas Revolutionäres aufgebaut. Die modernste Klinik Perus. Aber nicht für die reiche Elite, sondern für die Ärmsten der Armen, die Quechua. Familie John fing mit nichts an außer dieser Frage. Sie erlebten ein GROSSES Abenteuer mit unfassbaren Risiken und Herausforderungen. Jede Herausforderung wurde gelöst. In dem Moment der Herausforderung. Nicht vorher. Das macht ideenfit. Spontan auf Unerwartetes reagieren zu müssen. Kreativität wird in jedem Schritt gefordert. Schritt für Schritt. Idee für Idee. Moment für Moment.

Aus jedem Risiko kommen Ideenabenteurer anders und ideenfitter heraus, als sie hineingegangen sind. 2007 sind wir mit Younect naiv in den Arbeitsmarkt gestartet. Wir hatten viel Ahnung von Berufswahl, Entscheidung, Kompetenztests und dem Prozess der Berufsorientierung. Doch der Arbeitsmarkt hat sich uns erst nach und nach erschlossen, denn er ist völlig anders, als es in der Öffentlichkeit den Anschein hat. Er ist zum Beispiel in jeder Stadt, jedem Landkreis und in jeder Branche anders. Daraus ergeben sich Tausende unterschiedliche Arbeitsmärkte, alle sind anders. *Warum müssen Pflegekräfte – die ja angeblich ach so dringend gesucht werden – ihre Ausbildung selbst bezahlen, während auf dem Bau über 1000 Euro Ausbildungslohn gezahlt werden?* Wir haben sieben Jahre lang täglich 44 Fragen gestellt und die Ungereimtheiten und Massenverschwendung im Jobmarkt mit großen, naiven Augen bestaunt. Schritt für Schritt reifte meine neue Sichtweise. *Bevorzugen Sie den Lift? Oder gehen Sie selbst Schritt für Schritt?* Ich bin selbst den Berg hochgekraxelt und war vorbereitet, als Kairos vorbeikam. Ich packte zu, als meine unbequeme Meinung zum *Mythos Fachkräftemangel* gefragt war. Niemals hätte ich damit gerechnet, ein Arbeitsmarktexperte zu werden. Und »plötzlich« hatte ich ein unterhaltsames Sachbuch mit 238 Seiten zum Arbeitsmarkt gefüllt. Wer offen durchs Leben geht, kann immer wieder vom Kairos besucht werden und zupacken. Kairos ist nie einfach, eher unbequem. Immer anders als erwartet. Das erfordert Mut. Schritt für Schritt wachsen Mut und Ideenfitness. Der Schliff an Ihrer Idee ist immer auch ein Schliff an Ihnen. Gehen Sie weiter, wächst noch mehr Mut. Ideen in die Welt zu bringen ist unbequem und anstrengend wie Bergsteigen. Die körperliche und mentale Anstrengung am Ideenberg hat nichts zu tun mit dem Phänomen wachsender Überlastung und Burn-out im Beruf. Im Gegenteil. Millionen Menschen rennen Marathon, geben alles und haben keinen Burn-out, sondern freuen sich auf den nächsten Marathon. Ich freue mich schon auf die fünfte Wanderung im Grand Canyon – dann mit Elektrolyten. **IDEENBERGE SIND HART, ABER SELBST GESTECKTE ZIELE MOTIVIEREN UND SETZEN KRÄFTE FREI.**

Ohne Anstrengung, ohne sich voll reinzuhängen, ohne alles zu geben, gibt es keine Ideenfitness. Das können Sie trainieren. Ich bin für Anstrengung und für Leidenschaft. Beides hat gar nichts zu tun mit strengen Regeln wie festen Arbeitszeiten oder überholten Definitionen wie Vollzeit und Teilzeit. »Vollzeit« ist missverstandene Anstrengung und ein Papierflieger. Ich bin ein Fan von tandemploy.com. Die Jobsharing-Plattform bringt Firmen und Bewerber zusammen mit einer Idee: Zwei Menschen teilen sich eine Stelle. Sie arbeiten zusammen in Vollzeit. Unterm Strich wird im Tandem aus $0{,}5 + 0{,}5 = 1{,}5$. Zwei Menschen bringen immer mehr Fähigkeiten, mehr Erfahrung und auch mehr Flexibilität mit als ein Mitarbeiter. Im Tandem stecken beide voll in der Materie, sie bringen Vielfalt durch ihre fremden, unterschiedlichen Hintergründe und können sogar spontan für den anderen einspringen. Verlässt eine Hälfte des Tandems das Unternehmen, bleibt das Wissen im Unternehmen. *Warum dachten Sie bisher, eine Person in Vollzeit wäre besser als zwei Kollegen im Vollzeit-Tandem? War das ein Papierflieger?*

Anna Kaiser, Gründerin der Jobsharing-Plattform Tandemploy, fordert heraus: »Am Anfang jeden Fortschritts steht die Vorstellungskraft. Man muss sich eine andere Welt vorstellen können, um nach ihr zu streben. Wir brauchen Zeit, um uns Dinge vorzustellen. Und wir brauchen Mut. Und Ideen und viele, viele Menschen, die etwas unternehmen. Neue Unternehmer. Wir müssen unsere Gesellschaft mitgestalten und neu denken! Jeder von uns! Und das geht nur, wenn wir die Hürden in unseren Köpfen abbauen!«[67] Hürden abzubauen ist unbequem. Das geht an die Substanz. Wände einzureißen und neue Wege bringen Muskelkater. Deshalb nehmen viele Menschen den Lift und Rolltreppen. *Sind Sie im Wandermodus? Gehen Sie den unbequemen Weg Schritt für Schritt?* Jana Tepe, auch Gründerin und die Tandem-Partnerin von Anna Kaiser, zitiert auf ihrem Blog zweiteilen.de den Straßenfeger Beppo aus Michael Endes Buch *Momo*: »Beppo tut seine Arbeit Schritt für Schritt. Man darf nie an die ganze Straße denken. Man muss nur an den nächsten Schritt denken, an den nächsten Atemzug, an den nächsten Besenstrich.« Der Bright Angels Trail im Grand Canyon ist so schmal und im steilen Felsen versteckt, dass man von unten nicht sieht, wo man später laufen wird. Zu sehen sind immer nur die nächsten 300 Meter. Serpentine um Serpentine. Hundertmal hofft man, dass nach der nächsten Kurve das Ziel in Sicht kommt. Und so vergehen Stunden. Doch eigentlich reicht es völlig, an den nächsten Schritt zu denken.

Wenn Sie beim Puzzeln immer auf das fertige Bild auf der Verpackung sehen und hoffen, es wäre schon fertig gepuzzelt, werden Sie nie fertig. Egal ob Ihr Puzzle 500 oder 50 000 Teile hat, Sie müssen das Bild puzzeln. Sie nehmen ein Puzzleteil und ergänzen das Bild mit diesem Teil. Dann wird das nächste Puzzleteil eingesetzt. Und noch mal und noch mal. Jedes Puzzleteil kommt nur an seinen Platz, wenn Sie es einzeln betrachten und einfügen. Das ist mühsam, aber so läuft puzzeln. Und so läuft auch Ideenentwicklung. Kein Zaubern. Kein Hokuspokus. Ideenhandwerk. Unbequem, aufwendig und doch befriedigend, weil man Mehrwerte schafft. Aufgabe für Aufgabe. A für A. Und O für O. Es nützt nichts, wenn Sie den Mehrwert ständig vor Augen haben, aber nicht die Schritte zum Reifen und Schleifen unternehmen. Wie Beppo schauen Sie nicht auf die lange Straße, nicht auf die große Vision. Ideenfitness braucht die volle Aufmerksamkeit bei jedem Schritt. Der erste Schritt ist der wichtigste. Wenn Sie den ersten Schritt gegangen sind, dann ist der nächste Schritt der wichtigste. **DER WICHTIGSTE SCHRITT IST IMMER DER SCHRITT, DEN SIE GERADE GEHEN.** Denn genau der Schritt bringt Sie zum Ziel, wenn Sie JETZT die Aufgabe lösen. JETZT sind Sie gefordert. Je mehr Schritte Sie JETZT konkret gehen, je mehr Puzzleteile Sie einfügen, desto eher erreichen Sie Ihr Ziel.

Grenzgänger

Kathinka Alexandrow, Björn Benz und ich bekamen fast nur positive Reaktionen von Berliner Hotels. Unsere Fruchtgummis in Form des Brandenburger Tors, des Reichstags und der Siegessäule sind lecker und visuell eine besondere Idee für Gäste in Berlin. Ein Willkommensgruß, der echte

Wertschätzung ausdrückt. Endlich mal was anderes. Außergewöhnlich. Und für Berliner Hotels ein Volltreffer. Wir waren siegessicher. Als die Einkäufer der Hotels den Preis hörten, zuckten sie zusammen: »Haribo ist deutlich günstiger.« Wir recherchierten neue Lieferanten. Ab fünf Tonnen konnten wir Haribo im Preis unterbieten. Wieder besuchten wir die Einkäufer der Berliner Hotels – selbstverständlich mit Kostproben. Als sie den günstigeren Preis hörten, erwiderten sie: »Wir bleiben trotzdem bei Haribo. Da weiß der Gast, was er hat. Da gehen wir auf Nummer sicher.« Nun zuckten wir zusammen. Damit hatten wir nicht gerechnet. Keins unserer Drehbücher hatte diese Szene parat. Achtung! Achtung! Noch sind Änderungen im Drehbuch möglich. Wir hatten die fünf Tonnen noch nicht bestellt. *Wer wenn nicht die Hotels? Event- und Messeveranstalter? Souvenirhandel?* Eine neue Zielgruppe musste her. Überall kamen die süßen Sehenswürdigkeiten gut an. *Wer würde die erste Tonne kaufen?*

Der Zukunftsforscher Sven Gábor Jánszky empfiehlt: »So lange gegen die Wand laufen, bis die Wand umfällt.« Ich mag sein Bild und sehe mich immer wieder gegen Wände laufen. Die Neugier treibt mich an. Ich will, will, will die Wand zum Einstürzen bringen. Mit Ideen überschreiten Sie permanent Grenzen vom Altland ins Neuland. Sie sind ein Grenzgänger. Damit andere die Idee auch sehen können, muss die Mauer weg. Der Zeitpunkt des Einsturzes ist eine Überraschung. *Gebe ich vorher auf?* Dann kann die Wand nicht einstürzen. Also renne ich weiter dagegen. *Bin ich wieder zu früh wie mit askabit und Younect? Ist der Markt noch nicht reif? Oder ist die Wand für mich allein zu dick? Brauche ich starke Partner?* Diese Fragen stellen sich bei jedem Schliff. Neuland ist immer anders. Keine Wand gleicht der anderen. **PERSÖNLICHES WACHSTUM FINDET STATT, WENN MAN ETWAS VERSUCHT, DAS SCHEINBAR NICHT GEHT.** Wenn »Geht nicht« doch geht, gewinnen Sie Profil und Ideenfitness. Selbst die süßen Vampire von Haribo waren anfangs eine Wand, denn Fruchtgummi und Lakritz haben eine unterschiedliche Konsistenz.

Dass sie in einer Form zusammenhalten, war harte Arbeit. Auch die Fruchtschnecken – nach dem Vorbild der Lakritzschnecken – waren lebensmitteltechnisch eine Wand, da sich Fruchtgummi nicht so gut rollen lässt wie Lakritz. Etwas Neues ist immer herausfordernd. Erst im Ergebnis sieht es einfach aus. Alles, was Sie sehen und benutzen, war zuvor eine Wand, gegen die Menschen so lange gerannt sind, bis sie einstürzte. Wie weit man dabei geht, ist eine persönliche Entscheidung und Teil der individuellen Ideenfitness. *Wie lange versucht man, eine Idee umzusetzen?* Man kann sich verrennen oder immer mehr Mauern überwinden. Jeder Mensch geht so weit, wie er will und kann. Nie weiter, als man sich traut. Es gibt kein Patentrezept. Kein richtig oder falsch. Es ist immer anders. Sie sind der erste Mensch, der zu Ihrer Idee vorgedrungen ist. Sie haben das Potenzial gesehen, und nun zieht es Sie magisch an. Sie investieren immer mehr Zeit, Geld und Herzblut, um den Mauerfall zu erleben. *Bleibt die Wand doch stehen? Was hätten Sie Bob Parsons geraten?*

Bob Parsons hatte den Internetprovider und Webhoster GoDaddy gegründet und fast 30 Millionen Dollar privates Kapital investiert. Bei der Gründung hatte er sich geschworen, die Reißleine zu ziehen und GoDaddy zu beenden, wenn sein Privatvermögen auf sechs Millionen Dollar geschrumpft sein würde. Der Tag kam, und der Kontoauszug erinnerte ihn an seinen Schwur. *Sollte er zu seinem Wort stehen und aufhören? Aufgeben? Möglicherweise war er dicht vor dem Erfolg!* Alle, die ein Ziel erreichen wollen, kennen die bohrende Frage: *Weitermachen oder aufhören?* Bei Bob Parsons sah alles danach aus, als würden die letzten sechs Millionen Dollar auch noch verbrennen. Anfang 2001 stand er kurz davor, GoDaddy zu beenden. Er wollte nicht zocken. Noch hatte er sechs Millionen Dollar zum Neustart. Bald nicht mehr. *War GoDaddy tot?* Etwas Neues ist nicht eindeutig tot oder lebendig. Die Idee ist noch klein, das Kindergeld fließt ins Wachstum. Es ist nicht vergleichbar mit einem etablierten Geschäft. Da werden Ausgaben und Einnahmen verrechnet, und man weiß: tot oder lebendig. *Was kostet es, bis die Wand einstürzt? Ist das eindeutig im Voraus kalkulierbar?* Nein. Es gibt zu viele unbekannte Variablen. Das spricht nicht gegen Business- und Finanzpläne. Sie helfen, die Idee zu verstehen. *Aber wann ist Schluss? Wann wird das Taschengeld gestrichen?* »Die Versuchung, aufzuhören, wird am größten, wenn du kurz davor bist, erfolgreich zu werden. Ich hätte GoDaddy fast beendet, weil ich Angst hatte.« Parsons hatte die berechtigte Sorge, alles zu verlieren. Vermögen, Firma, Mitarbeiter, Ruf. Doch er machte weiter. Plötzlich platzte die Dotcom-Blase, und viele seiner Wettbewerber im Providermarkt verschwanden, da sie mit Fremdkapital finanziert waren. GoDaddy – finanziert mit Parsons' Eigenkapital – blieb und triumphierte. Ein halbes Jahr nachdem er fast aufgegeben hätte, war GoDaddy profitabel. Parsons' Rat an Grenzgänger: »Bleib lange genug im Spiel, damit die richtigen Dinge passieren können.« Kairos kam vorbei, und GoDaddy war noch da, weil Parsons eine mutige, grenzwertige und existenzielle Entscheidung getroffen hatte: weiterzumachen. Heute betreut GoDaddy 59 Millionen Domains, beschäftigt 4000 Mitarbeiter und macht im Quartal über 80 Millionen Dollar Gewinn. Bob Parsons spendet alle zehn Tage eine Million Dollar und will bis zu seinem Tod sein gesamtes Vermögen spenden.[68]

Hand aufs Herz, hätten Sie an Parsons' Stelle aufgegeben oder weitergemacht? Wir sind oft so kurz vor dem Wendepunkt und geben zu früh auf. Aber man kann auch zu spät vom toten Pferd absteigen und tatsächlich erfolglos bleiben und hoch verschuldet alles verlieren. Als Unternehmer für seine eigene Idee ins Risiko zu gehen ist ein ernstes Spiel. Kein Grenzgänger kann wissen, ob er kurz vor dem Ziel oder noch meilenweit davon entfernt ist. Ihr eigener Mut ist das Maß dafür, wie weit Sie gehen. »Die Wahrheit ist: Es ist schwieriger, Entrepreneur zu sein, als Merrill Lynch zu leiten. Und das sage ich nicht einfach so – ich habe Merrill Lynch geleitet«, sagt Sallie Krawcheck. Sie war viele Jahre Top-Bankmanagerin. Dann gründete sie Ellevest, eine digitale Investment-Plattform für Frauen.

Bob Parsons, Sallie Krawcheck, Brian Chesky und Joe Gebbia sind Grenzgänger. Sie haben Grenzen hinter sich gelassen und sind ins volle Risiko gegangen. Chesky und Gebbia erzählen ihre Airbnb-Gründungsgeschichte auf vielen Konferenzen, zu sehen in unterhaltsamen Videos auf YouTube. 2008 kam ein einziger Investor zum Pitch, und der stand mitten im Gespräch auf und ging wortlos. Heute scherzen sie, dass ihr erster Investor VISA war. Die Kreditkarte. Sie hatten nicht nur eine, sondern ein ganzes Sammelalbum voller Kreditkarten. Rund 50 000 Dollar Schulden verteilt auf viele Karten. »Du wachst nachts auf und denkst: Was mache ich hier eigentlich? Du bist wie eine Kakerlake, irgendwie überlebst du. Ich habe zehn Kilo abgenommen, weil wir nichts zu essen hatten«, erzählt Chesky. Abgefahrene Grenzgänger. Leben unterm Existenzminimum. Am Rand des Wahnsinns. Die Idee ist so stark, man kann nicht zurück. Jeden Tag motiviert die Idee zum Weitermachen. *Sich unerschrocken ein Wagnis zu trauen, bringt das zwangsläufig Erfolg? Kann man zu weit gehen? Wie weit ist zu weit?*

- **Machen Sie weiter, wenn der Investor wortlos geht?**
- **Machen Sie weiter, wenn alle zur Insolvenz raten?**
- **Machen Sie weiter, wenn ein Berater erzählt, er habe schon Gründer im Knast besucht?**
- **Machen Sie weiter, wenn das Büro fristlos gekündigt wurde?**
- **Machen Sie weiter, wenn die wichtigste Kollegin aussteigt?**
- **Machen Sie weiter, wenn ein Vollstreckungsbeamter einer Krankenkasse im Büro steht?**
- **Machen Sie weiter, wenn ein gutes Jobangebot kommt?**

- Machen Sie weiter, wenn Sie sechs Monate keinen Lohn bekommen haben?
- Machen Sie weiter, wenn Sie von Ihren Kunden träumen, weil Sie sich schämen, dass Ihr bisher häufig gelobter Support unterirdisch schlecht geworden ist?
- Machen Sie weiter, wenn Telefon und Internet im Büro gekappt sind?
- Machen Sie weiter, wenn Freunde sagen: »Hör auf!«?

Keiner kann Ihnen sagen, ob Sie morgen gescheitert sind oder erfolgreich sein werden. Glauben Sie keinem, der sagt, es lohne sich nicht, für Ihre Idee zu kämpfen! Das Risiko tragen Sie sowieso alleine. **NUR SIE WISSEN, OB ES SICH LOHNT, FÜR IHRE IDEE ZU KÄMPFEN.** »Du musst den Kampf umarmen, um erfolgreich zu sein«, rät Ben Horowitz. »Es kommt nie der Moment zum Ausruhen. Ständig passiert etwas Neues, mit dem du nicht gerechnet hast. Ständig steht deine Existenz wieder neu auf dem Spiel«, berichtet Christoph Keese in seinem Buch *Silicon Valley*. Keese schreibt über Horowitz: »Er konnte Opsware für 1,6 Milliarden Dollar an Hewlett-Packard verkaufen. Es hätte genauso gut schiefgehen können.« GoDaddy hätte schiefgehen können. Airbnb hätte schiefgehen können. Dass es geklappt hat und über die Maßen erfolgreich wurde, lag an den dickköpfigen Gründern, die durch die Wand mussten. »Wenn du nicht bis an den Punkt gelangst, wo du scheiterst, weißt du ja nie, wie weit du gehen kannst«, sagt Martina Navrátilová, eine der besten Profi-Tennisspielerinnen der Welt. **WENN MAN NIE GESCHEITERT IST, IST MAN NIE ÜBER GRENZEN GEGANGEN.** Doch Scheitern ist ätzend. Scheitern ist Versagen. Scheitern hat rechtliche Konsequenzen. Scheitern ist trotz aller Sonntagsreden nicht automatisch der Anfang vom nächsten Versuch, sondern ein Ende und eine Zäsur. Die öffentlichen Sonntagsreden zum fröhlichen Scheitern sind oft unehrlich, weil die meisten Menschen, die solche Reden halten, nie eine Firma gegründet und nie das persönliche Risiko getragen haben. Sie können gar nicht wissen, wie es ist, sein Herzblut und alle Kraft zu geben und dann als Versager dazustehen. Natürlich gibt es auch dreiste Betrüger, die bewusst scheitern und Gelder veruntreuen. Das muss verurteilt werden. Mir geht es um Menschen, die ihrem Traum folgen, das Potenzial einer Idee freisetzen wollen, bessere Lösungen für die Gesellschaft und für die Welt suchen, mit aller Kraft neue Wege gehen, sich persönlich verschulden und bei alldem nach bestem Wissen und Gewissen handeln. Und die dann vor dem Trümmerberg stehen.

Trümmerberg

MIT DEM REIFEN UND SCHLEIFEN IHRER IDEEN WACHSEN AUCH SIE IN IHRER IDEENFITNESS. Mit neuen Ideen balancieren Sie immer am Rand des Möglichen, das kostet Kraft und bringt Fitness. Ideenreiche Grenzgänger sind risikofreudig und setzen alles auf eine Karte. Ohne Sicherheit. Ohne Netz und doppelten Boden. Im Unterschied dazu verteilen Investoren ihr Risiko auf ein Portfolio mehrerer Ideen, weil sie wissen, dass nur wenige Ideen fliegen werden. Welche Ideen erfolgreich sein werden, wissen auch erfahrene Investoren nicht im Voraus. Risiko ist Risiko und bleibt Risiko. Mit einem verteilten Einsatz ist man beim Ernten auf jeden Fall dabei. Für die Ideeneltern gilt: Ganz oder gar nicht. Auch deshalb kommt radikal Neues oft von außerhalb der Unternehmen, der Organisationen, weil Menschen im System nicht so weit gehen würden. *Wer traut sich in einer Organisation, alles auf eine Karte zu setzen? Wer traut sich, vor allen Kollegen zu scheitern?* Scheitern ist wahrscheinlicher als Erfolg. Steve Jobs wurde 1985 von Apple gekündigt, weil er zu viel Geld in den Macintosh investiert hatte. Er war schon damals überzeugt, dass Design eine wesentliche Rolle spielt. Doch der Rechner war finanziell ein Flop und zudem nicht sehr leistungsfähig. Im Nachhinein weiß man, dass Jobs schon damals recht hatte, welche Rolle Design für den Erfolg von Apple spielen sollte. Aber die Zeit war noch nicht reif. Jobs sah als Einziger bereits die Vision. Kein anderer konnte ihm 1985 so weit ins Dunkle des Neuen folgen. **DER IDEEN-OLYMP UND DER IDEEN-TRÜMMERBERG LIEGEN DICHT BEIEINANDER.** Man kann alle Leidenschaft investieren, die ganze Kraft der Idee opfern und vollkommen vom Erfolg überzeugt sein, den Mauerfall schon vor Augen haben, aber trotzdem verlieren.

2007 starteten wir mit younect.de eine Online-Plattform mit Kompetenztests für Schüler und Azubi-Vermittlung an Unternehmen. 2009 präsentierten wir den Unternehmen 30 000 ausbildungsbereite Schüler. Doch die meisten Fachkräftemangel-Jammerer waren nicht bereit, das Neue auszutesten. 2010 beendeten wir dieses Experiment und starteten neue Experimente. Eine visuell geniale Online-Jobmesse und den Vorläufer von cleverheads. Als wir 2014 gezwungen waren, mit der YOUNECT GmbH Insolvenz anzumelden, war das für mich als Gründer die größtmögliche Niederlage. Es fühlte sich an wie ein Verrat gegenüber den Menschen, die mir vertraut hatten. Kunden, Kollegen und Investoren, die Zeit, Herzblut, Ideen und Geld investiert hatten. Es ist ein herber Schlag, ausgebremst zu werden und nichts mehr machen zu können. Die Hände sind gebunden. *Game over.* Statt Jubel zum Mauerfall ertönt Katzenjammer zum Absturz. Wertvolle Arbeitskraft und kraftvolle Ideen waren vom Winde verweht. Das Kapital, das wir mehren wollten, war verbrannt. Megaätzend. Auch die eigene Kraft und das eigene Kapital waren weg. Man gewinnt Erfahrung und Ideenfitness. Aber wirkliche Anerkennung gibt es nur für Erfolge. Peter Hinssen schreibt in seinem Buch *Das Netzwerk gewinnt immer:* »Eine Kultur des Experimentierens braucht eine besondere Haltung gegenüber dem Risiko, das wird notwendig sein, um in einer Welt flüssiger Strategie zu überleben.« Das klingt in der Theorie gut, aber unsere Gesellschaft wird älter und risikofeindlicher. Es gibt 80-Jährige, die denken offen innovativ. Doch Alter hält meistens am Altbekannten fest. In Ghana liegt das Durchschnittsalter bei 19 Jahren. Der Internetpionier Eric Osiakwan erzählte mir, alle hätten Smartphones und programmierten Apps. Die Grundhaltung zum Risiko ist dort eine andere als in Europa. Junge Leute haben nichts zu verlieren. Ran, machen, ausprobieren, ran, machen, ausprobieren, bis es klappt. *Wo lernen wir zu experimentieren? Wo erwerben wir eine positive Grundhaltung zum Trümmerberg? Wo bekommen wir die notwendige Einstellung, um sogenannte Misserfolge zu fördern? Wo werden wir darin unterstützt, häufig zu versagen, um daraus zu lernen?* Lars Hinrichs, der Gründer des deutschen Businessnetzwerks XING, machte vor seiner erfolgreichen Gründung von XING die Erfahrung einer großen Pleite. Unternehmer und Investor Frank Thelen sagt: »Gründen ist ein arschharter Trip.« Er zahlt noch heute in Raten die Schulden seines ersten Unternehmens ab. Für ihn ist das eine ständige Erinnerung, dass es auch schiefgehen kann. Stewart Butterfield verkaufte seinen Bilderdienst Flickr für 35 Millionen US-Dollar an Yahoo und gründete 2013 die Team-Kommunikationsplattform Slack. Der Shootingstar Slack mit gut 2,7 Millionen täglich aktiven Nutzern erzielte im April 2016 eine Marktbewertung von 3,8 Milliarden US-Dollar. Doch vor den beiden Erfolgsgeschichten scheiterte Butterfield mit dem Spiele-Start-up Neverending Game »spektakulär«, wie er selbst sagt. Tarek Müller, der Motor von OTTOs Shootingstar AboutYou, war bereits als Schüler Europas größter Shisha-Onlinehändler. Eine falsche Entscheidung brach ihm fast das Genick. Der Umsatz lag im siebenstelligen Bereich. Doch mit 17 Jahren schrammte er haarscharf an der Privatinsolvenz vorbei, weil ein chinesischer Händler nicht lieferte und er die Rechnung im Voraus bezahlt hatte.[69] Er räumte den Trümmerberg auf und machte weiter.

Genau diese Haltung, auch im Worst Case weiterzumachen, verbindet alle, deren Idee sichtbar wird. Scheitern. Versagen. Insolvenz. Privatinsolvenz. Verlieren. Aufstehen. Weitermachen. Gegen die Wand rennen. Neuer Versuch. Die meisten Ideen kommen nie ans Tageslicht, dazu gibt es viel zu viele Ideen. *Also gar nicht erst anfangen? Gleich stehen bleiben?* Wer Ideen umsetzen und Erfolg haben will, macht immer weiter und gibt nicht auf. Das ist hart, aber der einzige Weg, eine Idee zum Leben zu erwecken. Es muss schiefgehen, es wird schiefgehen, und ab und zu gelingt etwas. Erfolg. Die Ausnahme. Bis dahin dienen alle Ideen der Ideenfitness. *Erwarten Sie Genialität ohne Training? Oder gehen Ideenentwickler den harten Weg der Sportler?* Sportler und Ideenkämpfer erleben, wie sie im Training und im Wettkampf über sich hinauswachsen und mehr Kräfte mobilisieren, als sie vorher für möglich gehalten hätten. **IDEENFITNESS HOLT MEHR AUS IHNEN HERAUS, ALS SIE SELBST FÜR MÖGLICH GEHALTEN HÄTTEN.** *Sind Sie dennoch darauf vorbereitet, dass der Erfolg die Ausnahme ist? Machen Sie auch nach Niederlagen weiter? Ist für Sie eine Insolvenz das Ende oder der Anfang von etwas Neuem?* Als Younect Insolvenz angemeldet hatte, informierte ich unsere Partner und Kunden persönlich. Innerhalb weniger Stunden bekam ich 25 E-Mails und Anrufe – alle positiv: »Das tut uns so leid für Sie und Ihr Team, Sie haben sich so reingehängt.« »Sie schaffen das.« »Danke, dass Sie es probiert haben, die Idee war einfach sehr gut.« Das war überwältigend positiv. Im tiefen Schmerz kam von den Kunden eine kräftige Stärkung. Auch die Unternehmerin Béa Beste erlebte in der Insolvenz von Tollabox viel Rückhalt: »Ich habe erfahren, wie die Menschen um mich herum reagiert haben, selbst diejenigen, die viel Geld mit uns verloren haben. Sie haben viel mehr Verständnis für die Situation, als ich je gedacht hätte, dass es möglich ist. Ich habe Respekt, Zuspruch und Ermunterung erhalten, auf allen Kanälen. Ob in der Startup-Szene oder in Berater-Kreisen: Ich werde wie eine Unternehmerin behandelt, die eine wertvolle Erfahrung gemacht hat. Ich fühle mich nicht stigmatisiert, nicht traumatisiert.«[70] Training. Hinfallen. Aufstehen. Jubel. Hinfallen. Aufstehen. Banal, aber so lernen wir. Es gibt keine Erfolgsrezepte außer TUN und MACHEN. Jeder Mensch ist anders, jedes Team ist anders, jede Idee ist anders, und jede Zeit ist anders. Hermann Scherer bringt es auf den Punkt: »Erfolg ist das Abfallprodukt des Scheiterns.« Das heißt nicht, dass man das Scheitern anpeilen sollte. Keiner will scheitern, um dann Erfolg zu haben. Das ist Unsinn. Aber viele Ideen werden scheitern auf dem Weg zum Erfolg. Das ist Tatsache.

»Wir sind die Gewinner. Wir kennen keine Limits. Ab heute – für immer«, singen Revolverhelden in dem Song »Spinner«. *Heißt das, dass bei Spinnern alles gut geht? Klappt alles? Kennen Sie Menschen, denen alles gelingt? Oder gelingt denen viel, die viel spinnen und viel machen?* Es geht verdammt viel schief. Trümmer türmen sich rechts und links. Enttäuschungen und zerplatzte Träume gehören dazu. Erbschaften gehen drauf, und Teams zerstreiten sich. Aber mit dem Gewinner-Fokus »Keine Limits« geht es weiter, Schritt für Schritt, bis viel umgesetzt, verloren und gewonnen wurde. Meistens schaut man zurück und staunt. Wer konsequent dem eigenen Ziel folgt, staunt im Rückblick immer über das, was erreicht wurde. Oft ist es viel mehr, als man selbst für möglich hielt. All die großen Vorbilder, die oft zitierten Helden hatten auch mit Hürden zu kämpfen, die sie überwunden haben. Albert Einstein begann erst mit vier Jahren zu sprechen. Joanne K. Rowling ist bei zahlreichen Verlagen abgeblitzt, genauso wie Stephen King. Anita Roddick strich ihren Laden nicht aus Imagegründen im markanten Dunkelgrün. Die Markenfarbe des Body Shops musste den Schimmel abdecken. Die alleinerziehende Mutter zweier Kinder konnte sich keinen anderen Laden leisten. Walt Disney bekam die Finanzierung von Disneyland erst nach 302 Anläufen. Er überwand 301 Trümmerberge. *Lässt man sich von Krisen oder Trümmerbergen aufhalten? Gibt man auf?* »Wenn Aufgeben keine Alternative ist«, lautet die Werbung der Deutschen Knochenmarkspenderdatei (DKMS). Stellen Sie sich vor, Sie sind wegen einer

Erkältung beim Arzt, und er sagt: »Ihr Kind hat Leukämie.« Blitz und Donner. Völlig unerwartet. Keine Vorankündigung. Kurz darauf sind Sie in einer Spezialklinik für Kinder mit Leukämie. Dort bleiben Sie nicht einen Tag, nicht eine Woche, sondern ein Jahr. Sie bangen jeden Tag, hoffen und beten, dass Ihr Kind gesund wird. Erst nach fünf Jahren gilt ein Leukämiepatient als geheilt. Wenn Aufgeben keine Alternative ist, brauchen Menschen starken Glauben, dass es weitergeht. An die Heilung zu glauben gibt Kraft und Zuversicht mitten im Trümmerfeld. Diese Kraft brauchen Menschen, um mit der Krankheit zu leben und zu kämpfen. Das heißt leider nicht, dass alle Kranken geheilt werden. Geliebte Menschen sterben. Und doch gilt: »Wir sind niemals besiegt, bis wir selbst aufgeben.« Das gilt für Menschen mit Krankheiten und für Menschen mit Ideen. Ideenfitte sind erfüllt von dem starken Glauben, dass es weitergeht. Es ist immer ein Kampf mit knappen Ressourcen gegen fertige, satte Systeme. *Wer setzt sich durch? David oder Goliath?* »Du musst es einfach nur machen, dann schaffst du es auch«, sagte meine siebenjährige Tochter zu ihrem fünfjährigen Bruder. Diese Naivität zeichnet Menschen mit Ideen aus. Machen. Einfach machen. Einfach machen. Einfach schaffen.

Beharrliches Vermögen

Für Besiegte muss *»Wir sind niemals besiegt, bis wir selbst aufgeben«* überheblich und arrogant klingen. Menschen versuchen alles, sie geben alles und erreichen ihr Ziel doch nicht. Die Insolvenz ist eine schwere Niederlage, da gibt es nichts zu beschönigen. Ich wurde besiegt. *Was bedeutet »niemals besiegt, bis wir selbst aufgeben« in einer Niederlage? Der Fluss gräbt eine Schlucht nicht, weil das Wasser stärker als der Felsen ist, sondern weil das Wasser über Jahrtausende beharrlich über den Felsen rauscht und Sandkorn für Sandkorn mitnimmt. Wie ein Fluss verfolge ich beharrlich meine Ideen.* Ich habe den inneren Drang und tiefen Wunsch, meine Ideen umzusetzen. Meine Ideen zum Arbeitsmarkt sind eine Verantwortung. Ich kann mich nicht zurücklehnen und so tun, als wüsste ich keine bessere Lösung. Ich kann gar nicht anders, ich muss es tun. So lange gegen die Mauer laufen, bis sie einstürzt. Ich glaube, dass die massenhafte Potenzialverschwendung im Arbeitsmarkt nicht sein muss. Ich glaube, dass das Finden von passenden Mitarbeitern und interessanten Jobs effizienter organisiert werden kann. Ich sehe es als meine Verantwortung an, die Umsetzung von cleverheads so lange zu versuchen, wie ich kann. »Sie brauchen Leidenschaft. Aus einem Grund. Jeder rationale Typ gibt auf. Es ist so harte Arbeit. Und Sie müssen Ihre Idee über einen langen Zeitraum verfolgen. Ohne die Leidenschaft hören Sie auf«, sagte Steve Jobs.[71] Wäre ich ein rationaler Typ, hätte ich längst aufgegeben. Ein rationaler Freund schrieb mir: »BWL heißt billig einkaufen und teuer verkaufen.« Das ist eine Seite der Medaille: A. Innovation braucht aber auch O, die Verschwendung und Grenzgänge bis zur gereiften Idee und Ideenfitness. All die vielen Ideen, die wieder verschwinden. All die Start-ups und Investments, die verbrennen. Das ist Verschwendung auf der Suche nach dem Neuen. *Kommt Neues von rationalen BWL-Typen in die Welt? Kommt Neues ohne Verluste, ohne Verschwendung und ohne Leidenschaft?*

Ich bin begeisterter Macher, Anstifter, Umsetzer, Ideengärtner, Innovator, Autor und Redner. Bei Younect war ich »plötzlich« Chef von über 20 Angestellten. Personalverantwortung war neu für mich. Vorbereitet war ich darauf nicht. Über 60 Menschen haben Kathinka Alexandrow und ich durch unser eigenes unternehmerisches Risiko eine sinnvolle und bezahlte Tätigkeit eröffnet. Berufseinsteiger bekamen ihren ersten Job, der ihnen später einen einfachen Übergang in größere Unternehmen ermöglichte. Wir haben einen Azubi ausgebildet und ihm trotz Insolvenz ermöglicht, die Prüfung mit »Sehr gut« zu bestehen. Zwei Kollegen haben mit unserem Einsatz, Begleitung auf Ämter und einer festen Anstellung die Blue Card bekommen. Sie können nun dauerhaft in Deutschland leben. Auf all das bin ich sehr stolz. Doch es hat mich viel mehr Kraft gekostet, als ich mir vorgestellt hätte. Es sprengt jede Vorstellungskraft. Wer das nicht selbst erlebt hat, kann es sich nicht vorstellen. Ich habe es gemacht, um die Idee vom sinnvolleren Arbeitsmarkt zum Leben zu erwecken. Die Kraft dafür kam unterwegs im Tun. Heute bin ich deutlich ideenfitter als beim Start. Mein Respekt vor erfolgreichen Unternehmern wächst jeden Tag. Es ist eine Herkulesaufgabe. Die Verantwortung tickt rund um die Uhr. Ideen, Chancen, Baustellen, Probleme, Schulden, Konflikte, das lässt einen nie los. Ideen können Berge versetzen. Doch was es wirklich heißt, Organisationen neu zu gründen und mit Leben zu füllen, das ist existenziell. Das kann keine Gründerschulung vermitteln. Am ehesten vermitteln das andere Unternehmer wie Herr Wall, der an Heiligabend im Prototyp seines neuen Toilettenhäuschens eingeschlossen war. *Wer testet Heiligabend den neuen Prototyp?* Der Ideenvater Herr Wall. Das ist bezeichnend. Viele Mitarbeiter sind extrem engagiert, denken mit und machen die Idee zu ihrem Baby. Engagierte Kollegen sind wunderbar, und ohne sie würden Ideen nie bis zum Mehrwert und Markterfolg kommen! Mitarbeiter sehen ihren Bereich, ihre Aufgabe und ihr Konto. Das ist völlig legitim. Sonst wären sie Gründer. Was Gründer erleben, erleben nur Gründer. Es kann sich keiner vorstellen, was es heißt, um sein Baby zu kämpfen, Tag und Nacht Investoren zu suchen, Kontakte aufzubauen, um sechs Uhr Pitchdecks zu verschicken und nach Mitternacht Fragen zu beantworten. Immer mit dem Druck im Nacken, am Monatsende 25 000 oder 83 000 Euro Löhne auszubezahlen.

Ideen gegen Widerstände durchzusetzen und Kunden für etwas Unbekanntes zu gewinnen ist eine Frage der Kraft, Ausdauer und des Willens. Diese mentale Kraft ist nicht statisch. Sie wächst mit den Aufgaben und entspringt der Ideenfitness. Also durchhalten! Erfolg hat, wer länger durchhält. **DAS DURCHHALTEVERMÖGEN IST EIN UNTERSCHÄTZTES VERMÖGEN.** Und hier gilt absolute Gleichheit: Es gibt kein vererbtes Durchhaltevermögen. Jeder kann sich dieses Vermögen aufbauen. Der Theologe Dietrich Bonhoeffer wurde am 5. April 1943 verhaftet. Kurz vor Kriegsende wurde er auf Befehl Hitlers im KZ Flossenbürg hingerichtet. Bonhoeffer kannte die Attentäter vom 20. Juli 1944. Im Gefängnis schrieb er ein Glaubensbekenntnis: »Ich glaube, dass Gott uns in jeder Notlage so viel Widerstandskraft geben will, wie wir brauchen. Aber er gibt sie nicht im Voraus, damit wir uns nicht auf uns selbst, sondern allein auf ihn verlassen.« Durchhaltevermögen gibt es nicht im Voraus. Es ist tagesaktuell und nicht übertragbar. Beharrliches Laufen gegen die Wand speist die Ideenfitness. Und die brauchen Sie, wenn es drauf ankommt.

94. Minute

Ich kann mich noch genau an die kuriose deutsche Fußballmeisterschaft 2001 erinnern, als für zwei Minuten ganz Deutschland Schalke als Meister gefeiert hat. Ich saß am Radio. Auf Schalke feierten die Massen bereits die Meisterschaft. Niemand realisierte, dass in Hamburg noch gespielt wurde. Oliver Kahns Bericht über die letzten vier Minuten dieser Meisterschaft ist packend. In seinem Buch ICH. Erfolg kommt von innen ist man live dabei. In der 90. Minute schießt der HSV das 1:0 gegen Bayern München. Damit ist Schalke Meister. Der Kopfball war unhaltbar. Kahns Mannschaft erstarrt. Bis zur 90. Minuten waren sie Meister. In allerletzter Sekunde war die Meisterschale verspielt. Der Traum zerplatzt. *Wirklich in allerletzter Sekunde?* Geistesgegenwärtig läuft Kahn zum Schiedsrichter: *Wie viel Zeit bleibt?* Vier Minuten Nachspielzeit. »Vier Minuten. Vier Minuten Zeit haben wir noch, brülle ich über den Rasen. Stefan Effenberg versteht mich sofort, schnappt den Ball und signalisiert der Mannschaft: Es ist noch nicht vorbei! [...] Ich will dieses Spiel noch drehen. 93. Minute. Indirekter Freistoß für uns. Kein Zweifel, die letzte Aktion des Spiels.

Vierzehn Meter Entfernung zum Hamburger Tor. Die allerletzte Chance dieser Saison. Dieser Ball wird reingehen, denke ich ... es wird passieren ... es muss passieren ... ich will, dass dieser Ball reingeht! Der Ball fetzt wie von Geisterhand geführt ... an allen Hamburgern vorbei ... durch sie hindurch und ... schlägt links unten ein. Der Ball ist im Tor. 94. Minute. Das Spiel ist aus. Wir sind Deutscher Meister.« Das ist Durchhaltevermögen pur. Die tiefe Überzeugung, in vier Minuten das entscheidende Tor zu schießen, mobilisierte die letzten Kräfte. Die Überzeugung, es in letzter Minute der Meisterschaft noch schaffen zu können, gab den Ausschlag. Der Glaube, es zu schaffen, bedeutet nicht, dass es immer klappt. Doch die extreme Motivation auf der Zielgeraden war der Grund, dass der Ball noch ins Tor ging. Ohne die eigene Überzeugung wäre es beim 1:0 geblieben. Alle Schalker Fans hätten sich gefreut. Ein Bestseller von Anja Förster und Peter Kreuz heißt *Nur Tote bleiben liegen*. Die Mannschaft von Bayern München hätte liegen bleiben können. Das war halt Pech. In der 90. Minute kam ein unhaltbarer Treffer. Das versteht jeder. Da kann man nichts machen. Nächste Saison wird alles besser. Nein. JETZT! Aufstehen. Weiterspielen. Hätte Oliver Kahn seine Mannschaft nicht nach vorne gepeitscht, wären alle in ihrer Schockstarre verharrt. Kahns beharrliches Vermögen machte den Unterschied. Christian Bischoff, Autor von *Willenskraft*, schreibt: »Probleme sind Geschenke! Du musst das Geschenk in jedem Problem finden, um persönlich wachsen zu können. Das Leben verpackt Wachstumsmöglichkeiten als Probleme [...] Stück für Stück wirst du an deinen Problemen wachsen. Dazu musst du das Geschenkpapier aufmachen und dich fragen: Was lerne ich jetzt von dir? Nimm den Stolperstein – küsse ihn!« Oliver Kahn überwand den stechenden Schmerz. Er riss das Geschenk der vier Minuten Nachspielzeit auf und sah die verwegene, aber mögliche Chance zum Sieg. Er blieb nicht liegen. Vier Minuten – Zeit für mehrere Torschüsse. *Was haben Sie die letzten vier Minuten gemacht? Haben Sie Ihr Durchhaltevermögen trainiert?*

Sind Sie an einem Problem gewachsen? Wenn man Christian Bischoff beim Wort nimmt, sind Menschen mit vielen Problemen besonders reich beschenkte Menschen. Allerdings nur dann, wenn sie nicht wie Tote liegen bleiben, sondern sich wie Oliver Kahn aufraffen und alle Kraft in die Lösung stecken. **DER LETZTE SCHUSS IN DER 94. MINUTE KANN DAS BLATT NOCH WENDEN.** »Ich will, will, will ...«, diesen Satz habe ich in den letzten Jahren häufig gesagt. Ich will eine Innovation im Arbeitsmarkt. Ich will, dass Menschen und Unternehmen einfach und passender zueinanderfinden. Jobbörsen und Headhunter sind Umwege zum Job. Mit intelligenter Vernetzung aller Beteiligten könnten Abkürzungen etabliert werden. Um das Ziel zu erreichen, habe ich acht Jahre lang Tag und Nacht gearbeitet, ein hohes fünfstelliges Erbe investiert, mich zusätzlich sechsstellig verschuldet, ein Buch geschrieben, alle Umsätze aus dem Buch und alle Honorare von Vorträgen zum Mythos Fachkräftemangel in die Idee cleverheads investiert. *Habe ich mich verrannt? Bin ich zu weit gegangen? Wann laufen die letzten vier Minuten des Spiels?* Eine wohlwollende Freundin schrieb mir: »Es gibt einen fundamentalen Unterschied zwischen Scheuklappen und Durchhaltevermögen. Dieser Unterschied ist das Quäntchen, das über Erfolg und Niederlage entscheidet: die Strategie. Elon Musk & Co. waren determiniert, hatten Ausdauer und Beharrlichkeit hoch unendlich, aber eben keine Scheuklappen. Sie sind weiter mit offenen Augen durch die Welt gegangen und haben ihr Handeln an das, was sie gesehen haben, angepasst – mit der gleichen Menge Ausdauer. Deshalb mein Rat: Puzzleteile neu zusammensetzen und Kräfte neu verteilen, Strategie aufstellen und dann wieder auf Los!« *Neu aufstellen? Oder den Schwung nutzen und weitergehen?* Nie hatten wir ein Produkt so radikal geändert und permanent weiterentwickelt wie cleverheads. Nie zuvor waren wir so gut vernetzt und so weit in einen Markt eingedrungen mit einer Innovation. Nie zuvor hatten wir so viele Berichte in Medien und

Resonanz aus Italien, den Niederlanden, Österreich, Spanien, Australien, Ghana und Kanada. Keiner weiß, wie weit der Weg noch ist.

Jochen Mai von Karrierebibel bringt auf Instagram Kairos ins Spiel: »Glück lässt sich nicht erzwingen, aber es mag hartnäckige Menschen.« Ich schleife weiter am Diamant. Mit offenen Augen auf der Suche nach neuen Zutaten. Ausprobieren. Erkenntnisse sammeln. Feedback ins Drehbuch einbauen. Spielen. Testen. Streichen. Steigern. 50 000 Puzzleteile. In der Hoffnung, dass die 94. Minute noch kommt.

Gereift

Hartnäckigkeit schleift und reift Ihre Ideenfitness und macht Sie stärker. Täler, Serpentinen und Gipfel machen Sie immer ideenfitter, erfahrener und gelassener im Risiko. Es klingt einfach und kostet viel Kraft. Es ist superspannend und nichts für schwache Nerven. Netflix war fast volljährig und 17 Jahre lang gereift, bevor das Angebot weltweit in 130 Ländern gestartet ist. Die Musikerin Sarah Blackwood erzählt von zehn Jahren Reifen im Musikbusiness bis zu ihrem unfassbar großen viralen Hit mit der Band Walk Off The Earth: »In allem musst du Blut und Schweiß in deine Arbeit stecken.«[72] Die meisten kennen die Band seit dem Cover des Welthits »Somebody That I Used to Know« zu fünft an einer Gitarre. Was im Video spontan wirkt, hat vor der Kamera 14 Stunden gedauert. Die außergewöhnlichen Ideen und die akribische Vorbereitung der Band sieht man in diversen Making ofs auf YouTube. Es gibt keinen Erfolg über Nacht. **ES GEHT DARUM, ANZUFANGEN. RAUS AUS DER KOMFORTZONE. SCHRITT. JETZT. SCHRITT.** Alles Gewohnte, das uns bremst, ist Komfortzone. Selbst das Jammern über den cholerischen Chef, Ärger mit Kollegen und die langen Arbeitszeiten, alles Komfortzone, wenn wir darin bleiben. Da weiß man, was man hat. Aber nur am Unbekannten jenseits der Komfortzone können wir wachsen und reifen.

Reid Hoffman meint, echte Entrepreneure hörten nie auf zu fragen: »Was kann ich noch lernen? Ich weiß, es gibt so viel mehr, das ich noch lernen kann.«[73] *Wozu dienen Abschlüsse, wenn das Lernen nicht vorbei ist?* Abschluss der Schule. Abschluss der Lehre. Abschluss des Studiums. Zertifikat. Abgehakt. Fertig. Erledigt. Deckel drauf. Abgeschlossen. *Oder ist das Wort Abschluss ein fatales Missverständnis? Ein Papierflieger? Ist mit dem Abschluss etwa noch nicht Schluss?* Es gibt viel mehr zu lernen. Fachlich. Menschlich. Über sich. Über andere. Selbstsicht. Weltsicht. Weitsicht. Unendlich viele Ideen, die noch nicht kombiniert wurden, können Sie entdecken und kennenlernen. Im Reifen der Idee reifen Sie mit.

Ideen bieten Ihnen lebenslanges Reifen. *Bereit für den nächsten Schritt? Sprung? Bereit zum Schliff?* Am meisten lernen wir von Menschen, die in anderen Bereichen geübter und erfahrener sind als wir. Diese Menschen können uns herausfordern. Wenn sich alle zustimmen und recht geben, ist das Gedankeninzest. Dann fehlt Überraschung. Ohne Herausforderung kein Lerneffekt. In meinen Workshops sage ich vor jeder Gruppenarbeit: »Suchen Sie sich Partner, mit denen Sie heute noch nicht geredet haben.« Am Ende haben alle mit allen geredet und Ideen entwickelt. *Setzen Sie sich immer auf denselben Platz? Oder springen Sie täglich ins Unbekannte? Fragen Sie Menschen, die Sie nicht kennen? Fragen Sie Menschen mit anderen Erfahrungen?* Fast jeder Mensch kann Ihnen etwas Neues zeigen. Suchen Sie sich Mentoren für Ihre persönliche Reifung. **WIE WÄRE ES, WENN MENSCHEN ABWECHSELND MENTORING ANBIETEN UND MENTORING NUTZEN?** *Abschluss?* Nein danke! Weiter reifen.

Ich bin ein Fan von Mentoring. Mentoring ist DAS Mittel für persönliche Entwicklung. Auch in dem wichtigen Übergang von der Schule in eine Ausbildung. In einem Seminar in München hörte ich vor kurzem die alte Leier: »Der Werteverfall ist dramatisch. Azubis sind unzuverlässig. Keiner strengt sich mehr an. Hauptschüler haben das Niveau von Sonderschülern.« *Ist das die Verantwortung der Schüler?* Ich will faule Schüler nicht in Schutz nehmen. Aber da 1 077 687 Schüler seit 1999 keinen Schulab-schluss geschafft haben, sehe ich ein Versagen des Schulsystems. *Wer hat das erfunden? Erwachsene! Wer schreibt Curricula? Erwachsene! Wer legt fest, dass man im Sitzen lernen muss? Erwachsene! Wer unterrichtet?* Ich sage nicht, dass Unterrichten einfach ist. Ganz im Gegenteil! Lehrer haben einen Blut-und-Schweiß-Job, wenn sie Schüler ernst nehmen. **LEHRER SOLLTEN VIEL MEHR GELOBT UND BESSER UNTERSTÜTZT WERDEN.** Sie sehen die 25 bis 30 Schüler zwei bis fünf Stunden pro Woche. Rechnen Sie einfach. Das ist zu wenig Zeit für individuelle Zuwendung. Lehrer können unterrichten, Interesse wecken und Vorbil-der sein. Viele machen das megaengagiert, anderen sollte gekündigt wer-den – was bei Beamten leider nicht geht. Aber Lehrer können Schülern nicht die Aufmerksamkeit bieten, die menschliches Reifen braucht. Junge Menschen brauchen andere, möglichst langfristige Beziehungen. Die Ver-antwortung für die Charakterbildung liegt zuerst bei den Eltern und dann bei uns allen, der Gesellschaft. Alle elf Millionen Schüler in Deutschland würden von persönlicher Zuwendung profitieren. Das geht nicht neben-bei. **SCHÜLER BRAUCHEN UNSER WERTVOLLSTES GUT: ZEIT. ZUWENDUNG. UNGETEILTE AUFMERKSAMKEIT!** *Wer löst das Aufmerksamkeitsdefizit unserer Gesellschaft?* Es liegt an uns Erwachse-nen, den Nachwuchs zu begeistern, ihn herauszufordern und für ihn da zu sein.

Wer das nicht schafft, kann die Schülerpaten, Chancenwerk, Rock Your Life, Teach First und Joblinge unterstützen. Mentoring-Beziehun-gen sind kein Garant für Bildungserfolg, aber Zuwendung hat einen Ef-fekt. Bei Rock Your Life traf ich eine Schülerin mit ihrem Mentor. Zwei Jahre zuvor wollte sie die Hauptschule abbrechen. Nun war sie Klassen-beste auf der Realschule. Die Zauberformel: Persönliche Zuwendung! Ehr-liches Interesse. Im Mentoring gilt: Mund halten und zuhören! Die Klage über ausbildungsunreife Azubis fällt direkt auf unsere Gesellschaft und uns Erwachsene zurück. Es ist unsere Verantwortung. Unser Blut und Schweiß. Verschenken wir Zeit und echtes Interesse, Aufmerksamkeit und Wertschätzung? Großzügig oder knauserig? *Fördern Sie Mentoring? Sind Sie und Ihre Mitarbeiter Mentoren?*

Dasselbe gilt für Ideen. Sie brauchen persönliche Zuwendung, um zu reifen. Die Verantwortung für die Charakterbildung Ihrer Ideen liegt bei Ihnen. Das geht nicht nebenbei. **IDEEN BRAUCHEN IHR WERT- VOLLSTES GUT: ZEIT. ZUWENDUNG. AUFMERKSAMKEIT!** Schritt. Prototyp. Schritt. Drehbuch. Schritt. Neue Zutat. Schritt. Schliff. Schritt. Mehrwert. Schritt. Beitrag in der *Tagesschau. Ist dann endlich Schluss?* Nein. Dann geht es erst richtig los. Es liegt an Ihnen, Ihre Ideen zu schleifen, sie immer neu herauszufordern. Pilotprojekte. Kunden einbeziehen. Mund halten und zuhören! Bis sie gereift ist. Es liegt auch an Ihnen, sich Mentoren zu suchen, die Ihnen zuhören und von denen Sie lernen. Auf meinem Ideenparcours haben mir viele Mentoren Zeit geschenkt. Täglich kontaktiere ich fremde Menschen auf XING, LinkedIn, Twitter und bitte sie um ihre Meinung zu meinen Ideen.

Auch zu diesem Buch habe ich mir permanent Feedback eingeholt. *Wie reagieren fremde Menschen, die mich nicht kennen, auf die Texte? Was wird verstanden? Welche Geschichten bieten Mehrwert?* Ich schleife meine Gedanken für Sie. Die ersten Ideen zu dem Buch kamen mir bereits 2002. Das Mittelmeer rauschte, meine Ideen flossen. Mit Ideen6-Workshops, Firmengründungen, Vorträgen quer durch Deutschland und persönlichem Mentoring habe ich meine Ideenfitness weiter trainiert. Puzzleteil um Puzzleteil ist dieses Buch gereift. Am 7. April 2015 lag unser Wohnzimmer voller Zettel. Darauf standen stichwortartig alle Gedanken und Geschichten zur Ideenfitness. Um drei Uhr morgens hatte ich alle Puzzleteile subversiv verknüpft und den roten Faden. Mein Diamant liegt vor Ihnen. Und jetzt kommt der alles entscheidende Prüfstein. *Bringt Ihnen mein Buch einen Mehrwert? Stärkt es Ihre Vorstellungskraft und Ihr Durchhaltevermögen? Befeuert es*

Ihre Ideen? Beginnen Sie, Ihre Ideenfitness zu trainieren? Mit 44 oder 440 Fragen? Erzählen Sie meine Geschichten weiter? Mein Buch ist erfolgreich, wenn Sie Ihre Komfortzone verlassen und Ideenfitness praktizieren. Wenn Sie mein Buch an Freunde und Kollegen verschenken. Wenn darüber gesprochen und geschrieben wird.

Ihre Idee ist erfolgreich, wenn die Menschen, für die Sie Ihre Idee entwickelt haben, den Mehrwert erkennen und das Angebot nutzen. Ihre Zielgruppe entscheidet über Ihr Angebot. Doch Ihre Nutzer bekommen auch andere Mehrwerte angeboten. Im Markt gibt es kein Vakuum. Mit Ihrem Mehrwert treten Sie anderen Anbietern auf die Füße. Oft den alteingesessenen. Der sechste Schritt im Ideen6-Parcours begleitet Sie im Kampf gegen Experten und andere menschliche Bremsklötze. Während Sie Ihren Mehrwert zum Erfolg führen, sind Sie rasanten technologischen Entwicklungen ausgesetzt. Die Rahmenbedingungen sind ständig im Wandel. Bleiben Sie wachsam. Womöglich wimmelt es in Ihrem Gewässer bald von scharfen Haien, und wenn jemand anders einen blauen Ozean erschließt, dann gräbt er Ihnen damit vielleicht das Wasser ab.

MEHRWERT

Der Vorhang geht auf. Spotlight an. Ihre Idee ist umgesetzt. Offen zu sehen. Der Mehrwert Ihrer Idee ist dann ein Erfolg, wenn er für andere Menschen mehr Wert bringt. Kunden und neue Zielgruppen stellen eine einzige Frage: WaBriMiDa? *Was bringt mir das? Bietet Ihre Idee einen Mehrwert? Ist der Mehrwert so groß, dass Menschen dafür Bewährtes verlassen, umsteigen, Ihr Angebot ausprobieren und bezahlen? Erkennen andere Ihren Mehrwert? Oder ist der Mehrwert nur Theorie in Ihrem Kopf?* Der Mehrwert wird klar – oder bleibt unklar –, wenn Ihre Idee in der Realität umgesetzt ist. Ihr Bild hängt an der Wand, der Song wird im Radio gespielt, Ihr Deoroller ist gelistet und wird im Laden verkauft, die App kann im App-Store heruntergeladen werden. Die Innovation ist öffentlich und beginnt zu wirken. Wie ergeht es ihr dort? Was bewirkt sie? *Löst das Angebot die Wirkung aus, die Sie erzielen wollen? Kann das Neue seine Qualität beweisen? Hält es, was es verspricht? Ist Ihre neue Leistung besser als die der Konkurrenz? Ist Ihr Angebot verlässlich? Oder verspielen Sie den guten Ruf? Ist Ihre Leistung routiniert professionell? Spricht sie sich herum?* Menschen müssen vom Alten entwöhnt und an das Neue gewöhnt werden. *Was rät der Fuchs dem kleinen Prinzen?* Sich vertraut machen und das Herz gewinnen. Die erste Faszination hält nie lange an. Andere faszinierende Ideen drängen bereits nach. Entweder Ihr Nutzen baut Vertrauen und einen guten Ruf auf, oder Ihre Idee verschwindet wieder vom Markt. Die meisten Innovationen setzen sich nicht durch. Im Alltag angekommen, ist die Idee für kurze Zeit neu, aber Neues veraltet schnell. *Bewährt sich die Innovation im Alltag? Wird sie ein fester Bestandteil im Altland? Brennt sie sich in den Alltag der Nutzer ein?*

Die meisten Ideen werden nie umgesetzt. Der zweithäufigste Grund für den Ideentod ist fehlende Bekanntheit. Ideen werden nicht gesehen oder überhört. Die Platzhirsche sind lauter oder sichtbarer. Als ich einen Kommunikationsprofi um drei Tipps bat, wie man neu in einen Markt kommt, sagte er: »Reden, reden, reden.« Ich musste damals lachen. Heute nenne ich es die freundliche Penetranz.

Schutz

Ist »Reden, reden, reden« immer geeignet? »Geschwätzigkeit versenkt Schiffe«, lautet ein englisches Sprichwort. Gemeint ist die Gefahr, dass Ihre Idee geklaut wird. Schon für die Zutatensammlung reden Sie mit Fremden. Beim Mixen liefern Externe entscheidende Impulse. Der Diamant wird als Prototyp und Pilotprojekt mit Nutzern getestet. Beim Schliff binden Sie weitere Externe ein, erweitern Ihr Team und kommunizieren immer häufiger mit potenziellen Kunden. Um eine neue Idee zu verbreiten, reden Sie über Ihre Idee. Ohne Kommunikation kommt keine Idee voran, und die Idee bleibt stehen. Wenn die Idee umgesetzt wird, geben Sie immer mehr preis. In diesem Spannungsfeld setzen Sie Ihre Idee der Gefahr aus, von anderen kopiert zu werden. Der einzig sichere Ort für Ihren Diamanten wäre ein Tresor. Doch das ist keine Option, wenn Sie mit Ihrem Mehrwert eine Wirkung erzielen wollen.

Ein wirksamer Schutz ist die Zusammensetzung Ihrer Idee, die Rezeptur. *Welche Zutaten können Sie verheimlichen? Welche Zutaten stehen Ihnen exklusiv zur Verfügung?* »Am schwierigsten ist es, den Geist von Southwest zu kopieren. Wenn wir diesen verlieren, haben wir unseren größten Wettbewerbsvorteil verloren«, sagte Herb Kelleher, Gründer von Southwest Airlines. Im Sealife in Berlin, dem größten zylindrisch frei stehenden Aquarium der Welt, halten große Glasscheiben das Gewicht von einer Million Liter Wasser. Einmalig ist der Kleber für solche Riesenaquarien. Die Rezeptur ist streng geheim. »Niemand soll den Arbeitern der amerikanischen Firma in die Karten schauen können. Schließlich sind sie weltweit die einzigen, die Glasplatten für derart große Bauten nahtlos verbinden können. Das Rezept für den Leim ist geheim«, schreibt Marion Schierz.[74] Planen Sie, wem Sie was erzählen. Versuchen Sie, die Rezeptur für sich zu behalten. Zeigen Sie die Wirkung, nicht das Geheimnis. Das ist Ihr Trumpf. Eine einzigartige Kombination. Machen Sie Münder wässrig, aber verraten Sie nie, wie es funktioniert. Auch in der besonderen Zusammensetzung Ihrer Mitarbeiter und Partner kann Ihr Geheimnis liegen. Schlagkräftige Ideen sind das Ergebnis harter Arbeit und nicht einfach kopierbar. Die Software von cleverheads ist leichter zu kopieren als die Bekanntheit in den Netzwerken und der Überblick über 24 000 Verbände, Innungen und andere B2B-Netzwerke. Das ist der Vorsprung, den cleverheads über Jahre aufgebaut hat.

Täglich werden Ideen geklaut. Als Ikea den Tischbock »Sture« anbot, stellte der Möbeldesigner Nils Holger Moormann fest: »Das Ikea-Gestell aus Holz und Stahlblech glich dem von ihm geschaffenen und preisgekrönten Modell ›Taurus‹ bis ins letzte Detail. [...] Fast drei Jahre dauerte der Rechtsstreit. Im Juni 2001 entschied dann der Bundesgerichtshof zu Gunsten von Moormann und rettete damit seine Existenz. Denn der Streitwert und die Prozesskosten hätten im Falle einer Niederlage das Ende von Moormann bedeutet.«[75] Innovatoren müssen sich vor Ideendiebstahl schützen und auf Gedankenbeton einstellen. Gedankenbeton zementiert und schützt die Privilegien des alten Systems. Neues kann noch so gut sein, an den tief verwurzelten Seilschaften des Bestehenden beißen sich Innovatoren die Zähne aus. Wenn sich eine Innovation nicht durchsetzt, kann die Marktmacht der Alteingesessenen zu groß gewesen sein. **GEDANKEN-BETON BIETET PRIVILEGIERTEN EIN BOLLWERK GEGEN INFRAGESTELLUNG.** Menschen klammern sich an ihr System. Ursprünglich sinnvolle Ideen werden zu sinnentleerten Selbstläufern. Traditionen erstarren, das Hinterfragen ist verboten. Ursprünglich sinnvolle Urteile werden zu Vorurteilen. Ungerechtigkeiten werden betoniert und mit Parolen untermauert. Zum Erhalt des »guten« Systems werden kritische Menschen überwacht, denn sie schaden der Stabilität. Die DDR mauerte 17 Millionen Menschen ein, damit sie im Land bleiben. Offiziell hieß die Mauer »antifaschistischer Schutzwall« – als Schutz gegen den Westen voller Nazis. Auch der staatlich verordnete Schießbefehl auf die eigenen Landsleute und die Toten an der innerdeutschen Grenze dienten offiziell dem Schutz des Landes. So pervertiert sich jedes System, das in Gedankenbeton gefangen ist. Das betrifft Menschen, Gruppen, Organisationen, Unternehmen, Vereine, Staaten.

Mit Ihrer Innovation wollen Sie betonierte Systeme sprengen oder links liegen lassen. Rechnen Sie in jedem Fall mit Gegenwehr. Sie können Ihren Mehrwert nur entfalten, wenn Sie den Schutzwall der Alteingesessenen knacken oder umgehen.

Innovationsverlierer

Bisher Privilegierte können durch neue Ideen zu Verlierern werden. Durch Innovation verlieren sie Marktmacht, Ansehen, Aufträge, Vorteile, Posten. Das führt selbstverständlich zu Widerständen. Als Barthelemy Thimonnier 1830 die erste Nähmaschine erfand, wollten ihn die Schneider umbringen, da seine Erfindung sie arbeitslos machen würde. Innovation findet nicht im luftleeren Raum statt. Irgendwer ist schon da und etabliert. **NICHT NUR INNOVATOREN BRINGEN DURCHHALTE-VERMÖGEN MIT, AUCH DIE GEGNER DER VERÄNDERUNG HABEN EINEN LANGEN ATEM.** Wer viel zu verlieren hat, schaut nicht tatenlos zu, wenn Sie kommen. Gleichzeitig riskieren Etablierte nichts Neues. »Europa ist ein Kap des Status quo. Das kleine Kap der eurasischen Landmasse glaubt noch an Privilegien, die längst überholt sind«, kommentiert Michael Stürmer.[76] *Erleben Sie Aufbruch in Europa? Wer repräsentiert Erneuerung? Hat Europa zu viel zu verlieren?* Wer viel zu verlieren hat, riskiert nichts, das den Status quo angreift. *Warum auch? Wer wäre so dumm, seine Privilegien freiwillig aufzugeben?* Es geht uns gut, und so soll es auch bleiben. Jede Innovation schneidet alte Zöpfe ab. Der preußische Soldatenzopf galt nach der Französischen Revolution als Symbol für Rückständigkeit. *Welche Zöpfe würden Sie heute abschneiden?*

Fast jeder, der einmal fortschrittlich war, wird im Laufe der Geschichte rückständig. Bei jeder Neuerung werden bisher Privilegierte zu Verlierern und steigen in die zweite oder dritte Liga ab. So wie die adligen Kanalbesitzer, die durch die Eröffnung der Eisenbahnstrecke von Liverpool nach Manchester ihr Transportmonopol verloren haben. Die erste Eisenbahn in England, die Stephenson von Liverpool nach Manchester bauen wollte, wurde 1825 vom Parlament abgelehnt. Daraufhin sprangen die Privatinvestoren vom Projekt ab, die Bahnstrecke war gestorben. Erst ein Wettbewerb für Lokomotiven aus ganz Europa brachte die Wende. Die Gewinner-Lok »Rocket« von Stephensons Sohn besaß 25 Röhren für den Dampf. Bisher war nur ein Rohr üblich. Die Lokomotiven hatten alle keine Bremsen, so langsam trieb der Dampf sie an. »Rocket« überraschte mit ihrer Geschwindigkeit und gewann den Wettbewerb. Die Eisenbahn nach Manchester wurde nun doch gebaut. Das Monopol der adligen Kanalbesitzer verlor an Bedeutung. Sie waren die Verlierer der Geschichte. Die Bahn schnitt ihre alten Zöpfe ab. Eine kleine Clique von Privilegierten hatte den Bau der Eisenbahn um Jahre verzögert. *Welche strategischen Verzögerungen prägen Ihre Branche? Wer führt die Top Ten der Innovationsverlierer an?* Greifen Sie nicht frontal an. Nutzen Sie die öffentliche Begeisterung der Innovationsgewinner. Der öffentliche Sieg von »Rocket« zeigte den Mehrwert der Eisenbahn. Bauen Sie sich eine Gruppe begeisterter Nutzer und ein Ökosystem von Partnern auf. Diese tragen Ihre Idee weiter. Wenn ein Pfeiler im System der Innovationsverlierer bröckelt, kann schnell die ganze Statik einbrechen. Seien Sie sich sicher, freiwillig räumt keiner das Feld.

Täglich gibt es in Deutschland Tagungen zum demografischen Wandel. Was völlig übersehen wird: Auch die Firmeninhaber werden älter. Das klingt nicht überraschend. Doch deutsche Unternehmer altern im Schnitt schneller als die Bevölkerung, da viele Unternehmen in den 50er und 60er Jahren gegründet wurden. Älter werdende Unternehmer riskieren und investieren weniger. Mit dem Alter sinkt die Risikobereitschaft.

Die Angebote, Maschinen, Methoden und Produktionsstätten veralten. Darum können sich die Nachfolger kümmern. Unternehmer haben jahrzehntelang Mut bewiesen, ihr privates Kapital riskiert und Arbeitsplätze geschaffen. Sie waren der Motor des Wirtschaftswunders. Im Alter geht die private Altersvorsorge vor. *Würden Sie auf den letzten Metern Ihre Altersvorsorge aufs Spiel setzen? Wo kommt Innovation her, wenn die Motoren altern?* Gesellschaftlich führt eine sinkende Risikobereitschaft zu weniger Investitionen und zu weniger Innovationen. Das führt zu sinkender Wettbewerbsfähigkeit. *Entsteht das nächste Silicon Valley in Europa, Asien oder Afrika? Wird Europa im weltweiten Vergleich ein Innovationsverlierer?*

Verblassende Privilegien werden für Europa ein wachsendes Problem. Solange wir die Auswirkungen nicht spüren, genießen wir den größten Wohlstand, den Europa je erlebt hat. Dieser Erfolg, von dem die meisten Europäer gut leben, ist auch ein Grund, Risiko zu vermeiden und privaten Wohlstand zu genießen. Erfolgreich etablierte Menschen verlieren ihren Biss, und betagte Organisationen müssen Neues verhindern zur Selbstverteidigung. Wer im Mittelalter einen strategisch guten Berg besetzt hatte, baute zur Verteidigung eine Burg. Monopole und Privilegien wird es immer geben. Wer sie genießt, wird sie verteidigen. Wer in einen bereits besetzten Markt eindringt, wird mit seiner Idee auf Granit beißen, denn die Platzhirsche haben Nachteile zu befürchten. *Wer hätte durch Ihre Idee einen persönlichen und wirtschaftlichen Nachteil? Wer könnte sich durch Ihre Innovation angegriffen fühlen?* Diese Personen werden alles tun, um eine Veränderung zu verhindern. Es ist völlig klar, dass Taxi-Innungen gegen Uber klagen. Da könnte ja jeder kommen und Gäste im privaten Auto fahren. *Wo kämen wir da hin?* Die Taxi-Innung klammert sich an alte Privilegien. Sie mag nach deutschem Recht sogar Recht zugesprochen bekommen. Doch zukunftsfähig ist das nicht. In den USA sprechen Freunde bereits wie selbstverständlich vom »ubering«. Das heißt nicht, dass Uber besser ist als Taxis. Die entscheidende Frage an Innovationsverlierer lautet: *Wie lange hält das*

Bollwerk stand? Wann wird die Burg erobert? Wie kann man progressiv in den Wett-streit um die besten Ideen einsteigen? Am Hauptbahnhof Köln und am Bahnhof Messe Köln-Deutz hat der Taxi-Ruf sein Standrecht an die Taxifahrer von My-Taxi verloren. *Wie reagiert die Branche?* Sie ruft zum Boykott von My-Taxi auf. Jahrzehntelang hat der Taxi-Ruf sein Privileg genossen, jetzt wird geheult, ein Privileg sei ungerecht. Innovationsverlierer tun alles, wirklich alles, um am längeren Hebel zu bleiben. Auch mit unfairen Mitteln.

In den 20er Jahren verfügte Los Angeles über das größte und beste Straßenbahnnetz der Welt. Das gesamte Stadtgebiet war durch öffentliche Verkehrsmittel erschlossen. Fünfzehn Milliarden Passagiere pro Jahr nutzten diese Verkehrsmittel, 90 Prozent aller zurückgelegten Wege wurden mit Straßenbahnen gefahren. Der größte von 1200 Tram-Anbietern wurde Red Car genannt. Es gibt verschiedene Theorien, warum es heute keine Tram mehr in L.A. gibt. Manche sagen, Red Car wurde Opfer seines eigenen Erfolgs, die Wagen wurden trotz Milliardengewinnen nicht gepflegt und waren veraltet, als sie ausgemustert wurden. Andere sagen, die Automobilkonzerne taten sich zusammen, um die Tram-Gesellschaften bewusst in den Ruin zu treiben. Sie wussten, dass sie mehr Autos verkaufen würden, wenn man nicht mit der Tram fahren könnte. Mehrere Unternehmen aus der Automobil- und Ölbranche kauften zwischen 1930 und 1950 über 100 elektrisch betriebene Straßenbahnsysteme in 45 amerikanischen Städten auf und bauten sie dann ab.[77] *Erkennen Sie bei General Motors, Standard Oil of California, Phillips Petroleum, Firestone, Mack Trucks und der Federal Engineering Corporation ein gemeinsames Interesse?* Neben dem Kauf und Abbau von Straßenbahnen wurden auch Stromerzeuger gekauft. »Steigende Energiepreise erodierten die Gewinnmargen der Straßenbahngesellschaften. [...] Und wenn nicht die roten Zahlen die Betreiber überzeugten, halfen luxuriöse Geschenke wie Cadillac-Limousinen nach«, schreibt Berthold Seewald.[78] Die am Aufkauf und Abbau beteiligten Firmen taten einfach das ihren Interessen Entsprechende. Ihr Interesse war nicht der öffentliche Personennahverkehr, sondern die Abschaffung des ÖPNV. Damit wurde der Verkauf von Autos angekurbelt, wurden Arbeitsplätze geschaffen und Gewinne umgeleitet von den Tram-Anbietern zur Automobilindustrie. Das zerstörte Schienennetz machte Platz für Autobahnen. Ein Skandal, der Los Angeles bis heute Dauerstaus und Smog beschert. Eine geniale Idee aus Sicht der Automobilhersteller.

Maria Krautzberger, Präsidentin des Umweltbundesamts, twitterte: »Wir brauchen eine Stadt, in der wir das Auto nicht mehr brauchen.« Damit trifft sie bei einer wachsenden Gruppe von Großstädtern auf Gehör. In Berlin wächst der Anteil von Fahrradfahrern schneller als der von Autofahrern. Aber nicht sie trifft regelmäßig die Kanzlerin, sondern Daimler-Chef Dieter Zetsche, Ex-VW-Chef Martin Winterkorn ebenso wie Matthias Wissmann, der von 1993 bis 1998 Bundesminister für Verkehr war und seit 2007 Präsident des Verbandes der Automobilindustrie ist. Ein Schelm, wer Böses dabei denkt. Wissmann ist Experte für Verkehr, sein Rat wird in der Regierung gebraucht. Auch Sie fragen Ihre Freunde, wenn Sie guten Rat brauchen. *Warum sollten Politiker nicht Freunde fragen, wenn sie Expertenwissen brauchen?* Da weiß man, was man hat. Wer seinen Freundeskreis aufgebaut hat, bleibt in dieser Gruppe. So weit, so gut – wenn nicht früher oder später eine Hand die andere waschen müsste. Zu blöd. Ein schmaler Grat. Und Hand aufs Herz: *Haben Sie schon mal bewusst auf den Rat eines Freundes verzichtet, weil es einen Interessenkonflikt gab? Haben Sie noch nie einen Freundschaftsdienst im Dienst getan?* Fast jeder kommt mal in Grauzonen. *Aber wo ist die Grenze?* Wenn Parteifreunde lukrative Aufträge aus der Politik bekommen. *War er der Beste? Gab es andere? Oder war ihm jemand noch einen Gefallen schuldig?* Auf Freunde kann man sich verlassen. Der ist loyal und hat sich bewährt. Netzwerke, Old Boys' Clubs, Rotary und Vetternwirtschaft funktionieren. Man kennt sich, man hilft sich. **FREUNDSCHAFT UND NACHBARSCHAFTSHILFE SIND WICHTIGE WERTE.** *Wo ist die Grenze?*

Ob Politik, Unternehmen oder karitative Organisationen, alle Etablierten verbindet die Wahrung der eigenen Interessen und Privilegien. »In den meisten Großunternehmen muss sich jemand, dem ein radikal neues Geschäftsmodell vorschwebt, an die Verteidiger des alten Geschäftsmodells wenden, um Mittel zu erhalten. Folglich hat allzu häufig derjenige das Vetorecht über die neue Sache, der die alte Sache lenkt«, schreibt Gary Hamel in *Das revolutionäre Unternehmen*. Die Entscheider an den Schalthebeln haben sich bewährt und hochgearbeitet. Kommt etwas Neues, wird ihr Burgfrieden gebrochen. Logisch, dass da jeder sofort in Verteidigungshaltung geht. Alles andere wäre fahrlässig. Selbstverständlich wird die Ablehnung der neuen Ideen fundiert begründet. *Auf welcher Basis?* Die Innovationsverlierer kennen die Vergangenheit und die Gegenwart des Marktes, das haben sie bewiesen. *Auch die Zukunft?* Zukünftige Veränderungen werden sie nicht wahrnehmen. Dazu müssten sie sich selbst radikal hinterfragen. Aber das passiert nicht. Hand aufs Herz: *Lassen Sie sich gerne hinterfragen? Wie reagieren Sie auf Kritik? Wägen Sie in Ruhe ab, oder gehen Sie sofort in Verteidigungshaltung?* Daran scheitert Innovation in Organisationen: Niemand lässt sich gerne hinterfragen. Abwehr gegen Angriff ist zutiefst menschlich. Innovatoren kämpfen mit der Abwehr, neue Mehrwerte werden wie Fremdkörper abgestoßen.

Werdet nicht wie sie

Die Beharrungskräfte des Alten sind enorm. Mit der Abstoßung des Neuen durch eine etablierte Organisation habe ich eigene Erfahrungen gemacht. Viele Menschen, die meine Kreativität gefördert haben und mir Freiräume zur Entwicklung gaben, waren Christen. Unbequeme Christen voller Fragen und Tatendrang, die Missstände nicht nur anprangerten, sondern Veränderungen bewirkten. Ich war aktiv in Jugendgruppen, Schüleraustausch, politischen Talkrunden, geistlichen Gebetstreffen, Gottesdiensten, Konzerten und Ausstellungen. Unser Glaube reifte im Miteinander. Ein Berliner Ehepaar hatte die Jugendarbeit im eigenen Wohnzimmer gestartet und für heiße Debatten, gemeinsames Singen und intensive Gebete gesorgt. Sie gründeten einen Verein mit dem Zweck, Schüleraustausch und Jugendbegegnung zu fördern. Dieser Verein startete eine Kooperation mit der benachbarten Kirchengemeinde. Gemeinsam finanzierten unser Verein und die Gemeinde die Renovierung und die Vergrößerung des kirchlichen Jugendhauses. Die Kirchengemeinde wurde unser neues Zentrum. Jugendliche aus ganz Berlin kamen dort hin. Die Kooperation lief fantastisch, die Jugendarbeit blühte auf und wurde ein Aushängeschild der Gemeinde. Hunderte Jugendliche strömten ins neue Café, zu Clubtreffen, Jugendgottesdiensten und Diskussionen mit Persönlichkeiten wie dem Berliner Bürgermeister. Unsere zu 100 Prozent ehrenamtlich geleistete Arbeit brachte der Gemeinde nicht nur Spenden. Die Gemeinde bekam aus landeskirchlichen Mitteln sogar ein Haus überschrieben, weil die Jugendarbeit so gewachsen war und mehr Platz brauchte. Dieses Haus wurde mit privaten Spenden für Jugendbegegnungen saniert. Sämtliche Kosten für Clubtreffen, Wochenendfahrten, Jugendwettbewerbe und die Fortbildung Ehrenamtlicher zahlte unser Verein mit Umsätzen aus dem Schüleraustausch zwischen Berlin und den USA. Traumhaft, auch für die Kirche. Doch auf vier gute Jahre Blütezeit folgte die absurde Zerstörung. Ein Lehrstück über Gruppendynamik in Organisationen.

Neun Personen hatten den Kreiskirchenrat schriftlich gewarnt. Angeblich riss sich unser Verein das der Gemeinde überschriebene Haus unter den Nagel. Ein Blick ins Grundbuch hätte gereicht, um sich vom Gegenteil zu überzeugen. Uns Ehrenamtlichen wurde vorgeworfen, eine Schüleraustausch-Firma und kein Verein zu sein, weil wir Geld verdienten. Ein Blick in die Vereinssatzung hätte gereicht. Die Jugendarbeit war gemeinnützig und wurde regelmäßig vom Finanzamt geprüft. Unser Gewinn wurde in die gemeinsame Jugendarbeit investiert, was dem guten Ruf der Gemeinde zugutekam. Solche Tatsachen wollten die Kläger nicht sehen. Und die Verantwortlichen im Kreiskirchenrat vertrauten blind den haltlosen Vorwürfen. Es gab auch berechtigte Kritik: Absprachen innerhalb der Kooperation waren nicht ordentlich protokolliert, und der offizielle Kooperationsvertrag zwischen Gemeinde und Verein war abgelaufen. Da die Zusammenarbeit reibungslos lief, war es keinem aufgefallen. Beides hätte man mit gutem Willen ändern können. Wenn man offen miteinander spricht, sind Lösungen möglich. Die Verantwortlichen hätten die Kooperation erhalten können. Stattdessen zerstörten sie sehenden Auges, was Hunderte Menschen über Jahre aufgebaut und Tausende Jugendliche genutzt hatten. Die gemeinsame Arbeit hatte viele Unterstützer im Bezirksamt, beim Berliner Senat, und auch der Bischof setzte sich für uns ein. Vertraut wurde der Anklage von neun Personen. Den Wunsch, die Zusammenarbeit fortzusetzen, unterschrieben in wenigen Tagen 200 Menschen. Neun Gegner. Zweihundert Befürworter. *Warum haben sich so wenige Gegner mit falschen Argumenten durchgesetzt?* In einer Gemeindeversammlung fragte ich: »*Ist es Ihnen lieber, wenn das Jugendhaus wieder leer steht wie vor der Zusammenarbeit?*« Eine Verantwortliche, die unsere Arbeit nicht mal persönlich kannte, antwortete: »Ja.« Damit war alles gesagt.

Wir konnten noch so viele Gespräche führen, unterstützende Partner finden und gute Argumente auf den Tisch legen. Das Sichstemmen gegen das Ende der Kooperation nützte nichts. Andere Kräfte waren stärker. Die neun Kritiker saßen am längeren Hebel. Es gibt Situationen, da wirkt eine Kraft, die nicht rational ist. Es passieren Dinge, die man nicht für möglich hält, und man kann nichts dagegen tun. Wie im Treibsand versinkt man immer tiefer. Trotz Bestleistung erzielt man keine Wirkung. Rudern gegen die Strömung. Kraftverschwendung. Das gemeinsame gute Werk wurde zerstört. Dennoch nahm ich für immer eine wichtige Botschaft mit. Im Angesicht des Rauswurfs, als wir herzhaft über die Gegner lästerten, riet uns unser Seelsorger: »Werdet nicht wie sie. Passt euch ihnen nicht an. **BLEIBT BEI EURER POSITIVEN HALTUNG.** « Er sagte damit alles, was wirklich wichtig ist. Nicht verbittert oder gehässig zu werden: »Überwindet Hass mit Liebe. Segnet die, die euch verfolgen.« Ich glaube daran, dass eine riesengroße Kraft darin steckt, nicht dem Hass, der Missgunst und dem Neid zu verfallen. Es ist sehr leicht, über andere Menschen zu lästern, besonders wenn sie einem unrecht tun. Gerade dann sind wir herausgefordert, menschlich zu wachsen und den Menschen Respekt zu zeigen, die anders handeln, als man es sich wünscht. Die außergewöhnlichen Jahre in dieser Kirchengemeinde sind ein bleibender Wert. Offene Türen. Offene Menschen. Große Unterstützung meiner Ideen. Prägende Begegnungen und viele positive Erlebnisse. Dort sind auch die Seminare *Von der Idee zum Projekt* gestartet – ein Auslöser für dieses Buch.

Auslöser für mein Engagement war eine außergewöhnliche Familie, die Mitte der 80er Jahre ihr Privathaus für Schüler – junge, fragende und singende Menschen – öffnete. Ihr Wohnzimmer wurde jahrelang ein zweites Zuhause für Tausende Jugendliche. Dieses Ehepaar sprengte die Grenzen der Hausmauern. In Berlin stehen 161 000 Einfamilienhäuser. Alle Nachbarn hatten dieselbe Möglichkeit, ihr Haus zu öffnen. *Was hielt 160 999 Berliner davon ab, in ihr Wohnzimmer einzuladen?* Wer mehr besitzt – Talent, Kontakte, ein Haus und anderen Werte –, hat die Möglichkeit, Mehrwert zu stiften. *Hat der Besitzende auch die innere Freiheit zu teilen?* Kommen A & O, haben und teilen zusammen? Diese Familie hatte die innere Freiheit, ihren Besitz und ihre Zeit in rauen Mengen zu verschenken. Es ist etwas Besonderes, wenn Menschen mehr geben, als vorgeschrieben ist. Der Botswana Innovation Hub @YourBIH tweeetet: *»Auf der extra Meile gibt es keinen Verkehrsstau.«* Im Römischen Reich konnten Soldaten per Gesetz jeden Menschen auffordern, ihr Gepäck eine Meile zu tragen. Bei der biblischen Aufforderung, zwei Meilen zu gehen, geht es darum, mehr zu geben, als gesetzlich vorgeschrieben ist. Die Soldaten waren überrascht. Auch heute gibt es viele Möglichkeiten, zwei Meilen zu gehen und mehr zu geben. Mehr Willkommenskultur. Mehr Achtsamkeit. Mehr Vielfalt. Mehr Risiko. Mehr Überraschung. Mehr Austausch. Mehr Beziehung. Mehr Demut und Dankbarkeit. Dankbare Menschen laufen die Extrameile. Sie wissen, wie viel sie selbst geschenkt bekommen.

Ich glaube, dass aus dieser Demut und Dankbarkeit Mehrwert wächst. Ob Menschen ihr Haus öffnen, hängt eng am eigenen Menschen- und Weltbild, das lange gereift ist. Es setzt sich zusammen aus der Erziehung, Kernsätzen der Eltern und Lehrer, der Herkunft, Grundwerten, Religion, Kultur, Freunden, Erfahrungen, Bildung, Sport, Jugendarbeit, Privilegien, Vorurteilen, Rollen, Geschlecht, Vorbildern, Moral und Zielen. Will man etwas erreichen? Glaubt man an eine offene Zukunft? Oder findet das Leben immer mehr in der Rückschau statt? Weit verbreitet ist die Verklärung der Vergangenheit. **FRÜHER WAR ALLES BESSER. KENNEN SIE DEN SPRUCH? WANN WAR ALLES BESSER?** Eine ältere Frau sah eine Ketchup-Lache auf dem Fußgängerweg und empörte sich: »Früher wäre das nicht passiert.« *Wirklich? Wann?* Vor 72 Jahren war das kein Ketchup, sondern eine Blutlache. Als sie jung war, herrschte Krieg, und die Straßen waren voller Leichen. Ist das besser? *Wie kann man ernsthaft behaupten, früher sei alles besser gewesen? Im Mittelalter? Im 18. Jahrhundert? In den 1920er Jahren mit unvorstellbar hoher Inflation und Arbeitslosigkeit? In den 30er Jahren, als die Verfolgung von Kommunisten und jüdischen Mitbürgern begann? In den 40er Jahren im Weltkrieg mit barbarischer Menschenvernichtung, Vergasung, Euthanasie, Bombenhagel, Trümmern und Zerstörungswellen durch zwei Atombomben? In den 60er Jahren, als für Frauen die 3K-Regel galt – »Kinder, Küche, Kirche«? 1962 zur Kuba-Krise am Rande des Dritten Weltkriegs oder 1968 beim Einmarsch russischer Truppen in Prag?* Als ich geboren wurde, sagte die Hebamme zu meiner Mutter: »Unverantwortlich, in diesen schlimmen Zeiten noch Kinder zu gebären.« *In den 80er Jahren mit Tschernobyl, Kaltem Krieg* und atomarem Wettrüsten? Oder eingemauert in einer Diktatur bis 1989? Wann war alles besser? Wer möchte ernsthaft früher gelebt haben? Viele Menschen haben sich in der Vergangenheit und im Jammern über die Gegenwart eingerichtet. Aber nicht nur die Nörgler, auch anerkannte Experten leben in der Vergangenheit.

»Unternehmen werden weniger innovativ, wenn sie kompetenter werden«, sagt Knut Haanaes, Senior Partner bei The Boston Consulting Group. *Warum werden kompetente Experten immer uninspirierter und weniger innovativ?* Erfolgreiche Experten müssen zwangsläufig stehen bleiben. Eine bestimmte Expertise, eine bahnbrechende Entdeckung, ein Buch, eine Dissertation hat sie zum Experten gemacht. Sie sind gefragt. Für ihre Expertise werden sie bezahlt, dafür erhalten sie Auszeichnungen und Ehrendoktorwürden. Vorträge halten sie immer zu dem Thema der Expertise. *Gibt es Schwachpunkte in der eigenen Ideologie?* Nein. Der Erfolg ist der beste Beweis, alles richtig zu machen. Wer im Expertenolymp angekommen ist, genießt den Erfolg. Alles gut, läuft. Erfolg macht blind für andere Meinungen. Kommt Widerspruch, werden Querdenker abgetan als einsame Rufer in der Wüste und Neider, die es aus eigener Kraft nicht geschafft haben. Recht zu haben ist Teil der Inszenierung. Viel zitierte Experten verteidigen ihr Werk. Wer bereits Experte ist und recht hat, stellt keine neugierigen Fragen und muss daher stehen bleiben. Es war hart genug, sich mit der Expertise im Markt durchzusetzen. Experten sind Gefangene ihrer Expertise. Wer einmal angekommen ist, der lehnt Wandel ab, statt sein Wissen permanent zu erneuern.

Auch ich rücke seit Erscheinen meines Buches *Mythos Fachkräftemangel* 2014 nicht von der Position ab, dass der Fachkräftemangel ein hausgemachtes Problem der Unternehmen und Branchenverbände ist. Wenn ein Unternehmen einen individuellen Fachkräftemangel beklagt, findet man häufig Primärmängel: eine mangelnde Willkommenskultur gegenüber Bewerbern und laaaaaaaaangweilige Stellenanzeigen. Mangel an Bekanntheit und Sichtbarkeit im Bewerbermarkt. Keine Kenntnis über die 1001 neuen Wege in der Personalgewinnung. Eklatanter Fragenmangel. Hohe Ansprüche – wie zehn Jahre Berufserfahrung – ohne die eigene Bereitschaft auszubilden. Mangelnde Offenheit für Schul- und Studienabbrecher. Altersdiskriminierung ab 50 Jahren. Als Sahnehäubchen ein Mangel an Wertschätzung gegenüber Mitarbeitern. All diese Mängel führen in der Folge zum Mangel an Fachkräften. Ich habe sieben Jahre lang recherchiert und bin sicher, dass ich »Recht habe«. *Warum sollte ich meine Meinung ändern?* Ich hoffe, Sie spüren mein Schmunzeln! Meine Kritik an Experten ist selbstkritisch und selbstironisch. An Experten klebt der Ruf, eine bestimmte Meinung zu vertreten. Verträte er plötzlich eine andere Meinung, wäre er nicht mehr der Experte. Also bleiben Experten bei ihrer Meinung. Im Idealfall arbeiten Experten (A) mit Kreativen (O) zusammen. Scannertechniker (A) und Verpackungsdesigner (O) wie bei Aldi. Das klappt aber nur, wenn der kompetente Experte offen bleibt und kritische Fragen zulässt. *Wie viele Experten kennen Sie, die bei kritischen Fragen souverän bleiben und sich darauf einlassen? Wie viele Experten kennen Sie, die pauschal recht haben müssen?* Expertise basiert auf Daten, Mustern und Modellen von gestern. Wenn Experten ihr Modell zu wichtig nehmen, dann halten sie es für die Wahrheit. Nur wenige Experten schaffen es, Abstand zu ihrem eigenen Werk zu wahren und offen zu bleiben für andere Modelle. Experten haben viel zu verlieren, ihren Ruf und gute Posten. Das ist existenziell. Ein Experte ist eine bekannte Marke. Ihr neuer Mehrwert muss das erst mal schaffen.

Dass Experten sich grandios irren können, ändert nichts an ihrem Einfluss. Den Irrtum merkt man erst im Nachhinein. Brian Acton bewarb sich 2009 bei Twitter und bei Facebook, er bekam zwei Absagen. 2014 verkaufte Acton seine Firma WhatsApp für 21,8 Milliarden US-Dollar an Facebook. IBM ging 1943 davon aus, dass die Welt acht Computer brauchen würde. 1977 sagte Ken Olson, der selbst eine Computerfirma gegründet hatte: »Es gibt keinen Grund, warum sich irgendjemand einen Computer in sein Haus stellen sollte.« Bill Gates ging 1995 davon aus, das Internet sei eine Mode, die vorübergeht. Banker lehnten die Finanzierung von Ölbohrtürmen ab, weil sie sich nicht vorstellen konnten, dass Öl aus der Erde kommt. Western Union lehnte 1876 das Telefon ab, es habe zu viele Mängel. Mercedes-Benz ging 1900 von einem weltweiten Bedarf von 5000 Autos aus – wegen der begrenzten Zahl an Chauffeuren. Warner Brothers konnten sich 1927 nicht vorstellen, dass man Schauspieler sprechen hören will, so sehr waren sie vom Stummfilm geprägt. »Das Fernsehen wird sich auf keinem Markt länger als sechs Monate behaupten können. Den Leuten wird es langweilig werden, jeden Abend in so eine kleine Holzkiste zu starren«, dachte 1946 der Chef von 20th Century Fox. »Uns gefällt Ihr Sound nicht, und Gitarrenmusik ist ohnehin nicht gefragt«, sagte die Plattenfirma DECCA 1962 über die Beatles.

»Jede neue Idee, die man vorbringt, muss auf Widerstand stoßen. Der Widerstand beweist übrigens nicht, dass die Idee richtig ist«, so Schriftsteller André Gide. Experten werden häufig recht behalten, dass sich Neues nicht durchsetzt, und sie können mit ihrer Ablehnung aktiv dazu beitragen, recht zu behalten. Das Risiko des frischen, unbekannten Mehrwerts ist das beste Argument dagegen. Neben Menschen stehen ganze Organisationen im Weg. **ORGANISATIONEN SIND GESCHAFFEN, UM ZU BLEIBEN. SIE SIND STABIL UND LEBEN LÄNGER ALS MENSCHEN.** Die älteste Stiftung Hamburgs ist fast 800 Jahre alt. Die Bürgerspitalstiftung in Wemding in Bayern geht sogar auf das 10. Jahrhundert zurück. Der Zweck einer Stiftung bleibt qua Satzung über Jahrhunderte erhalten. Doch Organisationen, große Konzerne, Kirchen, Parteien haben einen großen Nachteil: Sie schwimmen häufig im eigenen Saft und erstarren. Wer innerhalb von Organisationen in eine angesehene Funktion aufsteigt, hat lange durchgehalten und alle Energie ins Strippenziehen investiert. Dieses Spiel kann ein kreativer

Geist nicht gewinnen, wer aneckt, kommt aufs Abstellgleich und verlässt die Organisation. Trotz Erstarrung im eigenen Saft lebt die Organisation weiter, denn kein System hat sich jemals selbst abgeschafft. In Behörden, Ministerien, Verbänden, Wohlfahrt, Gesundheitswesen bilden sich Strukturen, Freundschaften und Seilschaften. Die Seilschaften können Gutes bewirken, doch sie dienen immer auch dem eigenen Machterhalt. Gibst du mir, gebe ich dir. Das schafft Abhängigkeiten. Je größer die Organisation ist, desto umfangreicher sind die gewachsenen Strukturen und Gremien. Ursprünglich haben Hierarchien Abläufe vereinfacht durch klare Zuständigkeiten. Nun stabilisieren sie den Machterhalt. Neue Mehrwerte müssen mehrere Ebenen von Experten passieren. Ausgesiebt. Macht erhalten. Der Zweck heiligt die Mittel, wird gesagt, aber die Organisation lernt nichts Neues hinzu, sie bleibt stehen. Als Nebenwirkung wächst Inkompetenz. Expertise veraltet. Macht und Mauern, Burgen und Reiche stürzen ein. Manches ändert sich schleichend wie der Klimawandel und unauffällig wie der demografische Wandel. Anderes kommt überstürzt und unerwartet wie der Fall der Mauer.

Es gibt Organisationen, die verändern sich von innen heraus. Bodo Janssen, Geschäftsführer der Hotelgruppe Upstalsboom, musste alte Werte wie Gewinnmaximierung komplett über Bord werfen. Dann hat er eine neue Haltung mit neuen Werten gewonnen. Zum Beispiel, dass Führungskräfte dienen. Bernd Gaukler, Personalleiter bei Upstalsboom: »Als Führungskraft muss einem bewusst sein, dass man dazu da ist, Menschen zu führen. Das ist eine Dienstleistung.« Bodo Janssen: »Wir haben alles geändert.« Die Organisation Upstalsboom ist eine völlig neue Welt. Das merken auch 350 000 Gäste pro Jahr. Der Wandel kam nicht freiwillig, wirtschaftliche Probleme und eine hohe Fluktuation der Mitarbeiter machten mächtig Druck. Es geht! Eine Organisation kann sich erneuern.[79] *Wie viel Wandel darf es sein? Wollen Sie Optimierung oder Paradigmenwechsel?* Starre Befehle von oben nach unten wirken in vielen Organisationen nicht mehr. Planungssicherheit gibt es immer weniger, das wissen 75 Prozent der 400 von Professor Kruse befragten Führungskräfte. **ZUKÜNFTIG GEHT ES DARUM, SICH AUF DYNAMIKEN EINZULASSEN, IN NETZWERKEN ZU KOOPERIEREN UND ZU KOLLABO- RIEREN.** [80]

Plattform-Ökonomie

Die sogenannte »Sharing Economy« ist in aller Munde. *Wer braucht ein Auto?* Es geht um Mobilität. Zugang zu einem Auto. Man muss deshalb kein Auto besitzen. Man besitzt ja auch keinen ICE. Man nutzt ein Auto, wo und wann man es braucht. Man zahlt pro Kilometer und vermeidet die laufenden Kosten. Klare Mehrwerte. *Sind Sie schon dabei?* In China zeigen 94 Prozent der Bevölkerung Interesse an Sharing Economy, nur 20 Prozent der Deutschen kennen den Begriff. »Teilen statt besitzen, leihen statt kaufen: Die Sharing Economy als Gegenpol zur Eigentumsgesellschaft ist ein irreversibler Trend auf der ganzen Welt«, meint Christoph Strobel. [81] Der Trend zur gemeinsamen Nutzung von Nachrichten, Fotos, Autos, Wohnungen, Musik wird möglich durch die Bündelung auf zentralen, webbasierten Plattformen. »Im 21. Jahrhundert wird ›die Firma‹ als Mittelpunkt wirtschaftlicher Aktivitäten von ›der Plattform‹ herausgefordert. Die Beziehung zwischen einer Firma und ihren Konsumenten ist eine Einbahnstraße. [...] Im Gegensatz dazu basiert eine Plattform auf einer gegenseitigen Beziehung zwischen Konsumenten und Anbietern. Der Plattform-Gedanke zählt zur DNA von Google.« [82] 2008 startete eine Plattform, auf der Übernachtungen in Privatwohnungen, Villen und Iglus angeboten werden. 25 bis 30 Millionen Übernachtungen wurden 2015 privat vermittelt. Chip Conley, Stratege für Global Hospitality, reißt die Fans von Airbnb mit: »Hotelleute sind Experten in Sachen Service, den beherrschen sie nach Handbuch! Ihr aber seid Experten in Sachen Gastfreundschaft, und die kommt aus dem Herzen. Ihr alle demokratisiert die Gastfreundschaft. Ihr seid Revolutionäre.«[83] Es gibt wachsende Kritik an Airbnb. Immer mehr kommerzielle Anbieter vermieten Wohnungen überteuert an Touristen, während Wohnraum in Städten wie Berlin und San Francisco verloren geht. Das ist ein ernst zu nehmendes Problem. Berlin verbietet seit Mai 2016 den derartigen Missbrauch von Wohnraum gesetzlich. Airbnb hat selbst etwa der Hälfte der kommerziellen Anbieter gekündigt. Ideen sind nie gut oder schlecht, sie sind Entwicklungen, die unerwartete Entwicklungen mit sich bringen. Ideen bleiben im Ideenfluss und halten die Welt auf Trab. Der Mehrwert von Airbnb ist offensichtlich und hat sich längst im Markt durchgesetzt. Airbnb bietet Übernachtung freundlich und heimelig. In Brooklyn waren wir sofort zu den McKibbin-Hinterhofpartys eingeladen. Treppe runter. Da. Im Hotel hätten wir die Party nie gefunden. Den Nagel auf den Kopf trifft Jakob Bauers Kommentar auf zeit.de: »Ich bin 80% meiner Arbeitszeit auf Reisen in aller Welt. Hotels hängen mir zum Halse heraus [...]. Die Realität sind überteuerte Plastik-Hotelketten mit automatisierter Rezeption. Seit einem Jahr nutze ich Airbnb, der Abwechslung wegen. Mit Gastfreundschaft hat das nichts zu tun. Mit Geld sparen wenig. Meine Erfahrungen sind zu 95% positiv und von mir aus kann das gute alte Hotel aussterben. Sympathisch finde ich airbnb nicht. Es ist ein Businessmodell wie jedes andere und die Hotelbranche ist an dieser Entwicklung selbst schuld.« Hotels sind ein Geschäftsmodell. Airbnb und Taxis sind ein Geschäftsmodell. Uber ist ein Geschäftsmodell. Am Ende entscheiden die Nutzer, welchen Service sie bezahlen. Professor August-Wilhelm Scheer sagte auf der Top-Job-Tagung im Juni 2015: »Egal wie die Abstimmung bezüglich Uber in Frankreich ausgeht. Das Prinzip lässt sich nicht aufhalten.« Alles kann kritisiert werden. Stoppen lässt sich der Mehrwert der Plattform-Ökonomie nicht. **LASST UNS LAUTHALS, SACHLICH UND KREATIV ÜBER DIE PLATTFORM-ÖKONOMIE DISKUTIEREN UND STREITEN.**

Als überzeugter Rad- und Bahnfahrer freue ich mich, wenn der Unsinn in Frage gestellt wird, dass Autos 95 Prozent der Zeit ungenutzt herumstehen und wertvollen Lebensraum zustellen. *Könnte es sein, dass parkende Autos mehr Lebensraum stehlen als gewerbliche Anbieter auf Airbnb?*

Plattformen verändern die Nutzung im Internet gravierend. »Facebook, Twitter, Apple integrieren Inhalte so in ihre Dienste, dass Nutzer die Dienste nicht mehr verlassen müssen«, schreibt Dirk von Gehlen.[84] Und Telegraph Technology tweetet: »Facebook wants to kill off your phone number.« Es geht noch viel weiter. Facebook will alles aus einer Hand liefern. Es geht um dauerhafte Bindung der Nutzer, die gar nicht mehr woanders suchen müssen, sondern alles im Messenger erledigen.[85] »So wird der Facebook Messenger [...] zu einer Art Schweizer Taschenmesser unter den Kurzmitteilungsdiensten [...]. [Er bietet] direkten Zugriff auf Fahrdienste wie Uber [...] [und eine] Funktion zum Bezahlen und dem Überweisen [...]. [Man kann damit] einen Tisch im Restaurant reservieren, ein Geschenk für den Partner aussuchen, ein Reiseziel fürs Wochenende auswählen und gleich buchen. Facebook experimentiert mit integrierten Mini-Onlineshops [...], lässt Live-Videos streamen und will mit ›Instant Articles‹ zu einer Plattform für Artikel klassischer Medien werden.«[86] Nicht zu vergessen, WhatsApp und Instagram gehören längst zum Plattform-Imperium Facebook. *Finden Sie das spannend? Erschreckt Sie das? Oder ist es praktisch? Auf welcher Plattform sind Sie unterwegs?* Es geht ganz banal um den Zugang zu den Nutzern. Alles aus einer Hand. So entstehen neue Monopole. Stefan Quandt weist am deutlichsten darauf hin: »Facebook hat sich mit der Plattform Internet.org das Ziel gesteckt, seine Dienstleistung kostenfrei in die entlegensten Winkel der Erde zu bringen. [...] Ganz nebenbei erschließt sich Facebook auf diese Weise einen Milliardenmarkt und baut seine Monopolstellung weiter aus. [...] Peter Thiel, PayPal-Gründer und erfolgreicher Investor [...], wirbt offen für Monopole: Denn nur die Monopole würden ausreichend Gewinne schaffen, um diese nachfolgend in Lösungen für die großen Probleme unserer Zeit investieren zu können. [...] Wir müssen uns im Klaren sein, dass die digitale Ökonomie wesentlich mehr in Frage stellt als tradierte Geschäftsmodelle. Sie rüttelt vielmehr an den Voraussetzungen, die bisher zum Kern der westlichen Wirtschaftsordnung zählten.«[87] Eine zutreffende Analyse. Alle klatschen. *Und nun?*

Wer entwickelt andere Modelle? Wer geht nach dem A der Analyse ins O der offenen Visions- und Innovationsentwicklung? A & O. Nur zu reden bringt nichts. *Wer macht was?* Facebook = Internet. Tempo = Taschentuch. Diese Entwicklungen gab es immer. *Wie gehen wir damit um? Kratzt es uns? Was macht Herr Quandt? »Reichen Produktinnovationen noch aus, wenn ganze Märkte über neue digitale Geschäftsmodelle geschaffen beziehungsweise zerstört werden?«,* fragt Dr. Holger Schmidt.[88] Der Internetpionier Tim O'Reilly verweist auf die richtige Fährte: »Die Diskussion über einzelne Firmen wie Uber und Airbnb ist viel zu eng. Es geht um sehr große wirtschaftliche Veränderungen durch Software und Vernetzung.«[89] Man kann über Airbnb denken, was man will. In jedem Fall ist die unternehmerische Leistung beeindruckend. Übernachtung ist nichts Neues, und doch ist Airbnb das drittwertvollste Start-up der Welt. 2015 sprang Uber an die Spitze, bewertet mit 51 Milliarden Dollar. Es folgen Xiaomi, Airbnb, Palantir, Snapchat, Didi Kuaidi, Flipkart, SpaceX, Pinterest, Dropbox. Wir stehen ganz am Anfang einer digitalen Revolution, die die unendlichen Speicherkapazitäten in der »Cloud« kombiniert mit flexiblen Lieferketten per Drohnen, flexibler Industrieproduktion mit 3-D-Druck, künstlicher Intelligenz und mobiler Erreichbarkeit bis in jeden Winkel der Erde. Alles, was wir derzeit an Onlinenutzung sehen, ist noch völlig banal im Vergleich zu dem, was noch kommen wird. Uber wird nicht bei Autos und Privatfahrten stehen bleiben. Uber wird nach und nach die gesamte Mobilität aufmischen. In Ubers Software-Update im August 2015 hatten Essenslieferungen bereits denselben hohen Stellenwert wie die Personenbeförderung, tweetete @techcrunch. »Ubering« als Monopol kann zukünftig bedeuten, dass die komplette private und industrielle Mobilität über Uber gebucht und abgewickelt wird. *Was wäre, wenn Kleidung zu 100 Prozent aus dem 3-D-Drucker käme, auch dieser Markt also digital würde?*[90] In China werden bereits 400 000 Grundschulen mit 3-D-Druckern ausgestattet. Gleichzeitig kauft die Deutsche Bahn, ein traditioneller Stammkunde von Siemens, Regionalzüge in China ein. Der Damm ist gebrochen, nach den Regionalzügen werden ICEs aus China folgen. *Was ist bei Siemens schiefgelaufen? Was läuft in Europa schief, wenn alle Grundschüler in China mit 3-D-Druckern arbeiten, und in Europa die Mehrheit gar nicht weiß, was ein 3-D-Drucker ist?*

3-D-Drucker bauen bereits individuelle Arm- und Beinprothesen. Zukünftig wird beim Arzt Ihres Vertrauens ein 3-D-Drucker stehen. Herz- und Leberersatz, Arterien und Venen, Zähne, Knochen, Knie und Hüftprothesen, alles kommt aus dem 3-D-Drucker. Ein spanischer Krebspatient trägt die erste Titan-Brust aus einem 3-D-Drucker. Alle Prothesen werden so schneller und günstiger gebaut. »Werkstücke aus 3-D-Druckern werden im Alltag immer sichtbarer. Vor allem aber verändern sie – ähnlich wie die Dampfmaschine – die Industrie.«[91] Im Bereich der Medizin rücken 3-D-Druck, Ärzte und Apps näher zusammen. In den USA werden die Nutzer schon 2016 Gesundheits-Apps mehr vertrauen als ihren Ärzten, berichtet Jennifer Elias auf forbes.com.[92] Kontaktlinsen können den Blutdruck und Zucker messen. Zum schnellen Austausch kommunizieren neun von zehn Ärzten in Brasilien mit ihren Patienten über WhatsApp. In Italien macht das über die Hälfte der Ärzte. »Das geht nicht«, lauteten etliche Schnellschuss-Reaktionen in Deutschland auf die WhatsApp-Ärzte. *Wer garantiert den Datenschutz?* Datenschutz wird ein zentrales Thema in der Zukunft sein. *Welche Daten müssen privat bleiben? Welche Daten geben wir weiter? Welche Daten werden gehackt? Wie schützen wir uns vor Hackern? Gehört Datenschutz ins Curriculum der ersten Klasse?* Auf der Top-Job-Tagung in Essen 2015 zeigte Ranga Yogeshwar zwei Bilder zum Datenschutz. Zuerst zeigte er ein Bild von Bademoden um 1900. Frauen gingen in Schwimmhosenkleidern an den Strand, die den ganzen Körper verdeckten. Nach dem Ersten Weltkrieg gab es erste figurbetonte Badeanzüge. Doch in vielen Badeanstalten mussten Frauen darüber Röcke tragen, damit sie nicht zu viel Knie zeigten. Das war die Tradition, der Standard dieser Zeit. Dann zeigte Yogeshwar ein aktuelles Foto von zwei jungen Frauen am Strand im knappen, sehr schönen Bikini. Seine ketzerische Frage: *Könnte es sein, dass Menschen in 100 Jahren auf unsere Bedenken im Umgang mit Datenschutz zurückblicken und über die verklemmte Haltung lachen, so wie wir heute über die Bademode von 1900 schmunzeln?* Vielleicht ändert sich die Meinung zum Datenschutz, und Menschen zeigen bedenkenlos und freizügig alle Daten, so wie Frauen und Männer offen und ohne Scham ihre Körper am Pool und Strand zeigen. Ranga Yogeshwar kritisiert zu Recht alle Beteiligten: »In Deutschland diskutieren wir Datenschutz mit der Vorstellung des 19. Jahrhunderts.«

Es geht nicht darum, alles kritiklos hinzunehmen. Ganz im Gegenteil. Es geht darum, Debatten zu führen, gemeinsam dazu lernen und die Zukunft, die keiner kennt, zu gestalten. Doch dazu muss die Vorstellungskraft im Heute angekommen sein, um Modelle der nächsten Jahre und Jahrzehnte diskutieren und entwickeln zu können. Die kommenden Anwendungen des Datenaustausches zwischen Menschen, Maschinen, Autos, Drohnen, Flugzeugen, Kleidung und Körper können wir uns heute noch gar nicht vorstellen. Der schnelle Austausch zwischen Arzt und Patient wird viele Vorteile bringen für chronisch Kranke, im Falle akuter Hautausschläge oder anderer Symptome, die ein Arzt auch per Webcam einschätzen und behandeln kann. Selbstheilender Kunststoff könnte die Raumfahrt revolutionieren. In Amsterdam wird eine Fußgängerbrücke von zwei 3-D-Druckern gebaut.[93] *Würden Sie über diese Brücke gehen?*

In Dubai wird das erste Bürogebäude mit einem 3-D-Drucker gebaut. Leider nicht mit deutscher Technik, sondern chinesischer. *Würden Sie in* dem Bürogebäude in Dubai arbeiten? In Australien wurde ein Haus komplett von einem Roboter namens Hadrian gebaut. Das hat nur 48 Stunden gedauert. Menschen hätten sechs Wochen an diesem Haus gebaut. Sie können Roboter aus ethischen, persönlichen oder sonstigen Gründen ablehnen. Aber spätestens wenn Sie ein Haus kaufen, nehmen auch Sie das günstigere Haus von Hadrian und der Firma Fastbricks Robotics. In China wird der erste Wolkenkratzer von Robotern gebaut. *Würden Sie in den Wolkenkratzer in China einziehen?* Bald ist das normal. Ungelöst ist eher die Frage, was die vielen Bauarbeiter zukünftig machen, wenn Roboter Stein auf Stein schichten und Beton gießen. *Roboter greifen in alle Berufe ein, die sich standardisieren und digitalisieren lassen. Ist Ihr Beruf betroffen? Was machen Journalisten, wenn 90 Prozent der täglichen Nachrichten von Robotern geschrieben werden?* »And the Pulitzer goes to … a computer«, titelte theguardian.com am 28. Juni 2015. Das ist längst im Kommen: Roboter können viel gezielter recherchieren, über Algorithmen passende Zitate und Quellen finden. Zudem wird künstliche Intelligenz auch klüger werden. *Was machen Musiker, wenn Hits vom Rechner komponiert werden?* Blake Irving, Geschäftsführer von GoDaddy, fragt auf Twitter: »*Wird #BigData den nächsten Hit schreiben?*«[94] Töne neu zu kombinieren können Rechner in rauen Mengen. Gleichzeitig kann jede neue Melodie sofort abgeglichen werden mit den Top-Ten-Hits aller Zeiten. So werden sowohl positive Erfolgsmuster angewandt als auch spätere Plagiatsvorwürfe abgewendet. Rechtliche Präzedenzfälle werden von Computern gesucht, Rechtsurteile verglichen und Anwälten präsentiert. Alles, was mit Suchen, Finden und Vergleichen zu tun hat, machen Maschinen schneller als Menschen. Auch Jahresberichte können Rechner schneller aufbereiten als Menschen. Noch dramatischer wird es die europäischen Automobilhersteller treffen. *Was machen 750 000 Mitarbeiter in der deutschen Automobilindustrie, wenn Verbrennungsmotoren nicht mehr gekauft werden?*

Rollende Touchpads

»Mit 1,99 Millionen verkauften Autos stellte der Stuttgarter Hersteller 2015 einen Verkaufsrekord auf. Ein Plus von 14,4 Prozent. Besonders stark war die Nachfrage aus China, das sich mit einem Plus von 32,6 Prozent zum größten Absatzmarkt von Mercedes-Benz entwickelt hat.«[95] Läuft blendend! Ganz großes Kino. Top-Leistung. Gleichzeitig sehen wir Bilder von unvorstellbar großem Smog in Peking. Wann wird China Verbrennungsmotoren verbieten? Dann bräche der größte Absatzmarkt weg. »Fast unbemerkt von der Öffentlichkeit wächst in China eine Elektromacht heran, deren Erfolg die Schließung des größten Automarkts für Verbrenner bedeuten könnte. [...] In weniger als fünf Jahren sind die Autobauer von einem Start-up überholt worden«, so Dirk Roeder.[96] Mit dem Start-up meint Herr Roeder Tesla. Zum Glück müssen wir uns um Tesla keine Sorgen machen. Der ehemalige Daimler-Vorstandschef Edzard Reuter sagte 2015 über Tesla: »Das ist doch ein Witz! Das ist doch nicht ernst zu nehmen in der Abwägung mit einem großen Industrieunternehmen.«[97] Im April 2016 wurde Teslas *Model 3* innerhalb von sechs Tagen über 325 000-mal vorbestellt, obwohl der Wagen erst Ende 2017 geliefert werden kann. Das Auto kann mit den zugesagten Reichweiten noch gar nicht gebaut werden, ist aber schon ein Verkaufsschlager. **DIE DEUTSCHEN EXPERTEN HABEN TESLA ALLESAMT NICHT ERNST GENOMMEN.** Der Daimler-Vorstandsvorsitzende Dieter Zetsche klingt 2016 in Bezug auf andere unterschätzte Marktteilnehmer im Automarkt der Zukunft so: »Mittlerweile sei [...] bei Daimler der Eindruck entstanden, dass Unternehmen wie Apple und Google im Bereich Automobil mehr erreichen könnten, als man bisher glaubte«.[98] Horace Dediu @asymco, Senior Fellow am Clayton Christensen Institute, tweetet zu Zetsches Kommentar: »Der Vorstandsvorsitzende von Daimler klingt wie der Vorstandsvorsitzende von Nokia vor fünfzehn Jahren.« Nokia beherrschte den Handymarkt, verpasste aber die Entwicklung von Smartphones. Deutschland ist das Autoland. 750 000 Arbeitsplätze hängen direkt am Verbrennungsmotor. So kommt zum Beispiel der Weltmarktführer für Zahnräder aus Deutschland. Aber Tesla braucht keine Zahnräder, sondern Riesenbatterien. *Wer produziert Riesenbatterien?* LG, Samsung, Panasonic. Kalifornien plant bereits ein Verbot von Autos mit Verbrennungsmotor. Wie schnell 15 Jahre vergehen, sehen Sie an dieser Daimler-Werbung von 2002: »Die A-Klasse ist ein ganz gewöhnliches Auto. So in 10 bis 15 Jahren.« *Welches Auto ist bis 2030 ein ganz gewöhnliches Auto? Wer hat in fünf oder zehn Jahren die Nase vorn? Was spricht zukünftig für Verbrennungsmotoren, wenn Batterie-Autos den Massenmarkt erreichen?*

Mindestens so bedeutend wie die Frage der Technik ist die Frage der Geschäftsmodelle. »Stellen Sie sich vor, Sie besitzen ein Auto nicht mehr, sondern kaufen nur ein bestimmtes Mobilitätsguthaben pro Monat. Wenn Sie in das Auto einsteigen, ist der Sitz bereits passend für Sie eingestellt, das Radio spielt Ihre Lieblingsmusik und die Luft ist genauso warm oder kalt, wie Sie es gerne hätten.«[99] Wäre doch praktisch. Sie müssen sich nicht mehr um die technische Wartung und Säuberung kümmern. Sie kommen von A nach B, wenn Sie von A nach B fahren wollen. Ohne eigenes Auto sparen Sie viel Ärger, Zeit und Geld. Autos werden nicht nur rollende Batterien, sondern auch Software-Plattformen. *Werden Autos zukünftig gar nichts kosten, wenn die Autoanbieter die Nutzerdaten verwenden dürfen und am Umsatz der über das Auto bestellten Waren beteiligt werden?* Autos werden rollende Touchpads. Forbes Tech News tweetet: »2020 werden alle neuen Autos Smartphones auf Rädern sein.« Einjährige denken, der Fernseher sei kaputt, weil sie daran wie auf einem Smartphone wischen und nichts passiert. *Welches Auto wird die Smartphone-Generation wählen? BMW oder ein Auto, das wie ein iPad aussieht? Wer kann Design für Smartphones?* Apple und Samsung. Christoph Keese hat im Silicon Valley gelebt und die disruptive Stimmung dort aufgesogen. Er sagt: »Das Auto ist zukünftig nur noch das Fahrzeug, das den Bildschirm herumfährt.«[100] Der Bildschirm im Auto zeigt, in welchem Lieblingsrestaurant aktuell ein Tisch frei ist, oder wo man eine zum Wetter passende Jacke kaufen kann. Das Auto kennt den kürzesten Weg zum Ziel und fährt Sie direkt hin. Der Mehrwert steckt dann weder im Gehäuse noch im Motor, sondern in den Daten des Nutzers. Einer spontanen Suche wird situativ ein Angebot unterbreitet. *Wer ist auf Suche, Stadtpläne, Angebote und Plattformen spezialisiert?* Google. Martin Stahl schreibt: »Geld verdienen die Konzerne mit den Fahrten, Werbung und Kooperationsgeschäften. Suche ich nach einem neuen Tisch, zeigt mir die Suchmaschine einen Laden an, wo es das neue Möbelstück gibt. Wenn ich es dort kaufe, ist die Fahrt mit dem Google-Auto zum Laden umsonst und Google kassiert eine Provision von dem Einrichtungsladen. Apple sieht das Auto als nächste Stufe in der Evolution von iPhone und iPad. Für mich gehört zur Marke Apple auch eine Design-DNA mit dem Anspruch der leichten Bedienbarkeit, während Googles Stärke im Datensammeln und dem Verknüpfen von Informationen liegt.«[101]

Plattform-DNA von Google, Apples Design-DNA, Mobilitäts-DNA von Uber, Gastfreundschafts-DNA von Airbnb und die Alles-in-allen-Lebenslagen-DNA von Facebook. Mir ist unklar, was deutsche Automobilhersteller in fünf oder zehn Jahren zum Automarkt beitragen. *Sehen Sie ausgeprägte Kompetenzen und Erfahrungen für die Zeit nach dem Verbrennungsmotor, wenn die Hülle nichts wert ist?* Superbatterien kommen aus Asien. Die Spezialisten für Daten und Plattformen sitzen in den USA. Vielleicht haben deutsche Automobilhersteller ganz viele Überraschungen in den Schubladen. Immerhin taucht Daimler in einer Top Five auf, diese Firmen sieht Techinsider vorne bei autonomen Autos: Platz 1 Google, Platz 2 Volvo, Platz 3 Daimler, Platz 4 Tesla, Platz 5 Apple.[102] Der erste autonome Lkw von Daimler und auch ein Lkw-Konvoi wurden bereits auf Autobahnen getestet. Mich wundert, dass in Deutschland keine große, breite und lautstarke Debatte über den Automarkt der Zukunft geführt wird.

Auf den Tagungen treffen sich ein paar Experten ohne Breitenwirkung. Unser aller Wohlstand basiert zu großen Teilen auf der Automobilindustrie. *Sind Sie überzeugt, dass deutsche Automobilhersteller diese Rolle in Zukunft noch spielen werden?* Hoffentlich! Sonst würde ich einen lauten Aufschrei erwarten. In Dingolfing, Niederbayern, steht das größte BMW-Werk der Welt. Viele der 92 000 Betriebe in Niederbayern hängen direkt von BMW ab. Geht es BMW schlecht, geht es Niederbayern schlecht. Kürzlich sagte ein Niederbayer zu mir, er habe die Sorge, Niederbayern könnte die Umwälzung einer kompletten Industrie verpennen und zum nächsten Ruhrpott werden. Das Ruhrgebiet kämpft seit Jahrzehnten mit dem Wegfall des Bergbaus und der Kohleindustrie. »Auf den Feldern, auf die es künftig ankommt, sei Bayern schon jetzt meist nur Mittelmaß. Wenn überhaupt. Die Umwälzungen [...] seien so groß, dass das Land seine Erfolgsgeschichte quasi neu erfinden müsse. Bayern besitzt zwar ausgeprägte Stärken, ist aber auf die sich abzeichnenden Veränderungen noch nicht ausreichend vorbereitet«, berichtet die *Süddeutsche Zeitung* am 25.3.2015. *Fallen Ihnen bayerische Vordenker, Leiter, Redner, Politiker ein, die die Zukunftsthemen öffentlich ins Gespräch bringen und wirksam vorantreiben?*

»Ein Drittel der deutschen Autofahrer kann sich sehr gut vorstellen, ein Auto von Apple oder Google zu kaufen statt von VW, Mercedes oder BMW. In China, Indien und Brasilien sind es sogar 60 bis 80 Prozent. Hoppla!«, schreiben Anja Förster und Peter Kreuz.[103] Und Forbes tweetet: »Menschen, die bisher die Mercedes S-Klasse, BMW 7-Serie oder Audi A8 gekauft haben, wenden sich dem Tesla Model S zu.«[104] *WECKRUF GEHÖRT? Warum wird darüber in Europa nicht diskutiert?* Es betrifft uns alle. Ein paar Experten reden auf Tagungen über »Industrie 4.0«. Es geht aber darum, wie wir leben und arbeiten werden. Und die Entwicklung beginnt gerade erst. **WENN ALLE AUTOS MITEINANDER KOMMUNIZIEREN, BRAUCHT ES DANN NOCH TEURE AMPELSYSTEME VON SIEMENS?** »Ford baut eine Flotte von fahrerlosen Autos, und mit Hilfe von Amazon werden die Autos mit den Insassen kommunizieren«, berichtet businessinsider.de.[105] Während viele Europäer den autonom gesteuerten Autos noch skeptisch gegenüberstehen, führt die nächste Frage längst viel weiter: »*Warum die Hände zum Steuern nutzen, wenn man dazu das Gehirn nutzen könnte?*«[106] Autonome Autos, Lkws und Busse, alles nur noch eine Frage der Zeit. Auch auf Ozeanen wird autonomes Fahren getestet, berichtet die Deutsche Welle.[107] Autonome Fahrten können Straßen sicherer machen. Autos trinken keinen Alkohol. Außerdem können Pendler Zeit sehr viel sinnvoller nutzen, als auf Straßen und Blechlawinen zu starren. Sie könnten lesen, schlafen, spielen und 44 Fragen stellen. Jakub Wachocki tweetet: »Leute sind besorgt, dass Uber-Fahrer Taxifahrer ersetzen könnten. Sie sollten aber besorgt sein, dass Uber- und Taxifahrer von künstlicher Intelligenz ersetzt werden.« Diese Zukunftsthemen werden uns in Mark und Bein und im Portemonnaie treffen.

Es gibt zum Glück auch optimistische Stimmen. »Die deutsche Automobilindustrie hat aufgrund ihrer Größe, Innovationskraft und Finanzstärke beste Voraussetzungen, digitale Technologien zu entwickeln und erfolgreich zu vermarkten«, sagte Bitkom-Hauptgeschäftsführer Dr. Bernhard Rohleder.[108] Auch Andreas Friedrich, Leiter der Mercedes-Technologiefabrik, sieht sich weit vorne: »Wir sind dank Digitalisierung schneller und effizienter. Viele Aspekte der Industrie 4.0 sind bei Daimler schon längst Realität.«[109] Eine Patentstudie stellt fest, dass Toyota mehr Patente für autonome Autos besitzt als Tesla, Google und Apple. *Gefahr gebannt? Nein. Mit wem würde Toyota gerne kooperieren? Tesla und Apple. Erleben Sie eine Aufbruchstimmung?* **ICH WÜNSCHE MIR, DASS IN TALKSHOWS AUCH MAL ÜBER IDEENFLUSS, DISRUPTION, ZUKUNFT UND RISIKO HEISS DEBATTIERT WIRD.** *Gestalten wir unsere Zukunft, oder tun das andere?* Dabei geht es mir nicht nur um die Plattform-Ökonomie. Es geht mir auch um 20 000 Stiftungen und über 500 0000 gemeinnützige Vereine und deren Beitrag zur Zukunft.

Ist Tesla ein Witz oder disruptiv? Wer behält recht? Wer recht behalten will, behält meistens nicht recht. Das liegt an der Disruption, die immer anders kommt als erwartet. *Ist Ihr Mehrwert disruptiv?*

Mythos Disruption

»Greifen Sie sich selbst an, sonst wird es jemand anderes tun«, rät Christoph Keese in Vorträgen und seinem Buch *Silicon Valley*: »Es ist nur noch eine Frage der Zeit, bis die Deutsche Telekom von Facebook, die Deutsche Post von Amazon und Volkswagen von Google übernommen wird. Finanziell wäre das schon heute möglich.« *Passt das zu Ihrer Vorstellungskraft, dass Amazon DHL kauft? Welche europäischen Unternehmen greifen sich selbst an? Welche Geschäftsmodelle werden im laufenden Betrieb komplett neu erfunden? Wer wird als Nächstes von einer Disruption überrascht werden?* Als Uber gestartet ist, gab es noch keinen Markt für professionell organisierte innerstädtische Mitfahrgelegenheiten. Es gab Taxis. Nun ist der Taximarkt durcheinandergewirbelt. »Im Valley haben sie dafür ein Wort; kein Gespräch, wirklich keines, in dem es nicht fällt: Disruption. Disruption bedeutet: Alles, wirklich alles ändert sich, und zwar rasend schnell. Disruption bedeutet: Der bisherige Faden reißt und es wird ein anderer, besserer gesponnen. Das alte Geschäftsmodell verschwindet in einer Branche nach der anderen und wird durch ein neues ersetzt«, schreiben Marc Beise und Ulrich Schäfer.[110] *Warum ist Disruption seit diesem Weckruf nicht in öffentlichen Debatten, Talkshows und im Schulunterricht breit und kontrovers vertreten?* Alles, was digitalisierbar ist, wird digitalisiert. Alles, was Roboter schneller, günstiger und zuverlässiger machen können, werden sie zukünftig machen. »Disruption heißt nichts anderes als: Wir werden alle verschwinden, weil wir in der Logik digitaler Märkte Effizienzbremsen sind. Ohne uns geht es immer billiger als mit uns«, so Christoph Keese in *Silicon Valley*. Disruption kommt ohne Vorankündigung. Disruption ist keine kontinuierliche Verbesserung, sondern ein blauer Ozean, den vorher niemand entdeckt hatte.

Ich will keinen Alarm schlagen. Ich glaube nicht, dass früher alles besser war, und auch nicht, dass die Zukunft uns überrollen und plattmachen wird. Ich will anstoßen. Ich stelle Fragen. Und ich stelle fest, dass mich die Äußerungen deutscher Industrieller und Politiker zur Disruption eher verwundern als überzeugen. Ich lasse mich gerne eines Besseren belehren. Laden Sie mich ein, ich komme gerne. Ich bin immer gespannt auf Austausch, Widerspruch, neue Zutaten, Querdenker. Und ich berichte sofort über disruptive Modelle aus Europa, wenn ich sie kennenlerne. Ich stimme den Skeptikern zu, die sagen, dass Disruption zu einem Modewort verkommen ist. Der Begriff »Disruption« wurde 1995 von Professor Clayton M. Christensen geprägt.[111] Auch Christensen grenzte sich im Dezember 2015 von einer falschen Nutzung ab.[112] Mir sind klinisch saubere Definitionen egal. Mich interessiert, dass China und Kalifornien Verbrennungsmotoren verbieten wollen. Das finde ich für unsere Umwelt hervorragend und für die europäische Automobilindustrie verheerend. Daher kommen mir Elektroautos disruptiv vor. Wenn 1,5 Milliarden Facebook-Nutzer Chats, Bilder, Videos, Musik, Nachrichten, Essen, Geschenke, Events, Shops, Geldtransfers, also ALLES auf Facebook bekommen, dann verändert das die Ökonomie gravierend. *Disruptiv?* Mein Eindruck: ja.

Disruption ist kein Selbstzweck. Die meisten Ideen werden nicht disruptiv sein. Müssen sie auch gar nicht. Ob der Mehrwert Ihrer Idee disruptiv ist, definiert Ihr Ziel. Ihr Spielfeld. *Wie weit springen Sie heute? Wie weit morgen?* Fallen Ihre Erwartungen komplett aus dem Rahmen des Üblichen heraus? Dann ist Disruption möglich. Auf ins Abenteuer. Ins Risiko. Vision voraus. Auf die schwankende Brücke ins Neuland. *Trauen wir uns nicht, die Brücke zu betreten?* **RISIKO IST NICHT RISIKOLOS ZU HABEN.** Innovation gibt es nur im Doppelpack mit Risiko. Ob Sie mit

Kunden oder mit Innovationsverlierern um den neuen Mehrwert ringen, der Ausgang ist immer offen. Ohne Risiko gibt es keine Entwicklung. Kein Risiko einzugehen ist auch ein Risiko. Aber wer viel zu verlieren hat, riskiert nichts, das den Status quo angreift. Zudem blenden wir das Risiko, nichts zu ändern, einfach aus. **WER BERECHNET, WAS ES KOSTET, NICHTS ZU RISKIEREN?** Geprüft wird nur das Risiko des Neuen. Niemand prüft das Risiko, wenn wir keine neuen Mehrwerte schaffen. Langfristige Folgen ohne Risikobereitschaft werden nicht kalkuliert. Die Sicherheit der bestehenden Systeme gewinnt gegen das hohe Risiko des Neuen. Die Chance, mit neuen Ideen Erfolg zu haben, ist unwahrscheinlicher als bereits etablierte Gewinne. Es ist völlig unattraktiv, sein erfolgreiches Geschäftsmodell selbst in Frage zu stellen. Nach nüchterner Risikoabwägung bleibt man beim sichtbaren Erfolg. Das Management handelt nachvollziehbar, wenn es Änderungen ablehnt. Deshalb kommt Disruption häufig von Branchenfremden, die nicht durch alte, sicherheitsorientierte Expertise ausgebremst werden. Der Wirtschaftsminister von NRW, Garrelt Duin, auf Twitter: »Viele im Handel haben den Schuss noch nicht gehört. In anderen Branchen aber auch nicht.« *Wer hat den Knall? Die, die Risiko im Neuen sehen und den Schuss nicht hören? Oder die, die nicht so weitermachen wie bisher und Ideen umsetzen?*

In der Pflege wird besonders laut geklagt. Fachkräftemangel, schlechte Löhne, unmenschlicher Zeitdruck. Der niederländische Pflege-Anbieter Buurtzorg zeigt, wie man Pflege kostengünstiger und zugleich besser machen kann. Was mit einem Menschen begann, hat den Pflegemarkt in den Niederlanden umgepflügt. Über 6000 Mitarbeiter haben sich dem neuen Konzept angeschlossen. Es gibt kein Management und keinen Wasserkopf. Es gibt 15 Angestellte in der Verwaltung. Alle anderen Mitarbeiter sind Pflegekräfte, die sich selbst organisieren. Sie teilen ihre Zeit selber ein. Sie entscheiden selbst, welcher Patient spontan mehr Zeit und Aufmerksamkeit braucht. Mit Buurtzorg haben Pflegekräfte bessere Arbeitsbedingungen, das merken auch die Gepflegten. Sie werden messbar schneller gesund! Das Buurtzorg-System verursacht 35 Prozent weniger Kosten. Vier Prozent vom Gewinn werden regelmäßig in Innovation reinvestiert. Alle Beteiligten sind damit glücklich. Eine krasse Prozessinnovation mit außergewöhnlichen Ergebnissen. Wer kopiert Buurtzorg als Erster in Deutschland? Stellen Sie sich mal das gesamte Gesundheitswesen ohne Management vor. Angeblich gibt es zu wenige Ärzte. Würden Ärzte von den Bürden der Bürokratie entlastet, hätten sie 50 bis 80 Prozent frei gewordene Zeit. Auch hier mangelt es weniger an Ärzten als an einer tiefgreifenden Prozessinnovation. Die gesamte Wohlfahrtsindustrie könnte davon profitieren. Alleine die Diakonie und die Caritas betreiben in Deutschland 54 341 Einrichtungen mit 1 055 229 Mitarbeitern. Was wäre, wenn die Buurtzorg-Prozessinnovation auf die gesamte Wohlfahrtsbranche übertragen würde?

Bringen Sie Mehrwerte mit PS auf die Straße. Ideen zu rocken bedeutet, sie dem Alltag preiszugeben. Werden Ideen kein Alltag, verstauben sie ungenutzt auf dem Papier. Sobald die Mehrwerte Ihrer Ideen im Altland rocken, geht der Reiz des Neuen an die alltägliche Routine verloren. Sie haben mit Tabus gebrochen, mit Experten und Innovationsverlierern gestritten. Dann wird Ihre Idee normal und alltäglich, eine Gewohnheit und ein Teil des Establishments. Und das ist gut so! Dann hat sich Ihre Idee gegen Millionen andere Ideen durchgesetzt. Erneuerung wird nur wirksam, wenn sich Ihr Mehrwert verbreitet und zum neuen Standard und Branchendogma wird. Vertrauen gewonnen. Durchgesetzt. Etabliert. Neues wird neuer Standard. Etablierte Ideen machen sich breit, sie schlagen Wurzeln. Sind gekommen, um zu bleiben. Sie sind nicht mehr wegzudenken. Einmal eingerichtet, fühlt man sich wohl. Die Innovation wird Teil des Status quo. Ehemalige Vorreiter werden zu Innovatoren a. D., der viel genutzte Mehrwert wird zu einer Idee a. D. Die größten Erneuerer werden früher oder später selbst zu Bremsern und Skeptikern.

Sind Sie bereit, Ihre Ideen loszulassen? Andere Menschen können sich um den etablierten Mehrwert Ihrer Ex-Idee kümmern. Sind Sie bereit, von vorne anzufangen? Ideenfitness heißt, immer wieder neu zu starten und erneut über Absurdistan ins Neuland zu reisen, um wieder Neues zu entdecken. **BRECHEN SIE REGELN, AUCH MEINE.** Zum Beispiel, indem Sie keine 44 Fragen, sondern 74 Fragen stellen.

74 Fragen

1. **Wie können wir uns auf Disruption vorbereiten und das Unerwartete erwarten?**

2. **Können Sie sich vorstellen, dass ein Minipflaster Ihre Wärme in elektrische Energie umwandeln kann?**

3. **Werden gelähmte Menschen durch spezielle Anzüge und Gedankenlenkung laufen können?**

4. **Würden Sie sich ein Herz aus dem 3-D-Drucker implantieren lassen?**

5. **Wie können wir Lust auf eigene Entdeckungen und Entwicklungen wecken?**

6. **Können clevere Socken bei älteren Menschen Stürze verhindern?**

7. **Gestalten oder verwalten wir die Ressourcen und den Reichtum, den wir besitzen?**

8. Wächst unsere Gesellschaft geistig, oder schrumpft sie?

9. Lässt sich Innovationslust forcieren?

10. Brauchen wir noch klassisch arbeitende Unternehmen?

11. Lässt sich Arbeit anders gestalten, so dass wir offener bleiben und gesünder werden?

12. Wollen Sie, dass 100 Milliarden vernetzte Geräte unseren Alltag bestimmen?

13. Werden uns eine Billion Sensoren bis 2022 und in 20 Jahren 45 Billionen Sensoren umgeben?

14. Für wen ist die digitale Revolution die beste ökonomische Nachricht auf Erden?

15. Wo übernehmen Roboter im nächsten halben Jahr große Teile der Arbeit?

16. Was ist Digitalisierung?

17. Kaufen Sie ein Haus, das gebaut wurde vom australischen Roboter?

18. Gehen Sie über die Brücke aus 3–D–Druck?

19. Sind künstliche Intelligenz, 3–D–Druck, Robotik aufzuhalten? Haben wir's noch in der Hand?

20. Können Maschinen zukünftig Witze erzählen und verstehen?

21. Können Roboter Menschen überlisten,
Gefühle vortäuschen, um die Ecke denken?

22. Werden Roboter menschlich, da sich
Maschinen in 72 Stunden Schach bei-
bringen können?

23. Besteht in Ihrem Unternehmen der Wille
zur Veränderung und zur digitalen Trans-
formation?

24. Lässt sich der Grad der Digitalisierung und
der Grad der sogenannten Industrie 4.0
messen?

25. Haben Sie den Überblick im weltweiten
digitalen Wettbewerb? Wer ist im Spiel?
Wer kommt?

26. Sind Ballons über den Wolken die neue
Generation der Solarenergie?

27. Glauben Sie, dass wir am Anfang oder
Ende der Vernetzung, Sharing Economy,
Plattform-Ökonomie sind?

28. Wie weit kann Sharing Economy und
Plattform-Ökonomie gehen?

29. Was halten Sie von Robotern im Flugzeug-
    bau und an Flughäfen zur Abfertigung und
    für Sicherheitskontrollen?

30. Was halten Sie von Flugzeugteilen aus
    dem 3-D-Drucker?

31. Werden Sie bei Bauprojekten Ihre Mitar-
    beiter und Subunternehmer mit Drohnen
    koordinieren?

32. Welche Technologien und sozialen Ent-
    wicklungen werden Ihrer Meinung nach
    die Zukunft prägen?

33. Erfinden Sie sich, Ihr Angebot, Ihr Allein-
    stellungsmerkmal, Ihr Marketing, Ihren
    Vertrieb regelmäßig neu, manchmal
    auch über Nacht?

34. Welchen Beitrag kann Big Data zur
    Energiewende und zum Klimaschutz
    leisten?

35. Wie werden Technologie und Big Data den
    Verkauf und das Design in Läden beein-
    flussen?

36. Kann Big Data Fischschwärme vor Über-
    fischung bewahren und Fischer vor Piraten
    schützen?

37. Wie sähe ein Tisch aus, den Sie sich vom 3-D-Drucker bauen lassen würden?

38. Warum sind laut @BMWi_Bund 88 Prozent der mittelständischen Unternehmen nicht auf die Digitalisierung der Geschäftsprozesse vorbereitet? Ignoranz? Kosten? Fachkräftemangel?

39. Wer gibt den Startschuss und leistet die Qualifizierung zur Industrie 4.0 und Arbeit 4.0?

40. Wann wird in Deutschland der erste Flughafen komplett mit Solarenergie betrieben — so wie bereits im Süden Indiens?

41. Wird Google die erste Plattform für chirurgische Operationen durch Roboter bauen?

42. Wann wird das erste Containerschiff zu 100 Prozent mit Teilen aus 3-D-Druckern gebaut?

43. Werden über die Hälfte aller Jobs zukünftig von Maschinen erledigt?

44. Ist es gut, dass Foxconn 30 Prozent aller Mitarbeiter durch Roboter ersetzen will?

45. Was macht Next Big Sound mit den Daten von einer halben Million Musikern?

46. Können Pflegeroboter die schweren körperlichen Arbeiten in der Pflege übernehmen?

47. Können Pflegekräfte länger ihren Beruf ausüben, wenn sie von körperlicher Überlastung befreit werden?

48. Glauben Sie den Studien, die besagen, dass sich der durchschnittliche IQ in den vergangenen 100 Jahren um 30 Punkte verbessert hat?

49. Glauben Sie, dass umso mehr Arbeitsplätze wegfallen werden, je schlauer und vernetzter Maschinen werden, oder nicht?

50. Wird virtuelle Realität ein integrierter Teil unseres Lebens sein wie Internet und Smartphones?

51. Können kurze webbasierte Interventionen bei Schülern — speziell schlechten Schülern — große Resultate erzeugen und sogar ihre Wertschätzung für positive Gedanken steigern?

52. Hat Technologie mehr Arbeitsplätze geschaffen als zerstört?

53. Bringen Industrie 4.0 und 3-D-Druck völlig neue Regeln für die Geschäftsentwicklung?

54. Welchen Einfluss auf unser Wohlbefinden haben Thermostate, die die Gewohnheiten der Bewohner speichern und auf dieser Basis die Temperaturen regeln?

55. Welchen Einfluss auf die Innovationsfähigkeit hat das Durchschnittsalter in der Gesellschaft?

56. Kommen der nächste Mark Zuckerberg, Brian Chesky und Elon Musk aus Ghana oder Kenia?

57. Wird Macht neu definiert? Liegt mehr Macht beim Kunden? Bei Mitarbeitern? Bei Bürgern?

58. Stimmen Sie Professor Christensen zu, dass Uber im ursprünglichen Sinne nicht disruptiv ist?

59. Ist es gerechtfertigt, dass sich immer mehr Geschäftsmodelle Disruption auf die Fahnen schreiben?

60. Macht Technologie den Erfolg aus oder Strategie?

61. Was halten Sie von William Gibsons Zitat: »Die Zukunft ist hier. Sie ist nur noch nicht gleichmäßig verteilt«?

62. Wie viele der 26 Unternehmen, die an autonomen Autos arbeiten, kennen Sie?

63. Was halten Sie von Gerd Leonhard These: »Wenn sich die Energieeffizienz des Autos in dem Tempo weiterentwickelt hätte wie die Leistung und Speicherkapazität von Computern und Smartphones, müsste man nur ein Mal im Leben tanken«?

64. Werden digital vernetzte Autos die Branche stärker verändern als Elektro-autos?

65. Bekommen alle Produkte im Kern Soft-ware?

66. Wie kann sich eine schlaue Fabrik den rasch wechselnden Bedürfnissen anpas-sen?

67. Ist in Europa Sand im Getriebe? Weht das laue Lüftchen der Einfallslosigkeit?

68. Stimmen Sie Ranga Yogeshwar zu, dass wir in Deutschland über Datenschutz mit der Vorstellung des 19. Jahrhunderts dis-kutieren?

69. Welchen kulturellen, gesellschaftlichen und persönlichen Wandel brauchen wir

für Kooperation, Zusammenarbeit und Sharing Economy?

70. Könnten Autoren pro gelesener Seite bezahlt werden?

71. In welchen Branchen gibt es noch Business as usual?

72. Welche Kompetenzen brauchen Menschen in der Netzwerk-Ökonomie und Sharing Economy?

73. Wie beeinflusst Sharing Economy die Forschung und Entwicklung und umgekehrt Forschung und Entwicklung die Sharing Economy?

74. Was wäre, wenn Städte Fanclubs aufbauen würden wie Sportclubs und wenn Städte ihre Fans auch so behandeln würden wie Sportclubs ihre Fans?

IDEENFITNESS

—

ROCK YOUR IDEA

Sie haben Ihre Idee gerockt. Ihr Mehrwert ist im Markt. Der Weg war nicht gradlinig und komplett geplant, sondern spontan, bergig und kurvenreich – immer in der Spannung zwischen A & O. Kairos kam, und Sie haben Ja gesagt.

Bleiben Sie im Trainingsmodus, stärken Sie, was Ihre Ideen anstößt und Mehrwerte schafft. Saugen Sie alle Sinne voll mit unpassenden Zutaten. Fehlt Spannung und Energie, stellen Sie messerscharfe, elektrisierende Aufgaben. Lachen Sie laut mit Ihren Ideen und anderen Spinnern. Steigern, streichen, brechen und verbiegen Sie alles. Schreit Ihr Diamant »Teste mich!«, wird die Wirkung des Prototyps zu überraschenden Ergebnissen führen und eine neue Runde Ideenpingpong gespielt. Stellen Sie 440 neugierige Fragen, die sonst keiner stellt. Ihre wachsende Ideenfitness bringt Sie immer häufiger an Orte, an denen vorher niemand war. Sie rocken immer mehr Ideen. Ihre Ideenquelle sprudelt. Je höher Sie auf Ideenberge kraxeln, desto faszinierender wird der Weitblick. Sie sehen, was alles möglich ist, und Sie realisieren: Ihre Ideen verändern die Welt. Geht doch!

Zu allen Zeiten sind Menschen aufgebrochen, um Neuland zu entdecken. Wer aufbricht, hofft auf eine andere Zukunft. Man weiß nicht, was kommt. Hoffnung setzt auf das unbekannte Neue und erwartet, dass der Mehrwert eine neue Bereicherung sein wird. Gleichzeitig setzt Vertrauen auf das Altbekannte. Da weiß man, was man hat. Vertrauen mag Menschen und Dinge, die sich bereits bewährt haben. Bewährtes hat seinen Nutzen bewiesen und das Vertrauen verdient. A & O. Bleiben Sie im Schwung, Sie können nur miteinander. Fremd & vertraut. Glasklar & himmelhoch jauchzend.

Brechen Sie routiniert aus der Routine des Bewährten aus, um aus dem Rahmen zu fallen. Erweitern Sie Ihre Rahmenbedingungen, puzzeln Sie ein neues Bild. Werden Sie zum Ideen-Wiederholungstäter. Der Jazzmusiker Matt Dusk tweetet: »Gib dein Bestes, bis du es besser weißt. Und dann machst du es besser.« Fangen Sie immer wieder von vorne an, bleiben Sie im Ideenfluss. Füllen Sie die Pipeline zum Ideenkonto. *Wie viele Ideen reifen gerade? Sind Sie im Ideendispo? Oder ist Ihr Ideenkonto gut gefüllt mit Rohdiamanten und Ideenjokern? Warten in Ihrer Schatztruhe Drehbücher auf den Einsatz? Wie viele Puzzleteile fehlen noch zum Meisterstück mit 50 000 Teilen?*

Ideen sprengen den Rahmen des Üblichen. Das Neue wird skeptisch beschnuppert. Zuerst erkennt nur eine kleine Gruppe von Kunden den Mehrwert und wirkt am Wachsen und Bekanntmachen mit. Die große Mehrheit ist sich sicher, das kann nichts werden. Springen plötzlich mehr Kunden auf, wird behauptet, das sei eine kurzfristige Mode. Wenn es mehr als eine Modeerscheinung wird, heißt es, das sei ungesund, verderbe die Jugend und zerstöre die Kultur des Abendlandes. Im Mainstream angekommen, ist das Neue Kult, aber sofort wird der drohende Niedergang beschworen. Bleibt die Idee erfolgreich, gehört sie zum Establishment. Dann sind Sie nicht mehr wegzudenken. Wenn Nachahmer kommen und der Mehrwert kopiert wird, fassen Sie es als Lob für Ihre Ideenfitness auf.

Das Gehirn wird uns immer Stabilität vorgaukeln. Aber alles ist in Bewegung. Innovation wird nie aufhören. Das Altland liefert genug Probleme, Aufgaben und Herausforderungen. Genießen Sie die Heiterkeit in Absurdistan. Dort wird laut gelacht. Eine Überraschung jagt die nächste. Ideenfitness darf keine bierernste Übung sein, sonst hat der Kairos keine Lust mitzuspielen. Ideen-Rocker nehmen Stress mit Humor, sie ändern Spielregeln, kreieren Jobs, sie sind Anführer und Abenteurer, kreative Pragmatiker und umsetzungsstarke Spinner. Von Herzen wünsche ich Ihnen für das Rocken Ihrer Ideen viel Freude und Kraft.

NACHWORT

Vor kurzem waren meine Frau und ich mit unseren Kindern bei einer Veranstaltung. Die Vortragende bat zum Einstieg alle Gäste, an Leitsätze zu denken, die wir von unseren Eltern übernommen haben. Sätze, die sich eingebrannt haben und die uns täglich begleiten.

Meine 19-jährige Tochter meldete sich und sagte: »Lebe deinen Traum!«

Ich war gerührt, mir kamen Tränen. Ich hatte diesen Satz nie zu ihr gesagt. Auf meine Nachfrage sagte sie: »Du lebst es uns jeden Tag vor.«

Ja, ich glaube, Eltern und Lehrer haben die Aufgabe, den Nachwuchs auf ein selbständiges, erfülltes Leben vorzubereiten. Ein Leben, in dem Fragen den Horizont weiten und neue Sichtweisen willkommen sind. Es ist unsere Aufgabe, dem Risiko neuer Ideen den Schrecken zu nehmen und mutig voranzugehen. Ich will unser Zusammenleben und unsere Umwelt mitgestalten. Ich glaube an den Wandel als Konstante im Leben. Unbequem und notwendig. Aufregend und lebenswert.

Ich freue mich auf Ihr Feedback, Vernetzung, Anregungen, Austausch über Ihre und meine Ideen. Sie finden mich in den meisten sozialen Netzwerken. Rock Your Idea. Lebe deinen Traum.

VERWEISE

Vertiefung für Neugierige

Die unbequeme Gier

1 Amnesty Journal, Dezember 2015, und Steven Pinker, *Gewalt: Eine neue Geschichte der Menschheit*.
2 theatlantic.com. Interessant auch: Ian Morris' Buch *Krieg. Wozu er gut ist* und die Seite gapminder.org.
3 Ein anderer sehr empfehlenswerter *One Take* ist die Coverversion »Material Girl« von der Band Walk off the Earth.
4 Mehr dazu auf upworthy.com.
5 greenbuildermedia.com.
6 dezeen.com und hexapolis.com.
7 youtube.com, »Fritz Lietsch im Gespräch mit Götz Werner«.
8 youtube.com, »Das Märchen vom Fachkräftemangel«.
9 youtube.com, Suche »Brian Chesky on the Power of Asking for Help«.
10 de.wikiquote.org/wiki/Helmut_Schmidt.
11 destination-innovation.com.
12 gerald-huether.de, Artikel »Sich bewegen ...«.
13 *Süddeutsche Zeitung*, 02. Januar 2014.
14 youtube.com, »Prof. Peter Kruse über Kreativität«.

Rahmen

15 faz.net, »Es scheint ein Kopfproblem zu sein«.
16 youtube.com, »Ben Horowitz on what he looks for in a pitch«, ab Minute 18.
17 youtube.com, »Elon Musk: How I Became The Real Iron Man«.
18 impulse.de, »virale Web-Werbung«.
19 youtube.com, »Prof. Peter Kruse über Kreativität«.

Zutaten

20 Aus dem Artikel von Minda Zeitlin voller Steve-Jobs-Zitate auf inc.com: »11 Best Lines Steve Jobs Used in an Interview«. Zeitlin ergänzt: »Innovation ist die Kombination vorhandener Elemente – so kombiniert wie noch keiner vorher dran gedacht hat. Produkte und Prozesse, die wir bereits haben, werden auf

unerwartete Weise kombiniert zu neuen Produkten, Prozessen und Technologien.«

21 youtube.com, »Beijing Subway installs recycling machines to pay traveller credit for plastic bottles«.

22 brandeins.de/archiv/2006. Informationen zur Klinik: wikipedia.org/wiki/Aravind_Eye_Hospitals.

23 youtube.com, »Revoluzzer für den digitalen Wandel«, 12. Minute.

24 Gary Hamel, *Das revolutionäre Unternehmen.*

25 In: Tom Peters, *Der Innovationskreis.*

26 hbr.org/2016/01/the-innovative-power-of-criticism.

27 Gary Hamel, *Das revolutionäre Unternehmen.*

28 Den ganzen Bericht finden Sie in Robert I. Suttons Buch *Stellen Sie Leute ein, die Sie eigentlich nicht brauchen.*

29 Bullinger/Hermann, *Wettbewerbsfaktor Kreativität.*

30 Tom Kelley, *The Art of Innovation.* Interessant auch: Hal Gregersen vom MIT Leadership Center zu dem, was die innovativsten Firmen tun: forbes.com/video/4461882359001.

31 youtube.com, »Tokio Hotel Interview – NDR Hamburg« 24.3.2015.

32 Details zum Schuh, der besonders älteren Menschen eine Alltagshilfe sein soll, finden Sie auf welt.de, Suchbegriffe »selbstschließenden Schuh«.

33 theguardian.com/media-network, Suche »global tech hub« und theguardian.com/lifeandstyle, Suche »diversity Crisp«.

34 gruenderszene.de, Suche »Michael Baum«.

35 Jens Tönnemann auf zeit.de, 02.10.2015.

36 virgin.com/richard-branson/a-poem-for-all-entrepreneurs.

Mixen

37 annabelle.ch, »Mann beweg dich«.

38 Wolf Lotter in *brand eins online*, »Aus, Alt. Mach neu«.

39 Gary Hamel, *Das revolutionäre Unternehmen.*

40 Warren Berger, *Die Kunst des klugen Fragens.*

41 foerster-kreuz.com/connecting-the-dots.

42 dezeen.com und youtube.com.

43 inc.com, »Why Sarcastic People Are More Successfull«, Jessica Stillman.

44 youtube.com, »Prof. Peter Kruse über Kreativität«.

45 elephantsandbees.com und facebook.com/ElephantsandBees.

46 Die SCAMPER-Prinzipien auf Deutsch: Ersetze. Kombiniere. Passe an. Verändere. Führe es einer anderen Verwendung zu. Streiche. Kehre es um.

47 rundschau.de/sortiment/nachhaltigkeit/lindt-spruengli.html.

48 »Fallstudie-lindt-spruengli-outsourcing-des-fulfillment«.

49 youtube.com, »Maria Mena aktuelles Album im Traum geschrieben«.

50 fortune.com, »Jeff Bezos Skills«.

51 youtube.com, »Häuser aus Müll in Guatemala«.

52 heise.de, »Ziegelstein Abfall«.

53 *Die Welt*, 19.11.2015, »Arsenal-Profi macht 20-Milliarden-Euro-Entdeckung«.

Diamanten

54 gruender.wiwo.de, Suche »Nomen est omen«.

55 funkemedien.de/de/presse, Meldung vom 22.09.2015.

56 berliner-zeitung.de, »Fernsehsendern fehlt der Mut«.

57 derbrutkasten.com, »Reed Hastings«.

58 spiegel.de, »Blecharczyk«.

59 ted.com, Suche »Bill Gross«.

60 hbr.org, »enemy creativity«.

61 youtube.com, »Anja Förster zu Business-Querdenken«.

62 netzpiloten.de/daniel-kahneman-erfolg-experten-zufall.

63 ntv.de, Suche »Wilhelm Conrad Röntgen«.

64 In »Wie Innovationen systematisch erarbeitet werden«, *Harvard Business Manager 6/2000*.

65 xing.com/news/klartext, »Kultur der zweiten Chance«.

Schliff

66 youtube.com, Prof. Faltin im Gespräch mit Lars Hinrichs.

67 vimeo.com, »Anna Kaiser: jobsharing«.

68 Film auf inc.com, »bob-parsons/how-an-f-student-built-a-billion-dollar-internet-empire«.

69 gruenderszene.de, »Tarek«.

70 Impulse.de, »Tollabox«.

71 youtube.com, »Steve Jobs – You've Got To Have Passion«.

72 youtube.com, Suche »Walk Off The Earth interview days after viral fame«.

73 youtube.com, »Reid Hoffman and Brian Chesky«.

Mehrwert

74 welt.de, »US-Spezialisten bauen einmaliges Aquarium«.

75 Dagmar Rosenfeld auf tagesspiegel.de, »Und Ikea kam auf den Gartenzwerg«.

76 welt.de, »So viel Aufbruch war nie, nur nicht in Europa«.

77 Zusammenfassung auf tu-dresden.de, »Straßenbahnskandal«.

78 welt.de, »GM-Verschwörung«.

79 youtube.com, »Der Upstalsboom Weg – vom Mitarbeiter-Debakel zum Muster-unternehmen«.

80 youtube.com, »Professor Kruse Zeitzeichenkongress« – in Minute 47:30 ein Überblick über früher und heute.

81 techtag.de, »Gegenpol zur Eigentumsgesellschaft«.

82 nexteconomy.me, »DNA Google«.

83 Kritik und Kommentare auf zeit.de, »Airbnb noch warm«.

84 sueddeutsche.de, »Der Tod des alten Internets – und wem er nützt«.

85 heise.de, »Plattform für alle Lebenslagen«.

86 n-tv.de, »Nutzer Facebook einziehen«.

87 manager-magazin.de, »Monopolkapitalismus nicht zukunftsfähig«.

88 netzoekonom.de, »Geschäftsmodelle der digitalen Elite«.

89 medium.com, »Networks Nature«.

90 ted.com, »Danit Peleg«.

91 welt.de, »3-D-Drucker-Produktionsprozesse«.

92 forbes.com, »trust health app«.

93 dezeen.com, »3D printed bridge«.

94 dataconomy.com, »Big Data Next Hit«.

95 tagesschau.de, »Mercedes überholt Audi«.

96 t3n.de, »Dieselgate Sackgasse«.

97 gruenderszene.de, »Daimler Tesla Witz«.

98 giga.de, »Daimler-Chef Zetsche«.

99 handelsblatt.com, Suche »Faraday Zukunft vorstellt«.

100 youtube.com, »Bosch ConnectedWorld 2015: Keese«.

101 spiegel.de, »Autos von Google werden bestimmt nicht in Stuttgart produziert«.

102 techinsider.io, »driverless car«.

103 foerster-kreuz.com/fruehwarnzeichen-misserfolg.

104 forbes.com, »Tesla eats into BMW«.

105 businessinsider.de, Suche »Ford Amazon«.

106 techinsider.io, »car control mind«.

107 dw.com, »Autonomes Schiff«.

108 Weitere Prognosen auf industrial-internet.de, »Bitkom Digitalisierung«.

109 automobil-produktion.de, »Mercedes Digitalisierung effizienter«.

110 sueddeutsche.de am 03.4.2015, »Die Zerstörer«.

111 youtube.com, »Disruptive Innovation Explained«.

112 hbr.org, »what-is-disruptive-innovation«.

INHALT

Bibliografische Information der Deutschen Nationalbibliothek
Die Deutsche Nationalbibliothek verzeichnet diese Publikation in
der deutschen Nationalbibliografie; detaillierte bibliografische
Daten sind im Internet über http://dnb.d-nb.de abrufbar.

Copyright © 2016 Murmann Publishers GmbH, Hamburg

Lektorat: Olaf Meier
Druck und Bindung: Steinmeier GmbH und Co. KG, Deiningen
Printed in Germany

ISBN 978-3-86774-541-3

Besuchen Sie uns im Internet: www.murmann-publishers.de
Ihre Meinung zu diesem Buch interessiert uns!
Zuschriften bitte an info@murmann-publishers.de
Den Newsletter des Murmann Verlages können Sie anfordern unter
newsletter@murmann-publishers.de